改訂版

神奈川の宿場を歩く

編著＝NPO法人 神奈川東海道ウォークガイドの会

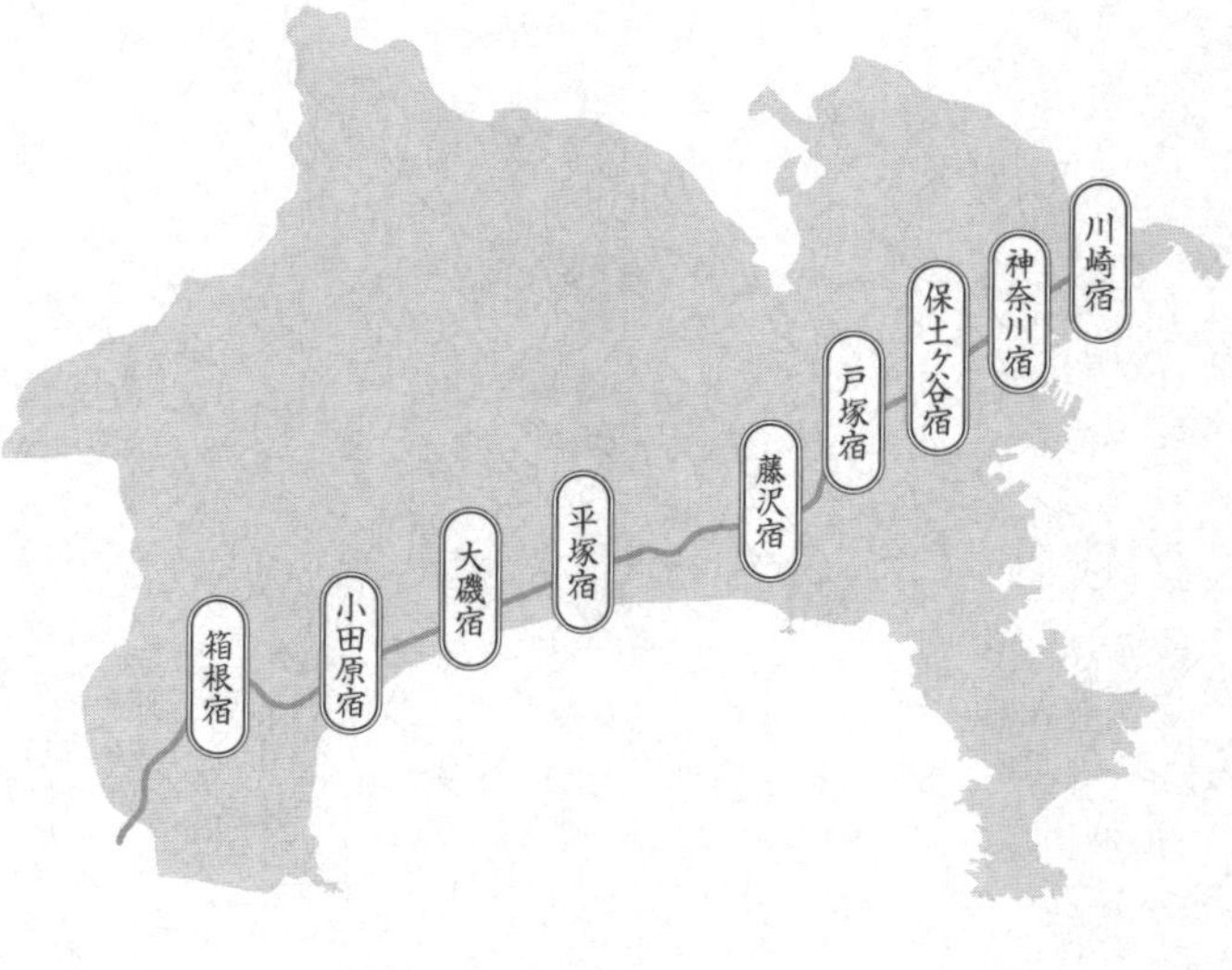

神奈川新聞社

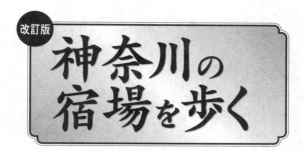

はじめに

慶長六年（一六〇一年）、徳川家康によって開かれた近世の東海道は、天下統一のための道づくり・町づくりなどの道でしたが、やがて、政治の道から旅（寺社詣で、物見遊山）や暮らし（商い、文化・伝承、情報の伝達）の道へと変化していきました。

神奈川県内の東海道は、川、山などの自然条件、歴史や文化を伝える史跡などに恵まれており、近世のみならず古代、中世からの史跡も多数あります。また、来年は横浜開港百五十年の節目の年にあたりますが、県内の宿場は幕末の表舞台となっており、多くの史跡・伝承が残っております。

平成十三年（二〇〇一）、東海道宿駅伝馬制度制定四百年にあたり「神奈川東海道ルネッサンス事業」が実施されました。この記念事業の一つとして、「ボランティアガイド養成講座」が開催され、翌年二月、この講座の修了者が「歩くことで健康を維持する」「先人の歴史や文化を学び伝える」「同好の人達の集いの場」などの生きがいづくりの場として「神奈川東海道ウォークガイドの会」を結成しました。現在では月例会等を通じて、東海道の歴史や文化に興味を持ち、また、歩くことで健康を維持したい多くの市民の方々に参加していただいております。

このたび、「神奈川の宿場を歩く」を出版することになりました。本書は日頃の会員たちのガイド活動の内容を取り纏めたものであり、神奈川の宿場を主体にそのあらましや特徴と道筋の史跡を紹介しております。また、東海道の起点日本橋など神奈川県に近接する宿場も同じように記載しており、伝承なども含め東海道を楽しむ視点で書いております。本書を出版出来ますことは、ひとえに、毎月の催しに参加し育てて下さった方、ガイド場所・休憩場所など利便を与えて下さった方、その他ご支援をいただいた多くの関係者のご協力のたまものでございます。

東海道を踏破しないと東海道を歩いたと言えないと思われがちですが、東海道の楽しみ方は千差万別です。一つの宿場を深く楽しむ、県内の宿場のみを楽しむ、また地図・書物のみでも十分楽しめます。

本書は東海道の歴史や文化に興味をお持ちの方には、格好の案内書と言えると思います。本書をお伴にユックリ歩いて東海道を楽しみ、自分の東海道を見つける一助にしていただければ幸いです。

平成二十年九月吉日

神奈川東海道ウォークガイドの会　会長　小嶋　敏治

改訂版発行にあたって

東海道の歴史や文化に興味のある方々の手軽な案内書として、本書を公けにしてから早くも八年の歳月が経ちました。この間、高齢化の進展や健康志向の高まりなどもあり、歩いて健康を保持すること、とりわけ東海道を歩いて楽しむ人たちが増え、お蔭で多くの方々に本書を手にしていただくことができました。

このような中、時の経過とともに、各宿場に載せた「主な史跡など」の中には、史跡自体が消滅、変容するなどして、記載内容が現状と合わなくなったものや、神社仏閣の祭事日程の変更等もあり、一部修正の必要が生じてきました。

この機会にあらためて本書を見直し、本文は勿論、東海道を歩きやすいようにマップ等にも工夫を加えるとともに、各宿場とも紙面の関係で触れることのできなかった隠れた史話を「こぼれ話」として各宿一話ずつ載せるなど全体として一層の充実を図り、かつ装いも新たに改訂することにしました。

東海道に興味や関心のある多くの方々にご利用いただければ幸いです。

平成二十八年八月吉日

ＮＰＯ法人神奈川東海道ウォークガイドの会　会長　杉山　充

神奈川の宿場を歩く

目次

＊単位の表記は、『東海道宿村大概帳』によっています。また、一里＝三・九二七キロ、一町＝百九メートル、一間＝一・八二メートルとして計算しています。

＊本書では、歴史的用語として「雲助」「飯盛女」等の語句をそのまま使用しています。

＊本書中の神仏名については原則各社寺公表の資料に拠るため、表記が統一されていない場合があります。

＊本書では、宿場から宿場へと史跡をたどる記載によっているため、都合上、一部史跡は表題の宿場に一致していないものがあります。

＊本書中の国立国会図書館蔵図版は、同館ホームページからの画像です。

＊本書では、敬称を略させていただきました。

川崎宿

広重「東海道五十三次之内　川崎」保永堂版　横浜国道事務所提供

川崎宿

（川崎宿〜鶴見〜生麦〜神奈川）

①〜⑯を経て長延寺跡（江戸方見付）まで約 11km
およそ２時間 45 分
（４km を１時間として概算）

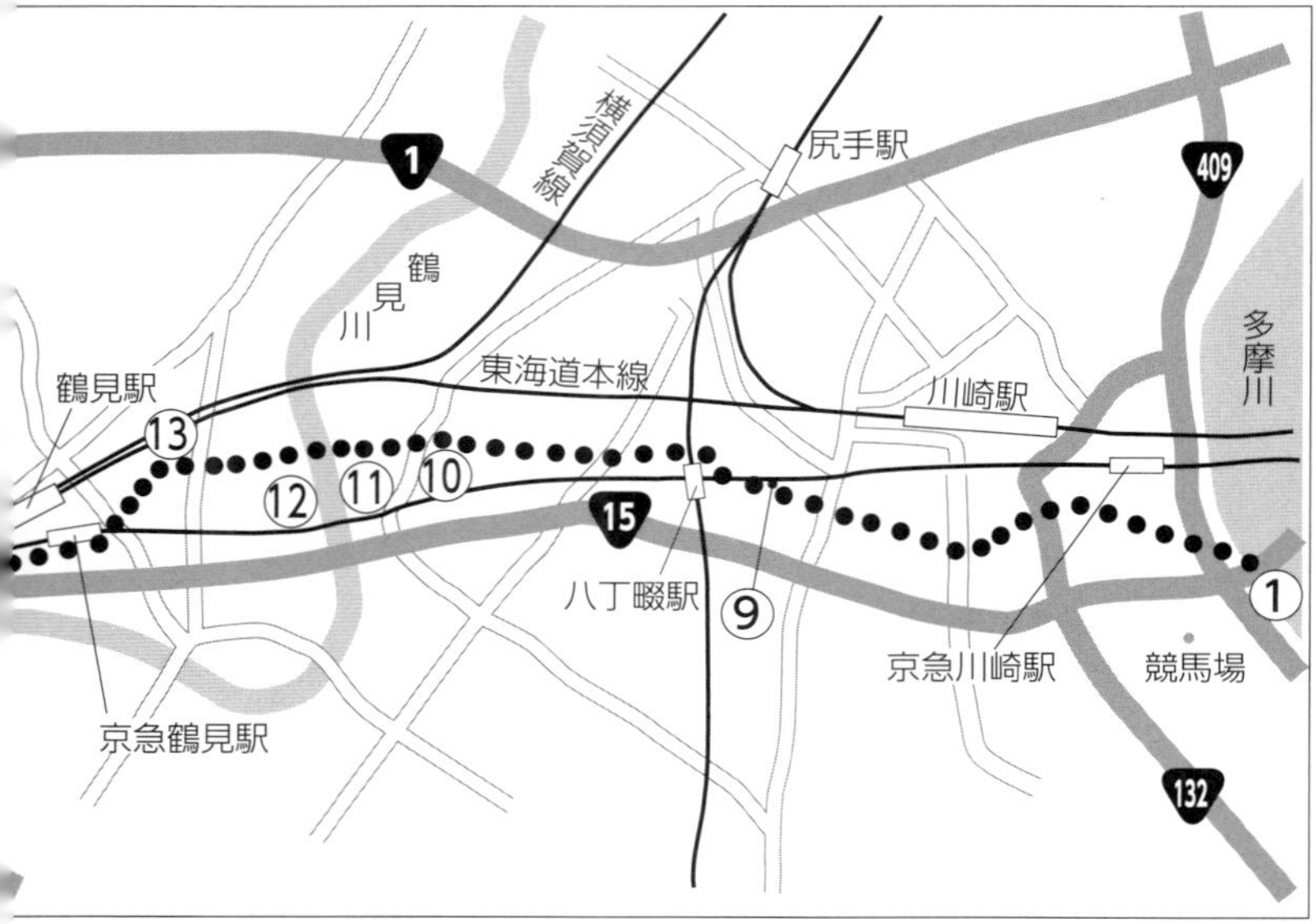

●●●●●●● 太丸は東海道

••••••••• 小丸はガイドルート

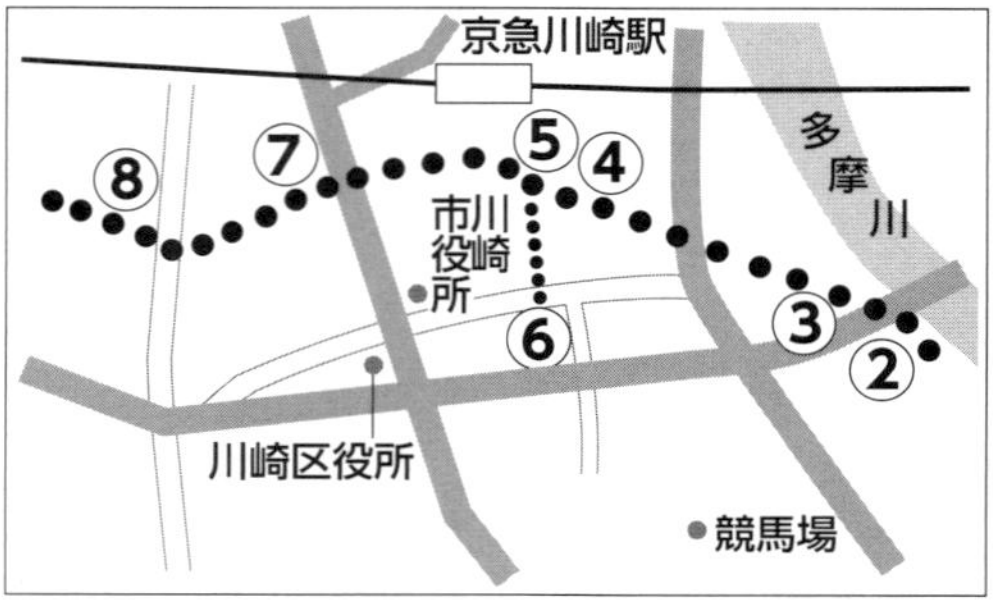

京急川崎駅付近拡大図

500m

ガイドルート

①六郷の渡し
②大師道と川崎大師
③万年屋跡
④田中本陣跡
⑤宗三寺
⑥稲毛神社
⑦佐藤本陣跡
⑧小土呂橋
⑨芭蕉句碑
⑩市場一里塚
⑪鶴見川橋
⑫鶴見橋関門跡
⑬鶴見神社
⑭総持寺
⑮道念稲荷神社
⑯生麦事件碑

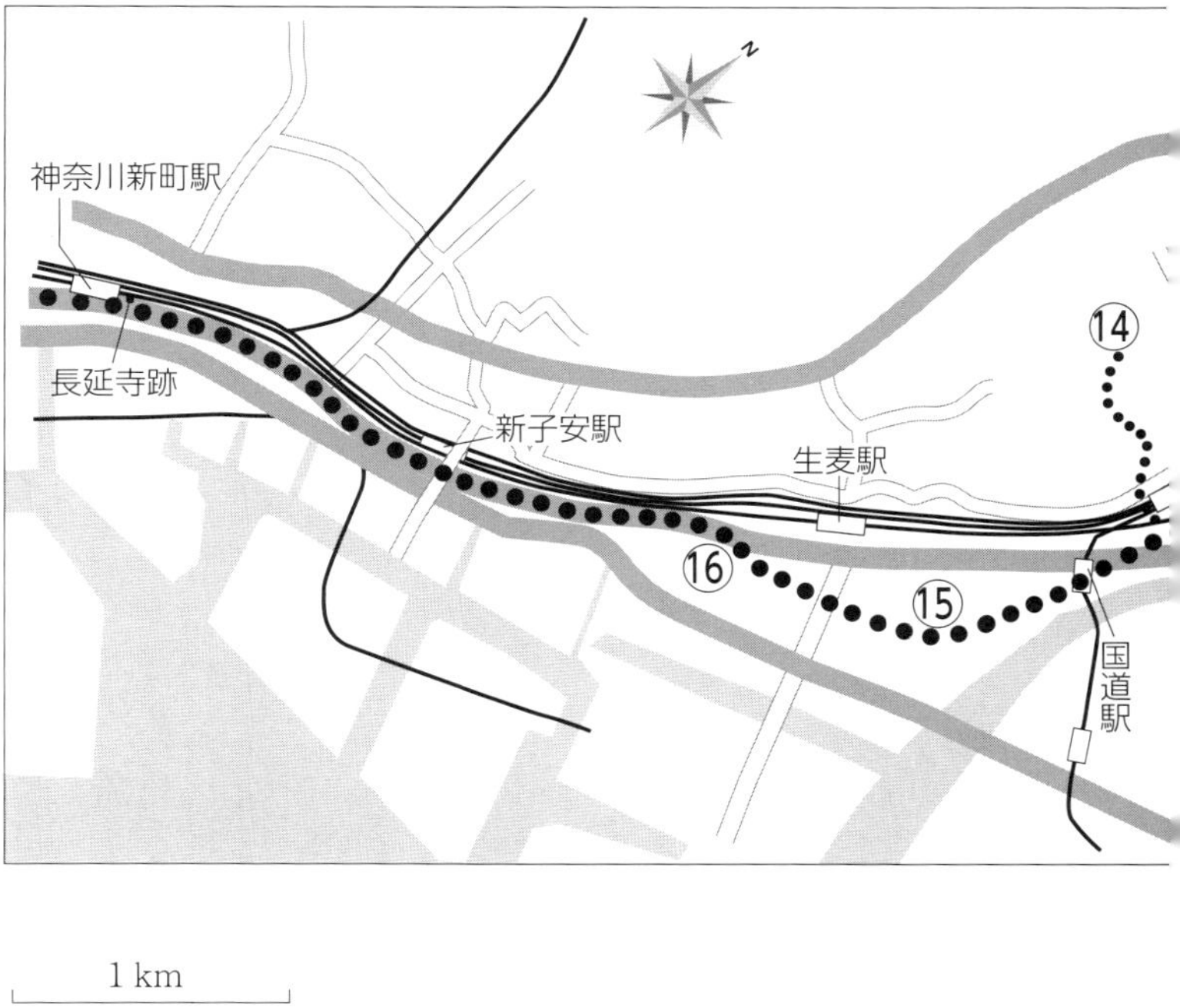

川崎宿から神奈川へ

川崎宿のあらまし

♣ 六郷の渡しを船から下りると、もうそこは川崎宿でした。土手までの間の河原には川越料金などを取り扱う川会所や船頭たちの住まいが並んでいました。

江戸から二番目の宿場川崎宿は、日本橋からの距離が四里十八町（十七・七キロ）、前の宿場品川との間は二里十八町（九・八キロ）、次の神奈川宿との間も同じく二里十八町でしたので、ちょうど品川と神奈川の中間にあたりました。

川崎宿は、徳川家康が最初に東海道を整備したときは宿駅《しゅくえき》ではありませんでしたが、品川宿と神奈川宿との間が五里（十九・六キロ）と長く、伝馬《てんま》や人足の負担が大きかったことから、二十二年も経った元和九年（一六二三）に遅れて宿駅として追加されることになったものです。

♣ 川崎宿の辺りは、かつては砂浜の低地で多摩川の氾濫時にはたびたび洪水に見舞われる地域でもあり、そのため宿の設置にあたっては盛土などが行われました。
　江戸方の入口(江戸方見付または下手土居)から京へ向かう出口(上方見付または上手土居)までの長さは、十三町五十二間（一・五キロ）、町は久根崎《くねさき》・新宿《しんしゅく》・砂子《いさご》・小土呂《こどろ》の四町で構成されていました。宿の規模は、江戸後期の資料によれば人口二、四三三人、家数五百四十一、本陣二、旅籠《はたご》七十二で、問屋場《といやば》は新宿町にありました。

川崎宿の特徴とみどころ

◉六郷の渡し

　多摩川（下流を六郷川といいます）は、江戸から上方に向かう旅人が最初に出合う大きな川です。江戸初期には橋が架けられていましたが、たびたびの洪水で流され、貞享五年（一六八八）以降は船渡しとなりました。初めは、幕府から江戸の商人が請負って渡してい

二代広重「東海道名所風景」川崎
国立国会図書館蔵

ましたが、宝永六年（一七〇九）、川崎宿が永代に請負うことになり、これによってそれまで伝馬負担などに苦しんでいた宿場財政の立て直しが図られました。

六郷の渡しは、このあと大正十四年（一九二五）に六郷橋が完成するまで、約二百四十年の長い間にわたって続いたことになります。

◉川崎大師と大師道

川崎宿の周辺で忘れてならないのは川崎大師です。

川崎宿から六郷川沿いに約三キロ南にある川崎大師は、江戸前期にはすでに厄除《やくよ》け大師として広く庶民の信仰を集めていましたが、特に江戸中期以降、江戸庶民にとって信仰と手頃な日帰りの行楽を兼ねた場所として大いに賑わいました。

江戸から川崎大師に参詣する道としては、羽田の渡しを経て大師に至るルートと、川崎宿から六郷川沿いに大師道をたどるルートの二つがありましたが、メインのルートは川崎宿から大師道だったようです。

◉田中本陣と田中休愚

川崎宿で最初にできた田中本陣は、江戸寄りの新宿町にあって、建坪二百三十一坪（約七百六十二平方メートル）で、幕末まで存続しました。

この田中本陣からは川崎宿を代表する偉人の一人、田中休愚《きゅうぐ》が出ています。休愚は四十二歳で家督を継ぐと、その才能をかわれて本陣、宿名主、問屋の三役を兼務するようになり、幕府から六郷川の渡船業務を請負い、その収益により開設以来困窮していた宿場財政を立て直すことに成功します。さらに、その後は幕府普請御用役に抜擢され、荒川、多摩川、酒匂《さかわ》川の治水改修工事にあたるなど多くの功績を残しました。

◉川崎の詩人佐藤惣之助と歌手坂本九

佐藤惣之助（一八九〇―一九四二）は、砂子町にあった佐藤本陣の次男として生まれました。川崎尋常小学校（今の川崎市立川崎小学校）を卒業後、東京・麻布の糸商に奉公に出されますが、その後、文学の道を志し、佐藤紅緑に師事します。その文筆活動は広範で、コロムビア専属の作詞家として作詞した「赤城の子守唄」がヒットして有名になりました。今でも「懐かしのメロディー」で歌われる「人生の並木道」「人生劇場」「青い背広で」や、阪神タイガースの応援歌「六甲おろし」など数々の名曲を作詞しています。

また、惣之助の川崎小学校の後輩に坂本九（一九四一―八五）がいます。川崎市に生まれ、高校卒業のあと歌手デビューした九ちゃんは、昭和三十六年、ＮＨＫテレビのバラエティー番組で歌った「上を向いて歩こう」（永六輔作詞、中村八大作曲）が大ヒットし、三十三カ国でレコードが発売され、アメリカでは「スキヤキ」の名で日本人初のミリオンセラーを記録しました。その後も「幸せなら手をたたこう」などのヒット曲を出す一方、テレビや映画などでも活躍しましたが、昭和六十年（一九八五）八月の日航機墜落事故でこの世を去りました。

◉八丁畷《なわて》から鶴見への街道筋

川崎宿の上方見付を出ると、そこからは両側一帯に田畑が広がり、真直ぐな縄手道が続いていました。道の両側に植えられた並木の間からは遠く大山なども眺められたということです。市場の一里塚を過ぎ鶴見川を渡ると、古くから開けていたといわれる鶴見村に入ります。鶴見橋を挟んで橋の両側には名物「よねまんじゅう」を売る店が数十軒も並んでいたといわれています。また、立場《たてば》（荷物を運ぶ人足や馬などが休憩する場所）でもあった鶴見村には、鶴見神社の参道と向かい合って立場茶屋「信楽《しがらき》」があり、竹の皮に包んだ梅干を売って評判になっていました。

◉生麦村と魚河岸通り

生麦という地名は、家康の関東入国の頃、生麦を刈り取って街道を開いたことからきているといわれています。生麦浦は江戸時代、品川浦、御林浦、神奈川浦などとともに幕府に魚を献上する御菜肴八カ浦《おさいさかなはちかうら》の一つとして、あいなめ、

生麦事件の現場風景（ベアト撮影）
横浜開港資料館蔵

せいご、さよりなどを獲って賑わい、家数は二百四十二軒、そのうち漁業に従事するものは六十軒ばかりもあったといいます。今は漁業は行っていませんが、それでも生麦浦の名残りとして、四百メートルほどの魚河岸通りには多数の店が並んで、日・祝日と特定の水曜日以外の午前中は朝市が開かれ京浜間の寿司ネタの仕入地などとして賑わっています。また、幕末には生麦事件と呼ばれる外国人殺傷事件が起こって内外を震撼させ、それが明治維新へとつながる大きな契機の一つとなりました。

主な史跡など

①六郷の渡し

慶長五年（一六〇〇）、徳川家康によって多摩川に六郷大橋が架けられ、品川～大井～蒲田～川崎という後の東海道が出来上がることになりました。

その頃の橋の長さは百二十間(約二百二十メートル、現在の長さ約四百メートル)、日本橋、大橋(吉田橋)、矢矧橋、瀬田橋と並ぶ有名な橋でした。

しかし、この橋もたびたびの洪水で流されたため、貞享五年（一六八八）の大洪水以降はついに船渡しとなり、大正十四年（一九二五）に、六郷橋が完成するまで約二百四十年間続きました。

初めは、幕府が江戸の町人に渡船を請負わせていましたが、宝永六年（一七〇九）、川崎宿が永代に請負うことになり、渡船十四艘を持って渡船業務を行っていました。ちなみに渡船料は、天保十五年（一八四四）で一人十二文（当時そば一杯が十六文）でした。

広重の浮世絵、東海道「六郷渡舟」は、早春の晴れたのどかな日に、川崎宿へ向かう渡船の様子を描いています（中扉参照）。船上では、煙草を吹かす行商人、両掛荷物を運ぶ供を連れた旅人、厄除けの川崎大師参りの女たちが、遥かに富士山や大山を望みながら渡船を楽しんでいます。

また、河畔のレリーフには明治元年（一八六八）十月に明治天皇が御東幸の際、船二十三艘を並べその上に板を敷いて船橋とし、そこを渡御されている様子が描かれています。

②大師道と川崎大師

江戸から川崎大師に参詣する道としては、蒲田の手前の内川橋で東海道と分かれ、羽田を経て大師に至るルートと、川崎宿から六郷川右岸沿いに大師道をたどるルートがありました。

六郷の渡しから川崎宿に入ってすぐ、東海道と分かれて左に川崎大師に向かう大師道があります。川崎大師までの約三キロの道中には九つの橋が架かっていて、参詣者には「九橋」が「九品」に通じ、一つ一つの橋が極楽浄土に向かう道と映っていたのかも知れません。

川崎大師は真言宗の寺院で、正式には「金剛山金乗院平間寺《こんごうさんきんじょういんへいけんじ》」と称し、本尊は海中より網で引き上げられたと伝えられる厄除け弘法大師です。

江戸前期にはすでに厄除け大師として広く庶民の信仰を集めていましたが、その後江戸中期になるとその信仰はさらに武士にまで広がり、遂には十一代将軍家斉《いえなり》が四十一歳の厄除け祈願に参詣するほどになりました。江戸庶民の信仰と手頃な日帰りの行楽地として、参詣者も多く大いに賑わいました。

二代広重「東海道名所風景」大師河原将軍参詣図　国立国会図書館蔵

③万年屋跡

東海道と大師道の分岐する地点に万年屋がありました。この万年屋から大師道途中の医王寺までの道を万年横丁と呼び、万年屋のほかにも会津屋、新田屋などの旅籠や茶店があって、川崎大師への参拝客で大いに賑わっていたそうです。

万年屋は、当初は十三文均一の一膳飯屋に過ぎませんでしたが、明和年間（一七七〇年頃）、名物「奈良茶飯」（茶飯に豆腐汁と煮豆）を売り物にたいへん賑わい、その様子は『江戸名所図会』にも取り上げられるほどでした。その規模は、表座敷建坪百六十一坪（五百三十一平方《メートル》）、別屋敷建坪四十八坪（百五十八平方《メートル》）、ともに二階建てで本陣並みだったといわれています。

いかに万年屋が大きく有名であったかを表す話として、安政四年（一八五七）、アメリカ総領事ハリスは江戸へ行く途中川崎で宿泊しますが、その際急遽《きゅうきょ》宿を本陣からこの万年屋に移します。ハリスは『日本滞在記』に「宿を変えて良かった。汚くて不愉快な本陣の代わりに、明るくて清潔で気持ちの良い家に入ることができたからである。」と書いています。

このほか、万年屋に休泊した有名な人たちとしては、「万年屋　幾万年も　万年屋　奥の座敷の　奥々で飲み」という歌を詠んだ太田南畝（蜀山人）などがいます。

明治維新後も明治十年（一八七七）には、皇女和宮が療養のため箱根に向かわれる途中に宿泊され、また、『東海道中膝栗毛』の弥次さん喜多さんもここに立ち寄って奈良茶飯を食

「江戸名所図会」河崎万年屋　国立国会図書館蔵

べています。

④田中本陣跡

田中本陣は、川崎宿開設五年後の寛永五年（一六二八）に造られました。なお、田中本陣ができるまでは砂子にあった妙遠寺（日蓮宗）が本陣の代わりとなっていました。

建坪二百三十一坪（七百六十二平方メートル）、幕末まで存続しました。しかし、幕末頃は経済的にも衰え、安政四年（一八五七）には、前述の通り、アメリカの駐日総領事ハリスが江戸に向かう途中、その荒廃ぶりを見て宿を万年屋に代えたことでも知られています。

この田中本陣から出た人に田中休愚（一六六二―一七二九）がいます。休愚は八王子の生まれで、二十歳で田中家（本陣）の養子となり、宝永元年（一七〇四）、四十二歳で家督を継ぐと、その才能をかわれて本陣、宿名主、問屋の三役を兼務するようになります。休愚は六郷川の渡船を請負い、その収益により開設以来困窮していた宿場財政を立て直すことに成功します。さらに、幕政のあり方を『民間省要《みんかんせいよう》』にまとめ、それが八代将軍吉宗に認められて、幕府普請御用役に抜擢され、荒川、多摩川、酒匂川の治水改修工事にあたりました。その後、幕府勘定所の支配勘定格に任ぜられますが、惜しくもその年に六十八歳で亡くなりました。

⑤宗三寺

瑞龍山宗三寺《そうさんじ》と称する曹洞宗の寺院で、本尊は釈迦如来《しゃかにょらい》です。

古くは鎌倉時代、この地に河崎庄の領主であった佐々木氏の菩提寺勝福寺があり、それが前身とみられています。その後次第にさびれ法灯も絶え絶えになっていたところを、戦国時代に入ってこの地を知行した小田原北条氏の武将、間宮豊前守《ぶぜんのかみ》信盛が中興、寺号山号は信盛の法名瑞龍院雲谷宗三から取ったと伝えられています。

本尊の釈迦如来は『江戸名所図会』に「一尺ばかりの唐仏なり」と書かれていますが、顔、体、衣服などいずれも中国風な仏像であるといいます。境内には、間宮豊前守信盛の供養塔や遊女供養塔などがあります。

また、宗三寺のある砂子町の地名は『新編武蔵風土記稿』によれば、延暦年間(七八二〜八〇五)、宗三寺の薬師如来像が海中から出現したときこの辺一帯は海浜で、安置する適当な家もなかったことから土地の人たちが砂子をかき寄せてその上に安置、それ以降大変土地が繁盛したことから砂子町と呼ぶようになったと書かれています。

⑥稲毛神社

江戸時代、川崎宿をはじめとする近隣七カ村の総鎮守で、「山王さん」として崇拝されました。祭神は武勇の神、武甕槌神《たけみかつちのかみ》など五柱で、創建については諸説ありますが、平安後期に開発された「河崎庄」の鎮守として祀られたとする説が有力です。

明治の初め、社名を稲毛神社と変えました。境内には、樹齢千年を超えるといわれる御神木の大銀杏《いちょう》が古い歴史を物語るほか、東海道小土呂橋の遺構や江戸時代の鳥居の亀腹、手水《ちょうず》鉢などの遺蹟もみられます。

八月初めに行われる例大祭は「川崎山王まつり」と呼ばれ、中でも二日目に行われる「宮座式」は県の無形文化財になっています。

⑦佐藤本陣跡

佐藤本陣は、建坪百八十一坪（五百九十七平方メートル）、京に近い方にあったので「上の本陣」と呼ばれ、幕末には京に上る十四代将軍家茂《いえもち》が宿泊しました。

本陣のあったところから道を隔てた向かいには、昭和五十四年（一九七九）に地元有志によって建てられた佐藤家の生まれで詩人の佐藤惣之助の碑があります。佐藤惣之助（一八九〇―一九四二）は、砂子町にあった佐藤本陣の次男として生まれ、文学の道に入って昭和初期の歌謡界における数々のヒット曲を作詞しました。彼の作詞した「赤城の子守唄」などの名曲は、今でも多くの人たちに歌い継がれています。

「江戸名所図会」河崎山王社　国立国会図書館蔵

⑧小土呂橋

交差点の表示は「kodorobashi」となっていますが、「ことろばし」と呼んでいたそうです。「小土呂」という地名は、全国的にも多くみられる地形名で「小瀞」とも書き、流路の曲がった水の澱んだところを指しています。この辺りに東海道を横断するように幅五メートルほどの新川堀用水が流れていました。新川堀は、慶安三年（一六五〇）、郡代伊奈忠治が普請奉行となり、土地が低く排水の悪い小土呂方面の水田改良のために開削したものです。

そこに架かっていた橋が、現在、稲毛神社にその遺構が残されている小土呂橋で、当初は木橋でしたが、田中休愚によって石橋に改修され、その後もたびたび改補修がありましたが、今では川も暗渠化されて橋も残っていません。

また、交差点脇には、大正時代に造られた橋の親柱が残っています。

⑨芭蕉句碑

元禄七年（一六九四）五月、松尾芭蕉は江戸・深川の庵を立って、郷里の伊賀上野（三重県）への帰路につきました。衰えをみせていた芭蕉の旅立ちを見送りにきた弟子たちはなかなか別れ難く、とうとう六郷川を越えた遠いこの八丁畷まで来てしまい、そこにあった腰掛茶屋で別れを惜しんで句を詠み合いました。

送る者、送られる者、ともに口には出さなくても、これが最後になるのではとの思いが胸をよぎったことでしょう。そのとき、芭蕉が弟子たちに返した句が「麦の穂を　たよりにつかむ　別れかな」という惜別の句です。

当時、この辺一帯は麦畑が多く、初夏の風にそよぐ麦の穂に寄せて、いつまた会えるかという別離に堪える気持ちを表したものといわれています。

この年の十月、芭蕉は「旅に病んで　夢は枯野を　かけめぐる」の句を最後に五十一歳の生涯を閉じました。

⑩市場一里塚

市場の一里塚は、江戸日本橋から五番目の一里塚です。四番目が六郷の一里塚、この次が東子安の一里塚になります。

時代の変化などによって、民有地の一里塚は、現在、ほとんど残っていませんが、この一里塚は地元の人たちの史跡を残そうという努力によって、京浜間では唯一残っているものです。

市場の一里塚のあったこの辺りを市場村といいました。市場村の地名の由来はこの地が海辺にあり、漁業や塩の生産が盛んで、天文年間（一五三二〜五五）には魚介の市を開設し大いに栄えたことからきているといいます。

また、市場村には梨畑が広がっていました。太田南畝が「打ち見れば　碁盤のような　梨の棚　白勝ちに咲く　花の一村」と呼んだのはこの辺りだということです。

なお川崎は〝長十郎梨のふるさと〟です。大師河原の当麻辰次郎が明治二十六年（一八九三）改良によって作り出した長十郎梨は、当時蔓延《まんえん》していた黒星病に強く、甘味が多く豊産でしたから、またたくうちに県内に広まり、後に昭和の中頃には全国の栽培面積の六割を占めるほどになりました。

⑪鶴見川橋

鶴見川は、町田市を源として、全長四十二・五キロ、多くの支流を持つ横浜一の河川です。昔はたびたび洪水を起こしたといわれていますが、その一方で、船便が盛んで、大正末期までは大小さまざまな船の上り下りで、川筋はたいそう賑やかだったということです。

江戸時代の鶴見橋は、長さ二十五間（四十五・五メートル）、幅三間（五・五メートル）の板橋で、大山や箱根の山々がよく見える景勝の地でした。今は国道15号に架けられた橋にその名を譲って鶴見川橋となっています。また、鶴見橋周辺には、名物「よねまんじゅう」を商う店が多く、市場村だけでも四十軒もあったといいます。

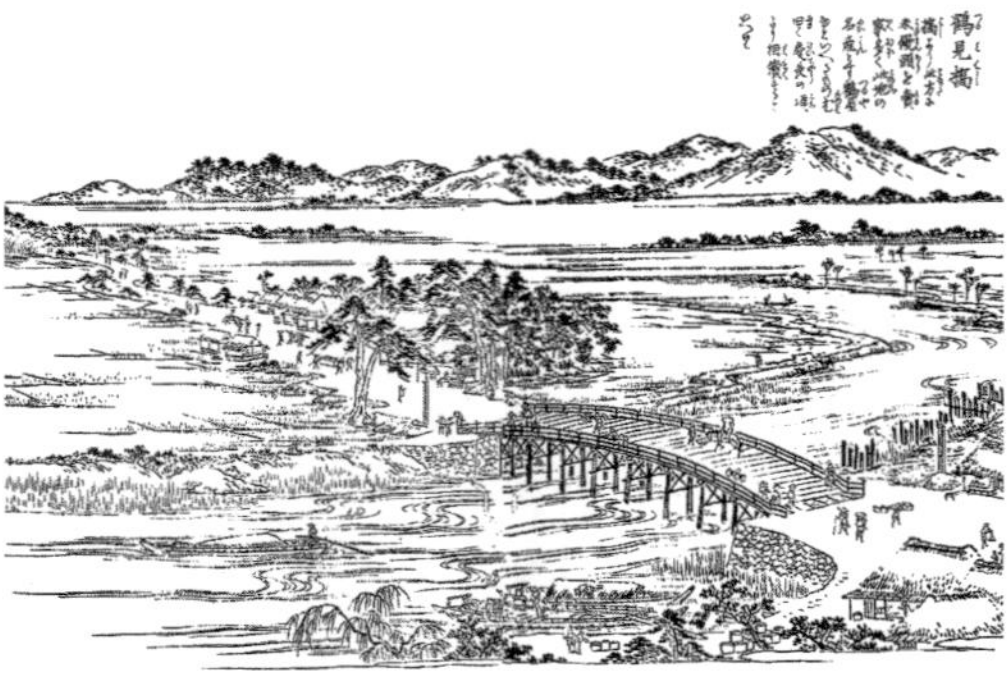

「江戸名所図会」鶴見橋　国立国会図書館蔵

⑫鶴見橋関門跡

幕府は横浜開港に先立ち、外国人の行動範囲を「神奈川から十里四方、東は六郷川まで」と定めました。しかし、開港の前年、安政五年（一八五八）に始まった「安政の大獄」により浪士の行動は不穏となり、横浜でロシア人二名が殺傷されるなど外国人に対する事件が多発しました。

このような情勢に、英国総領事オールコックから浪士取り締りのため関門設置の要求があり、幕府はこれを受けて関門七カ所などを設置したものです。

この鶴見橋関門は、万延元年（一八六〇）四月に設置されました。その二年後、生麦事件が発生したことでさらに警備が強化され、川崎から保土ケ谷までの間に見張り番所が二十カ所も設置されますが、明治四年（一八七一）、世情も安定し、各関門は廃止されました。

⑬鶴見神社

鶴見神社は鶴見村の総鎮守です。昔は杉山大明神と称し、杉山大明神と牛頭《ごず》天王宮の二社（二社相殿）を祀《まつ》っ

鶴見神社「鶴見の田祭り」

ています。祭神は杉山大明神が五十猛命《いそたけるのみこと》、天王宮が素盞嗚尊《すさのおのみこと》です。

したがって、例祭も四月二十九日の杉山祭と七月第四金、土、日の天王祭の二つがあります。杉山祭は「鶴見の田祭り」といって、神事芸能「田祭り」が奉納されます。五穀豊穣と耕作に禍《わざわい》をなす悪霊を鎮めるために、一年間の農作業の様子を模擬的に演じる古くから伝わる神事芸能です。

また、宝物殿に納められている御神輿《おみこし》も古い伝えをもつものです。昔、鶴見川の天王河岸(潮見橋付近)に流れ着いたのを、村人が長柄の鎌で引き上げ、天王宮に納めたといわれます。毎年、例祭の日には、長柄の鎌が結び付けられた御神輿が天王河岸の水際まで渡御されます。

⑭ 総持寺

永平寺(福井県)と並ぶ曹洞宗の大本山です。本尊は釈迦牟尼仏《しゃかむにぶつ》で、末寺が一万五千余寺あります。創建は古く、天平年間(七二九～四九)といわれています。もとは石川県の能登(門前町)にあって、行基が諸嶽寺《しょがくじ》観音堂を建てたのが始まりで、元亨元年(一三二一)、律宗

総持寺　横浜国道事務所提供

から曹洞宗に改宗しました。

明治三十一年（一八九八）、能登の本山が火災によって焼失したので、再建の地としてこの地が選ばれ、明治四十四年（一九一一）に移ってきました。

境内の広さは約十万坪（三十三㌶）で横浜スタジアムの十三倍、中には三十余りの伽藍があります。墓地には著名人の墓が多く、ここで葬儀を行った石原裕次郎の墓もあります。

⑮道念稲荷神社

この稲荷社は道念稲荷神社と呼ばれています。

伝えられるところによると、身延山久遠寺奥の院のさらに奥の七面山で修行を積んだ道念和尚が、旅の途中当地に立ち寄った際、ここに稲荷社を建てたことから、そのように呼ばれるようになったということです。

この道念稲荷神社とこの先にある原の神明社の二カ所では、毎年六月の第一日曜日に三百年も前から伝わる「蛇も蚊も祭り」が行われます。「蛇《じゃ》も蚊《か》も」は約三百年前に悪疫が流行したとき、萱《かや》で作った蛇体に悪霊を封じ込めて海に流したことに始まると伝えられ、生麦が農漁村であったことから同時に豊作・豊漁を祈る祭りでもありました。

もとは本宮の道念稲荷神社と原の神明社で一体ずつを作り、本宮のものが雄、原のものが雌として、境界で互いに絡み合わせた上で、夕刻海に流していましたが、現在では両者別々の行事となっています。

⑯生麦事件碑

歴史上有名な生麦事件は、この碑より約一キロ鶴見寄りのところで起こりました。事件が起こったのは、ちょうど黒船が来航して十年くらい経った頃のことです。幕府によって日米修好通商条約が結ばれる中、尊皇攘夷の運動が高まり、これに対抗した安政の大獄、さらには桜田門外の変など国内が騒然としていた時代でした。

文久二年（一八六二）八月、江戸から帰国の途にあった薩摩藩島津久光の行列に四人のイギリス人の乗った馬が接触しました。これを無礼とした薩摩藩の武士が斬りかかり、そのうちの一人リチャードソンはこの碑のある辺りまで逃げてきましたが殺されてしまいます。また、二人は傷を負って神奈川のアメリカ領事館（本覚寺）まで逃げ込み、残り一人の女性は居留地まで逃れました。本覚寺でこの負傷者の治療にあたったのが有名なヘボン博士です。

この事件に対して、イギリスは幕府と薩摩藩に巨額の賠償金と犯人逮捕を要求しましたが、薩摩藩はこれに応ぜず、そこで、翌文久三年（一八六三）、イギリス艦隊は薩摩藩を攻撃し、鹿児島は火の海となりますが、薩摩藩も必死で抵抗してイギリス艦隊を追い払いました。幕末に外国と戦争をした薩長二藩は、「西洋文明の力」を身をもって体験し、単純な攘夷論では国を守れないことを悟ることになりました。

川崎宿こぼれ話1　三角むすび（御紋おにぎり）

八代将軍に就任するため紀州から江戸に向かっていた徳川吉宗一行が川崎宿に宿泊した際、馬千三百頭、人足一万八千人がごったがえし、食事もままならなかったといいます。

田中本陣の主である田中休愚が、吉宗一行の食事を賄うため「白米一升を炊き、川崎に持参するものは、二升分の値を取らす」というお触れを近在の農民へ回しました。

そうすると宿場にたちまち白米のご飯が集まり、これをおにぎりにして行列の人々の空腹を満たしたそうです。

吉宗は、当意即妙の措置にいたく感心し、その後、代々の紀州の藩主が川崎宿を通るときには決まってその従者に握り飯を出させるようになったといわれています。その際に今まで丸く握っていたおにぎりを三角形に握り、丸い盆に三個ずつ並べて、これを徳川家の葵の御紋に見立てたことから「御紋むすび」と呼ばれ、以後三百年にわたり川崎宿の名物となりました。このことから、川崎宿が三角おにぎり発祥の地といわれています。

なお、川崎宿近隣の稲毛地区で採れた米は「稲毛米」と呼ばれる良質米で、将軍家の御飯料や江戸の寿司米でもありました。

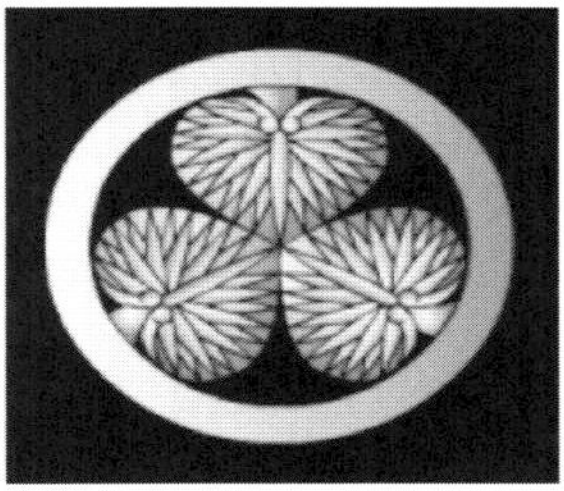

川崎宿こぼれ話2　黒い瞳のスーザン

生麦の蛇の目茶屋。この茶屋は、外国人の需要に応ずるため、西洋酒の瓶を並べており、外国人は、茶屋の女将をスーザンと親しみを込めて呼んでいました。

当時幕府は、横浜居留地の外国人に対して遊歩限度という制度を適用していて、東は多摩川下流の六郷までしか出歩くことができませんでした。しかし、この方面の東海道沿いは景色も良く、また途中には居留民の間で大評判だった生麦村のスーザンの立場茶屋があり、そこに寄ってビールを飲みながら本牧沖に浮かぶ白帆の船を眺めゆっくり休息した後、六郷手前の川崎大師を見物するのが休日の遠乗り定番コースの一つでした。

アメリカの女流ジャーナリスト・シドモアの紀行文「Jinrikisha（人力車）Days in Japan」にも、生麦「スーザン茶屋」の話が興味深く紹介されています。

シドモアは、度々日本を訪れた親日家であり、日本に関する記事や著作も残しています。ワシントンD．C．のポトマック河畔に桜並木を作ることを提案した人物でもあります。

蛇の目茶屋のあった場所は、道念稲荷神社の斜め前、生麦事件現場のほんの少し江戸寄り、四人の英国人ももう少し早く着いたら幕末史も変わったかもしれません。

道念稲荷神社附近

神奈川宿

広重「東海道五十三次之内　神奈川」保永堂版　横浜国道事務所提供

神奈川宿

（長延寺跡～神奈川宿～芝生～帷子橋跡）

①～⑯を経て帷子橋跡まで約７km
およそ１時間45分
（４kmを１時間として概算）

●●●●●●●● 太丸は東海道
●●●●●●●●●● 小丸はガイドルート

京急仲木戸駅－神奈川駅間拡大図

400m

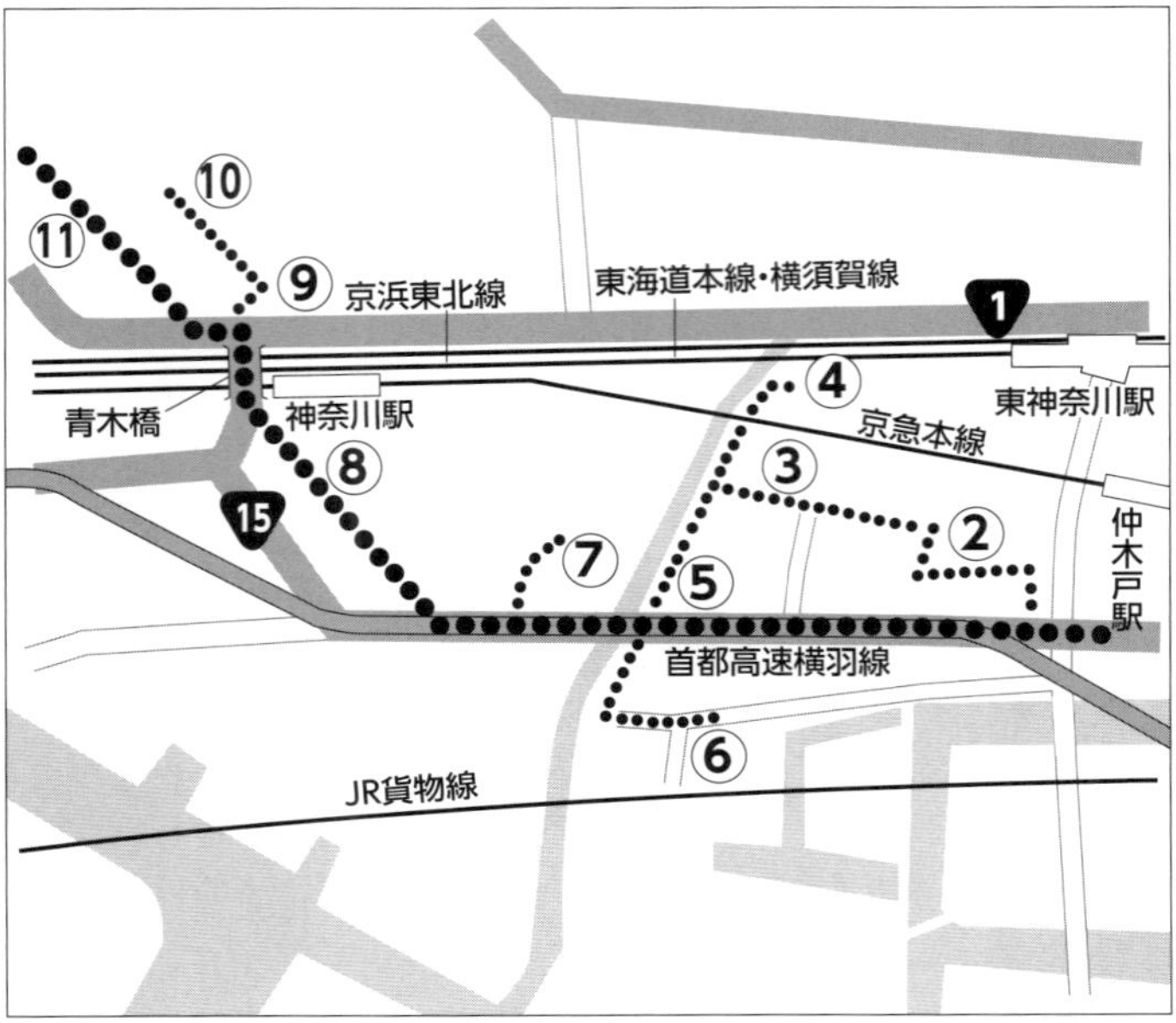

ガイドルート

①長延寺跡
②熊野神社
③成仏寺
④慶運寺
⑤石井本陣跡
⑥神奈川台場跡
⑦宗興寺
⑧洲崎大神
⑨本覚寺
⑩望欣台
⑪台町
⑫神奈川台関門跡
⑬横浜道
⑭浅間神社
⑮追分
⑯橘樹神社

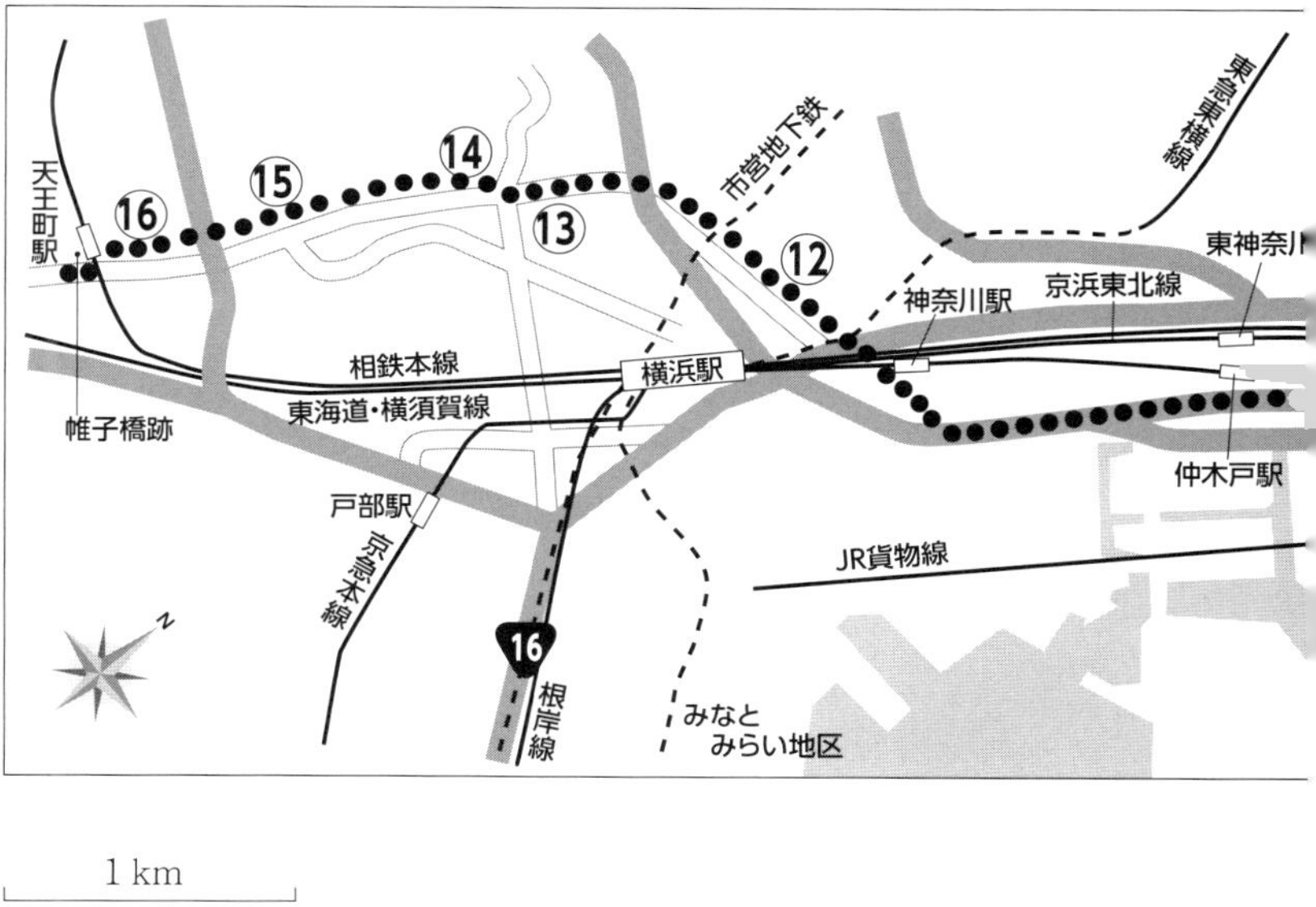

神奈川宿から保土ヶ谷へ

神奈川宿のあらまし

♣江戸湾の内海に面し、中世以来早くから六浦（横浜市金沢区）、品川とともに陸海交通の要衝として、また、物資の集散地として栄えてきた神奈川は、慶長六年（一六〇一）、徳川家康によって東海道宿駅伝馬《しゅくえきてんま》制度が定められると、品川、保土ヶ谷などと並んでいち早く宿場の一つに指定されました。

♣江戸から三番目の宿場神奈川宿は、日本橋から七里（二十七・五キロ）、川崎宿から二里

増補再刻「御開港横浜之全図」より部分
（神奈川宿）　横浜開港資料館蔵

半（九・八キロ）、次の保土ヶ谷宿へは一里九町（四・九キロ）のところにあって、品川から続く海岸に沿った街道が、途中から海に張り出した山際を巡って、その後、次第に海から離れて内陸へと向かう場所に位置していました。

宿は、宿場のほぼ中心を流れる滝の川を境に、江戸寄りに神奈川町、京寄りに青木町の二町に分かれ、その規模は江戸後期で、問屋一、本陣二、旅籠《はたご》五十八で、宿駅としてはごく平均的な宿場でしたが、交通の要衝であったこともあって宿内人口五、七九三人、家数一、三四一軒は、小田原と並んで東海道の宿場の中でも大きい方の一つでした。また、長延寺前の江戸方見付から、台町の坂を西に向かって下りきった辺りにあったとされる上方見付までの宿内の家並みは、十八町二十九間（約二キロ）、道幅は三～四間（約五～七メートル）だったといいます。

神奈川宿の特徴とみどころ

◉観福寿寺と浦島伝説

観福寿寺は、正式には「帰国山浦島院観福寿寺」といい、神奈川町の東側（現浦島丘）にありましたが、幕末維新ごろ火災によって焼失、廃寺となって現在その痕跡は残っていません。その寺には、浦島太郎の伝説に関連するさまざまなものが残されていて、旅行く人々に神奈川宿の名所として知られていました。

観福寿寺の本尊は浦島太郎が龍宮より持ち帰ったとされる浦島観世音で、その左右に浦島大明神と亀化龍女神が鎮座していたといいます。このほか、亀の形をした石塔、「龍燈松」と呼ばれる巨大な一本松の存在などが、数々の文献、浮世絵によって取り上げられ描かれています。

文政七年（一八二四）に神奈川町の煙管亭喜荘《きせるていきそう》が書いた『金川砂子《かながわすなご》』の中の浦島伝説によれば、雄略天皇の頃、相州三浦の住人浦島太夫が公務でしばらく丹後の国に住んでいた折、その息子の太郎という二十歳余りの美少年が霊亀にのって龍宮に渡り、三百余年を経たあとで、以前の姿で帰ってきました。太郎はそこで両親の訃を知り、その墓石のあった白幡の峰（神奈川区浦島山）に堂を建立し、乙姫から貰ってきた観世音を祀って父母の霊をねんごろに弔ったというものです。

その周辺には、浦島丘、浦島町、亀住町など浦島伝説に因む地名があります。

◉黒船来航と神奈川宿

嘉永六年（一八五三）のペリー艦隊四隻の浦賀来航は、江戸幕府をはじめとした国内に大きな衝撃と狼狽を与えるものでしたが、浦賀と江戸の中間にあった神奈川宿にも大きな変化をもたらすことになりました。

翌年、再度来航したペリーは和親条約の締結のため、会談の場所を江戸付近とすることを求め、浦賀を主張する幕府と交渉した結果、無名の一漁村に過ぎなかった横浜村がその場所に決まり、神奈川宿は渉外のための前線基地となりました。

その後、日米修好通商条約が結ばれ、開港場が箱（函）館や神戸などと共に神奈川（横浜）に決まると、開港場が建設されるまでは神奈川宿も一層、諸外国、外国人とのかかわりを深めていきます。しかし、横浜が国際港都としての形を整えていくにつれて、次第にその流れは神奈川から横浜に移っていくことになりました。

当時、神奈川宿内には、本覚寺にあったアメリカ領事館をはじめとする各国公館や宣教師などの宿舎があり、多くの寺院がそれに充てられていました。

また、「神奈川から十里四方、東は六郷川まで」が外国人の遊歩地に指定されていましたので、この地域の中で、国内の攘夷思想や生活習慣の違いから、生麦事件などさまざまな外国人殺傷事件が頻発することになりました。

◉袖ヶ浦の景勝と台町の茶屋

海上輸送の主要な拠点であった神奈川湊《みなと》は、同時に、内海の眺望においても東海道屈指の絶景地でした。神奈川の内海を「袖ヶ浦」と呼んでいましたが、この風景を見下ろす台町には多くの茶屋が立ち並んで旅人の目を楽しませ、疲れを癒す格好の場所となっていました。

この様子はいろいろな絵や書物でも取り上げられ、広重「東海道五十三次」の神奈川宿風景も、片側に茶店が軒を連ねる台町の坂を旅人たちが上って行くさまを描いていています（中扉参照）。その左手には帆船が浮かぶ袖ヶ浦の光景が一望されます。

◉横浜開港場と横浜道

安政五年（一八五八）六月、日米修好通商条約の調印によって、翌年六月の横浜開港が決まると、幕府は直ちに新しい町づくりに取りかかりました。当時の横浜村は東海道とは幾筋もの川や丘陵で隔てられたいわば陸の孤島で、戸数も僅か百一戸の半農半漁村でした。開港場は、海側の中央に波止場と運上所（税の取扱所）を設け、その北側を日本人居住区、南側を外国人居住区と定め、また、西側には新田を埋め立てて遊郭がつくられました。さらに取り締りを容易にするため、開港場の周囲を川や掘割で区切り、出入するための橋のたもとに関門を設け、その内側を関内、外側を関外と呼びました。

開港場の建設と並んで、その開港場（関内）と東海道を直結する新道の建設も急務で

五雲亭貞秀「横浜之図」横浜道
国立国会図書館蔵

した。道筋は吉田橋から東海道側の芝生村浅間下《せんげんした》に至るもので、この「横浜道」は工期三カ月という突貫工事で開港直前に完成しました。

◉袖擦り山と富士の人穴

神奈川宿台町の西の坂を下りきった辺りの見付を過ぎるとやがて芝生村。右側の小高い山に村の鎮守浅間神社がありました。神殿のある山は袖擦り山と呼ばれ、昔は山下がすぐに波打ち際で、行き交う旅人が山の際を添い歩き、袖擦り合うばかりであったということからその名が起こったといいます。この神社の前面左手には、昔、「富士の人穴」と呼ばれる大きな穴があって、駿河の富士山麓まで繋がっていたと伝わっていました。

主な史跡など

①長延寺跡

現在、京急線仲木戸駅北側にある神奈川通東公園となっている場所は、長延寺という寺のあった場所です。

門前には神奈川宿の江戸方見付がありました。旧本陣石井家に伝わる『神奈川町宿入口土居絵図』によると、街道両側に高さ二・五メートルほどの土塁が築かれ、その上には七十五センチの竹矢来が設けられていたことがわかります。

また、神奈川（横浜）が条約上の開港場になると、各国はこぞって神奈川宿に外国公館を構え、この長延寺もオランダ領事館に充てられました。その後、横浜に居留地が整備されると、一番早くそちらへ移転して行きました。

公園の北の方向に小高い丘を展望できますが、その辺りに観福寿寺（浦島寺）があったといわれています。浦島寺には浦島観世音、亀の形をした石塔、「龍燈松」と呼ばれる巨大な一本松などがあって、旅行く人に神奈川宿の名所の一つとして知られていました。

この浦島寺は幕末維新期に火災により廃寺となり、現在ではその痕跡は残っていませんが、慶運寺などの寺に遺物が残されています。

「江戸名所図会」観福寿寺　国立国会図書館蔵

②熊野神社

寛治元年（一〇八七）、真言宗金蔵院を創建した勝覚僧正が、紀伊国熊野権現の神霊を権現山に分祀したのが始まりで、神奈川郷の総鎮守でした。その後、権現山山上の崩壊によって金蔵院の隣りに、さらに現在の地に遷座され、以来、結びの神、海上安全の守護神として一層厚い信仰を受けてきました。主祭神は国常立尊《くにとこたちのみこと》・伊邪那岐尊《いざなぎのみこと》・伊邪那美尊《いざなみのみこと》です。

正面の鳥居左右に身の丈一・六㍍の大きな狛犬像がありますが、右側の狛犬に子犬がついています。この狛犬は終戦後、進駐軍によって土手に埋められますが、その後、地元有志によって掘り起こされ、現在地に戻って修復されたといいます。神輿蔵《みこし》の裏にある大公孫樹《おおいちょう》（樹齢四百年）は横浜大空襲など二度の大火に遭遇しながらも、その都度、驚異的な生命力で活き返ってきました。その際の焼跡も生々しく、「火防《ひぶせ》のイチョウ」として横浜市の名木古木に指定されています。

③成仏寺

永仁年中（一二九三〜九八）創建の正覚山法雨院成仏寺という浄土宗の寺院で、本尊は阿《あ》弥陀如来《みだにょらい》坐像です。

横浜開港後、この寺にアメリカの宣教医ヘボン博士、宣教師ブラウン、バラなどが仮寓していました。ヘボン博士（James Curtis Hepburn、日本名　平文、一八一五―一九一一）は安政六年（一八五九）に来日、日本で最初の和英辞典を編纂、その辞典にローマ字の日本語表記方法を採用したことや、青少年子女の教育などにも尽力したことで知られています。

本堂の左側に浪石、またの名を浦島太郎の涙石と名付けられる石があります。海の水が上潮になると湿気を帯び、満潮時には夜露の下りたように潤い、引潮の時には拭いたように乾くので、この石を撫でると自然に潮の時刻が分かるといいます。

また、浦島太郎が龍宮から帰って来て、白幡の峰に眠る両親に思いを馳せてはらはらと泣いた涙がこの石を濡らしたともいいます。

④慶運寺

文安四年（一四四七）、芝増上寺第三世音譽聖観《おんよしょうかん》によって創建された吉祥山芳艸院慶運寺という浄土宗の寺院で、横浜開港に伴いフランス領事館に充てられました。

浦島丘にあった浦島伝説の観福寿寺が廃絶した後、元石井本陣の当主が幹事となってゆかりの深いこの寺にお堂を建立して併合しました。このため、残っていた浦島観世音や浦島寺碑、浦島父子塔などが移されています。なお、五重石塔など一部は、七島町にある本照山蓮法寺（日蓮宗）にも移されて残っています。

因みに、浦島伝説による浦島太郎のその後については、静かに一生を送りこの地で亡くなったという話になっていますが、一説には再び亀に乗って龍宮へ戻り二度と帰って来なかったという話もあります。

⑤石井本陣跡

神奈川宿には、石井本陣と鈴木本陣の二つの本陣が、宿のほぼ中央を流れる滝の川を挟んで向き合うように立っていました。

石井本陣は川の東方で神奈川町にあったので、神奈川本陣とも呼ばれ、鈴木本陣は川の西方の青木町にあったので、青木本陣とも呼ばれていました。『金川砂子』の中に両本陣の絵が描かれていますが、相当に広大な屋敷であったことが見てとれます。

また、鈴木本陣ではちょうど大名の行列が着いたところが描かれていますが、本陣に大名が宿泊すると、門前に関札《せきふだ》を立て、門にはその大名の定紋入りの幕を引き、誰にでも分かるようになっていたそうです。

⑥神奈川台場跡

横浜開港にともない、万延元年（一八六〇）、伊予松山藩主松平隠岐守は幕府の命により、神奈川沖に勝海舟が設計した海防砲台を構築しました。

当時の台場は総面積二・六ヘクタール、海に突き出た扇形をしていて、約七万両の費用と一年の工期を要して竣工しました。台場の石は真鶴から、土は権現山から人の肩によって運ばれたといわれています。

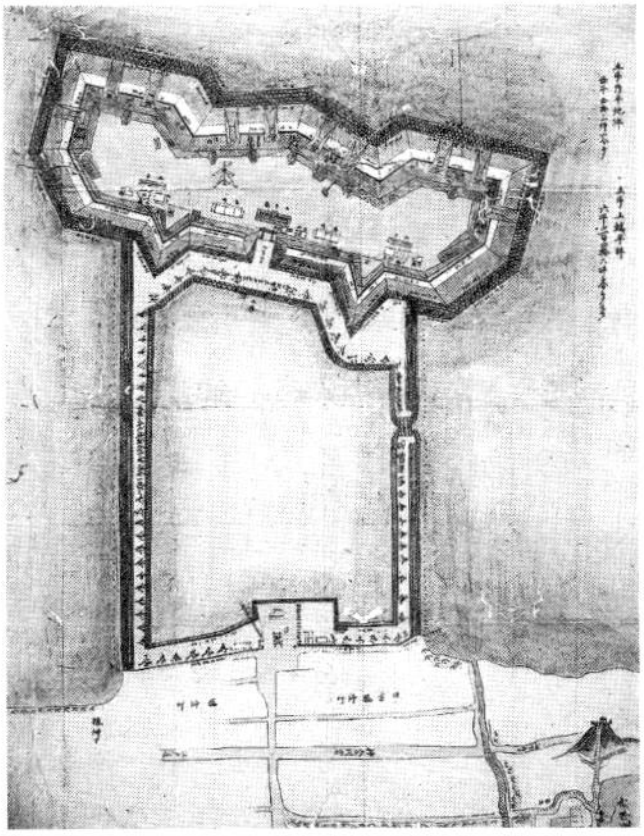

神奈川台場の設計図
横浜開港資料館蔵

この作業の苦しさを謡った次のような俗謡があります。

「死んでしまおか　お台場行こか　死ぬのがましかえ　土かつぎ」

この砲台も、開港後、礼砲用だけにしか使われず、明治三十二年（一八九九）台場が廃止され、とうとう大正十年（一九二一）頃には埋め立てられてしまい、現在は石垣の一部を残すのみです。

⑦宗興寺

開塔山宗興寺《そうこうじ》という曹洞宗の寺院で、本尊は釈迦牟尼仏《しゃかむにぶつ》です。室町時代に創建されたといい、はじめは真言宗でしたが、寛文年間（一六六一〜七二）に曹洞宗に改宗しました。

開港当時、ヘボン博士がこの寺に施療所を開設、成仏寺からここに通って無料で多くの患者の診療に当たったといいます。後の横浜市立大学医学部（当時十全病院）で多数の外科手術を行い、子弟を教育したアメリカ宣教医シモンズもここを宿舎としていました。シモンズは「虫下しセメン円」でも有名です。

宗興寺の裏手にある井戸は、昔、東海道を通る旅人にとって宗興寺というより大井戸寺といった方が分かり易いほど有名な井戸でした。不思議なことに、天気の良いときには水量が増し、天気が悪くなると水量が減るというので、明日の天気が良く分かり、そこでお天気井戸という名がつけられました。

二代将軍秀忠が神奈川御殿に宿泊したとき、この井戸の水を茶の湯に供し、明治天皇が神奈川本陣に御休泊の折には、御用水に指定されたほどの名水であったそうです。

⑧洲崎大神

建久二年（一一九一）、源頼朝の創建で、青木町の総鎮守です。石橋山の合戦に敗れ、海路、安房へ渡った頼朝が再起を安房神社に祈願し、その大願が成就できたので、陸路で参詣できるこの地に社を建てて祭神を分霊して祀りました。祭神は天《あまの》太玉命《ふとだまのみこと》・天比理刀賣命《あめのひりとめのみこと》、相殿は素盞男命《すさのおのみこと》・大山咋命《おおやまぐいのみこと》です。

かつて境内には檍《あわき》の御神木があり、稀に見る大木であったので、青木町の名はこの「あわき」から起こったものといわれています。戦災で焼失したものか、今、境内にこの木は見られません。

洲崎大神の下はすぐ海で、そこが船着場であったといいます。神奈川湊は背後に風を防ぐ山があり、水深も比較的深い入江という地形に恵まれていたので、十四世紀末頃から品川・六浦と並んで物資の集散地として繁栄していました。また、湊の沖には幕府が儀式や御祝いの時に使う鯛を確保するため、江戸近くの四カ所に設けた活鯛の生簀《いけす》の一つがありました。この生簀もその後環境などの悪化で次第に消えていきました。

⑨本覚寺

青木山延命院本覚寺は曹洞宗の寺院です。関東大震災で本堂と鐘楼は倒壊、さらに横浜大空襲で行基作と伝えられた本尊の地蔵菩薩像をはじめ堂宇のすべてを焼失、残った建物は鐘楼堂と山門だけとなりました。

開港当時、アメリカ領事館となって、伊豆の下田を引き払ったハリス一行がここに入り、寺の墓地の大木に旗竿を立て、そこに星条旗を高々と掲げました。また、山門の一部がペンキで塗られ、今もその跡がうっすらと残っているのが見られます。日本でペンキが使用された最初ともいわれています。

生麦事件突発の時は、負傷したものの難を逃れた男性二人がこの寺に駆け込み急を報じたので、ここから港内の軍艦に連絡されました。負傷した二人はヘボン博士の手当てで一命をとりとめました。

門前に、幕末、幕府海防掛目付として、日米修好通商条約の交渉にあたり、神奈川開港を首唱した岩瀬忠震《いわせただなり》（一八一八―六一）の顕彰碑が建てられています。日米修好通商条約は、米国の治外法権を認め、関税自主権のない不平等の条約であったため、岩瀬たちは屈辱的な条約を結んだとして厳しい評価を受け、忠震も失意のうちに世を去りました。しかし、最近では欧米列強の軍事的脅威と国内の猛反対の中で、国益を守るため粘り強く交渉を続けた岩瀬らに対する評価が高くなっています。

⑩望欣台

この一帯は、高島《たかしま》嘉《か》右《え》衛門《もん》（一八三二―一九一四）が、晩年別邸を建てて住んだので高島山と呼ばれるようになりました。

江戸の材木商に生まれた嘉右衛門は、横浜開港後、単身横浜に来て材木店を開き、一時、外国人相手の小判密売の罪で投獄されますが、出獄後再び材木店と建築請負業を営んで、折からの居留外国人の住宅新築景気にのって巨額の富を得たといいます。

嘉右衛門は、貿易を盛んにするために鉄道の建設に取りかかった政府に協力し、地元民が反対する中で神奈川～横浜間の海中へ一直線に鉄道を敷設することを提唱、青木町から野毛村までの一・四キロ、幅六十三メートルの埋め立て工事を請負って完成させました。明治五年（一八七二）、この埋め立て工事の竣工とともに新橋～横浜間の鉄道が開通しました。公園の一画に、嘉右衛門の業績と、この高台の別荘で、港内の繁栄を望み欣然とし

高島山からの展望（明治4年鉄道開通の前年）
『神奈川の写真誌・明治前期』（有隣堂）より

て心を慰めたという望欣台由来の碑があります。このほか嘉右衛門は、高島易断の祖としても有名です。

⑪台町

かつて本覚寺の前を過ぎ、緩やかな坂道を上った辺りの高台を台、その東側の上り坂を東台、下り坂になる西側を西台と呼んでいました。一帯は「袖ヶ浦」と呼ばれる神奈川の内海を見下ろす景勝地で、台町には『江戸名所図会』などに描かれている「さくら屋」（現在の田中家の辺り）をはじめ、多くの茶屋が立ち並んで旅人の目を楽しませ、疲れを癒す格好の場所となっていました。

『東海道中膝栗毛』の弥次さん喜多さんも、この台町で茶屋の女に呼び止められて、袖ヶ浦の景色と鯵の焼き物を肴に一杯傾けて道草を食う場面があります。

さらに横浜が開港すると、当時の人々にとって、そこが欧米文化の入口で、物珍しい場所として新たな名所の一つになっていきます。二代広重が描いた絵では、女性が

二代広重「神奈川横浜港真景・横浜海岸図会」より部分　横浜市歴史博物館蔵

台町の茶屋から遠眼鏡で開港場や外国船をのぞき込んでいる情景も見られます。

⑫神奈川台関門跡

幕府は横浜開港に先立ち、外国人の行動地域の範囲を神奈川から十里四方と定めましたが、開国に反対する浪士の行動は日毎に不穏となっていき、ついに横浜でロシア人士官と水兵の二人やフランス領事館に勤める清国人が殺傷される事件が起こりました。

そこで、イギリス総領事オールコックから浪士取り締りのため関門設置の要求があり、これを受けて幕府は神奈川台など関門七カ所、見張り番所十カ所を設置しました。関門には木戸門・面番所があって、ここに同心、足軽を配置して警戒に当たっていたといいます。

関門設置三年後の文久二年（一八六二）、江戸から帰国する途中の薩摩藩島津久光の行列を乱した四人のイギリス人が供の武士に殺傷される、いわゆる生麦事件が発生しました。島津久光はイギリス軍などの追撃を避けるため、その夜の神奈川宿泊を急遽取り止めて、その先の保土ヶ谷宿まで行って泊まりました。

この時、神奈川台関門は島津の行列の通った後、直ちに関門を閉じたということです。

⑬横浜道

安政五年（一八五八）、幕府は開港場を横浜とすることを決意すると、直ちに新しい町づくりに取りかかりました。その際に最も緊急とされたのが、東海道と横浜（関内）の間を結ぶ新道の建設でした。

道筋は芝生村浅間下から戸部村石崎、野毛坂を経て吉田橋に至るもので、工事は浅間下から石崎まで海中に堤を築いて途中の三つの川に橋を架ける区間と、石崎から野毛橋（現都橋）までの野道を切り広げる区間とに分けて進められ、さらに、開港場とを結ぶ吉田橋が架けられました。

総工費は芝生村浅間下から野毛橋（現吉田橋）までで約五千五百両を投入、工期三カ月という突貫工事で開港直前に完成した横浜道は、その後、多くの外国人が住む異国情緒溢れる場所を一目見ようとする人達なども含めて大いに賑わいますが、明治五年（一八七二）、新橋～横浜間の鉄道開通によって次第にその役割を失っていきました。

現在は、時代の移り変わりとともに度重なる改修で近代化されていますが、五雲亭貞秀が描く浮世絵（三十八頁参照）にかつての情景が鮮やかに映し出されています。

⑭浅間神社

承暦四年（一〇八〇）、富士浅間神社の分霊を奉祀したものといわれ、旧芝生村の鎮守で、現在は浅間町一帯の鎮守です。祭神は木花咲耶姫命《このはなさくやひめのみこと》です。

神殿は袖擦り山と呼ばれる小高い山の上にありますが、昔は神奈川の海がこの辺りにまで入り込んで山下がすぐに波打ち際でした。そのため男波女波《おなみめなみ》（高い波や低く弱い波）がこの山裾に打ち寄せ、行き交う旅人が手に手を取って山の際を添い歩き、互いの袖が擦り合うばかりであったということからその名が起こったといいます。

この神社の前面左手には、昔、富士の人穴と呼ばれる大きな穴がありました。人穴は、駿河の富士山麓まで繋がっていたという伝説もあるほどに東海道の名物で、山伏がいて行き交う人々に見せ物の呼び込みをやっていたといいます。

「江戸名所図会」芝生浅間神社
国立国会図書館蔵

⑮追分

芝生村と保土ヶ谷宿の境で「追分」と呼ばれているところ（現横浜市西区浅間町四丁目付近）です。追分とは道が二股に分かれている場所をさし、各地に地名として残っています。ここも真直ぐに行く道が保土ヶ谷宿に至る東海道、右に向かえば帷子峰の麓に沿って和田村から上星川、川島村を抜けて、今宿村、上川井村と辿って八王子へ通ずる八王子道です。

横浜開港によって、生糸が輸出品の中で最も重要な地位を占めるようになると、関東や甲信方面からの生糸がこの八王子道を通って横浜へ運ばれました。そのためこの道は日本のシルクロードと呼ばれています。

⑯橘樹神社

明治以前は牛頭《ごず》天王と称し、鎌倉時代に京都の祇園社（八坂神社）の分霊を勧請したのが始まりといわれています。明治に入って、この地、武蔵国橘樹《たちばな》郡の地名を取って橘樹神社と改められ、この時から、祭神も素盞嗚命《すさのおのみこと》となりました。本殿左手に寛文九年（一六六九）の銘がある六手青面金剛《しょうめんこんごう》があります。青面金剛は、もとは流行病を流行らせる悪鬼でしたが、後に改心して病魔を追い払う善神になったといわれ、庚申会《こうしんえ》に本尊として祀られることが多かったようです。

神奈川宿こぼれ話1　神奈川宿名物「黒薬」

本覚寺は臨済宗の寺院として嘉禄二年（一二二六）に開山されました。開山は臨済宗の開祖栄西禅師と伝わります。永正七年（一五一〇）、権現山城で起きた「上田蔵人の乱」で兵禍を受け荒廃しますが、享禄五年（一五三二）、小机の曹洞宗雲松院の陽広元吉《ようこうげんきつ》禅師を住職として迎え曹洞宗に改宗し、再興しました。

享保一〇年（一七二五）五月二十八日の夜、本覚寺の第十世住職、大定梁国《だいじょうりょうこく》和尚の夢枕にお地蔵さまが立たれ「諸人の難儀を救うために、そなたに霊薬を授けましょう。その薬で広く諸人の苦患を救ってあげなさい」とのお告げがありました。

十世梁国和尚が建てた地蔵

和尚は、地蔵菩薩に教えられた通りに何種類もの薬草で薬を作り、病人に与えると病はたちどころに癒えていきました。その薬は評判になり神奈川宿の名物となりました。薬の名は「黒薬」。安産をはじめ、産後の肥立ち、頭痛、腹痛、脚気、中風、痔などおよそ万病に効き、東海道を通る旅人たちは本覺寺でこの薬を買い求めたといいます。

また梁国和尚は、夢枕に出てきたお地蔵さまを忘れないように石に刻み、台石の周囲にその因縁を記し供養しました。現在も境内の西側に安置されています。

神奈川宿こぼれ話2　坂本龍馬の妻「お龍」

料亭田中屋は、文久三年（一八六三）創業。田中家の前身は、歌川広重の浮世絵にも描かれていた「さくらや」です。昔は、景勝地で欄干から釣り糸を垂らせたといいます。伊藤博文ら明治の元勲や夏目漱石等数々の著名人にも愛されていました。

お龍は、慶応三年（一八六七）龍馬暗殺後、下関、土佐、京都を経て、明治六年には東京築地にいましたが、明治七年ごろ自立の道を模索し、勝海舟（又は菅野覚兵衛）の紹介で、神奈川宿の料亭・田中家で住み込みの仲居として働いていました。

神奈川区台町

お龍は頭が良く酒を好み、人情深く、客あしらいもうまく、大勢いた仲居の中でも飛び抜けて目立つ存在だったといいます。月琴を奏で、外国語も堪能で、物怖じしないまっすぐな性格、海外事情にも詳しく話題も豊富で外国のお客様にも評判でした。

明治八年この料亭の客で横須賀造船所建設用資材の回漕業をしていた西村松兵衛と意気投合し、西村ツルとして再婚、横須賀で世帯を持ったそうです。しかし、夫の事業の失敗やお龍のアルコール中毒等により幸福な晩年ではなかったようです。さらにお龍の妹、夫を亡くした光枝が転がり込み、その後松兵衛とともに晩年のお龍を残し出て行ったといいます。享年六十七。墓は、横須賀大津の信楽寺《しんぎょうじ》。

保土ケ谷宿

広重「東海道五十三次之内　保土ヶ谷」保永堂版　横浜国道事務所提供

保土ヶ谷宿

（帷子橋跡〜保土ヶ谷宿〜品濃坂〜戸塚江戸方見付跡）

①〜⑯を経て戸塚江戸方見付跡まで約 11 km
およそ２時間 55 分
（４km を１時間として概算、権太坂加味）

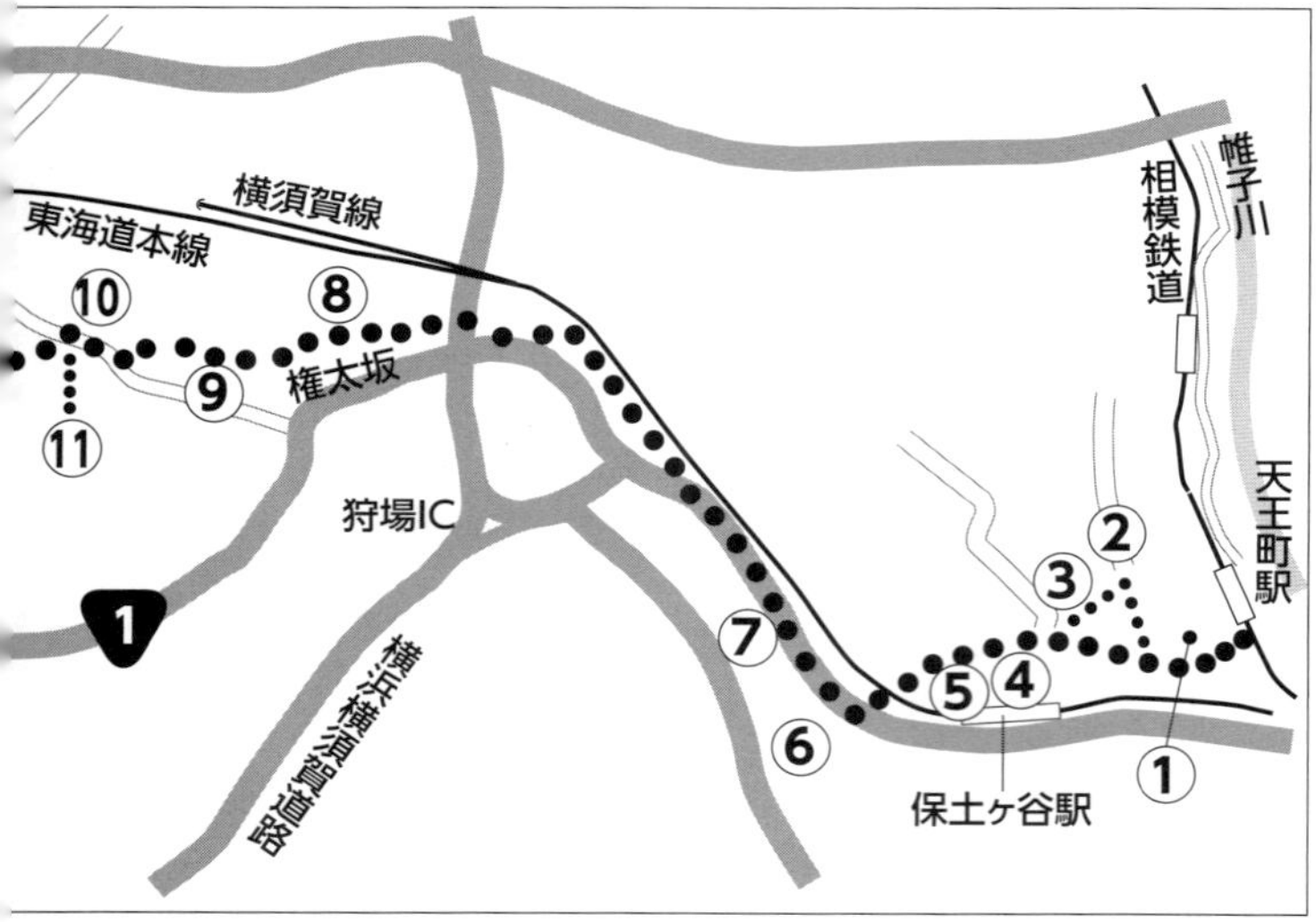

●●●●●●●● 太丸は東海道
●●●●●●●●●●● 小丸はガイドルート

ガイドルート

①帷子橋跡	⑨投げ込み塚
②神明社	⑩境木地蔵
③大蓮寺	⑪萩原代官屋敷跡
④問屋場跡	⑫品濃一里塚
⑤金沢横丁	⑬王子神社
⑥本陣跡	⑭柏尾通大山道
⑦外川神社	⑮齋藤家(鎌倉ハム)
⑧権太坂	⑯五太夫橋

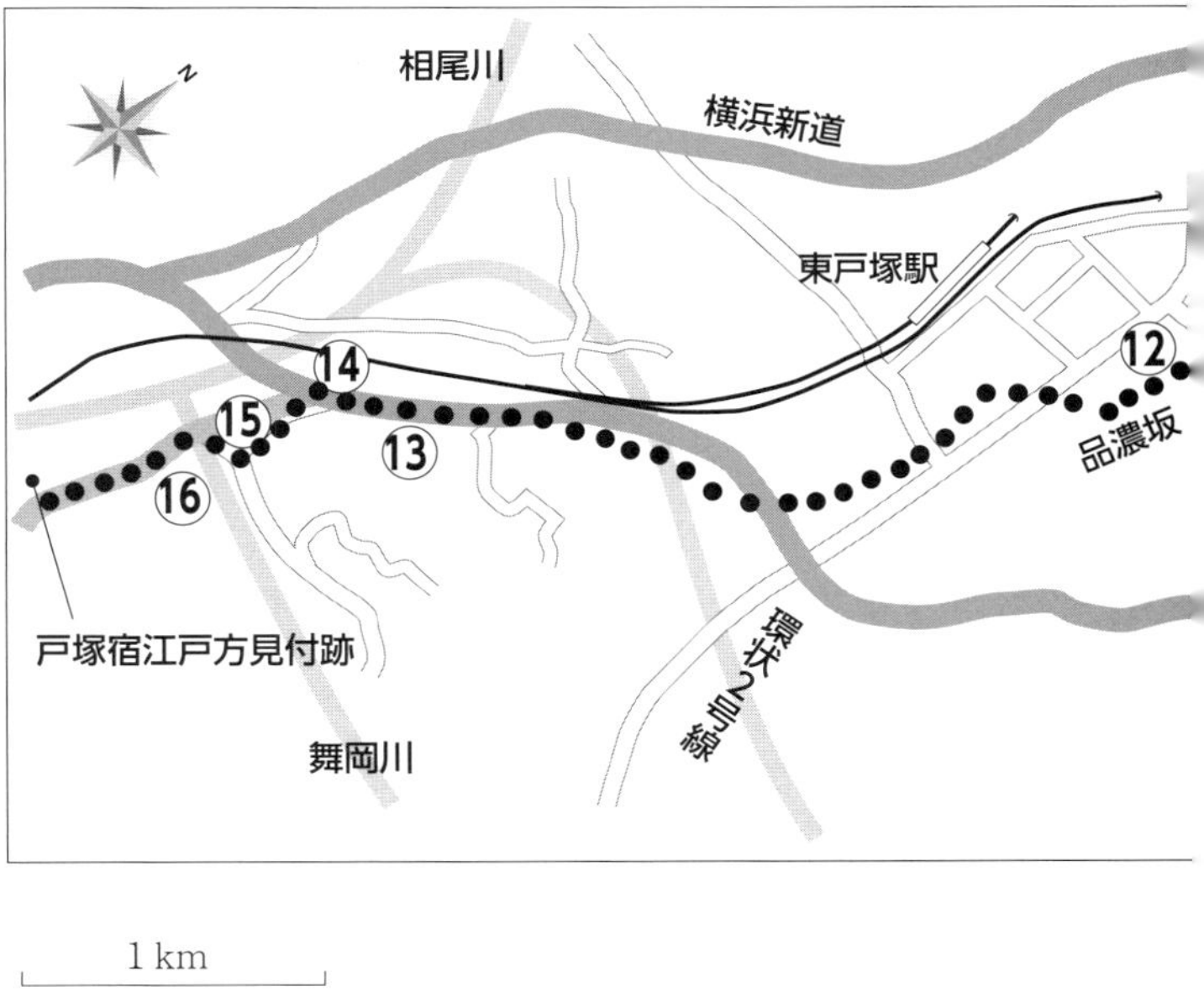

保土ヶ谷宿から戸塚へ

保土ヶ谷宿のあらまし

♣ 美しい海の眺望から離れて次第に内陸に入り、追分を過ぎると間もなく、そこは保土ヶ谷宿でした。慶長六年（一六〇一）、神奈川、藤沢などとともに宿駅に指定されますが、江戸初期の頃は、古町橋から高札場《こうさつば》を経て権太坂下まで、古東海道と呼ばれる山間の道を辿っていたと推定されています。

その後、慶安元年（一六四八）、芝生村追分から帷子橋を渡り、家の全くない水田の中に道を通し問屋《といや》場や旅籠《はたご》を建て、周辺から住民を移動させ新しい宿場町を形成し、そこからこれまでの東海道に合流させることにより〝新〟東海道が完成されました。

このようにして新しくできた保土ヶ谷宿は「新町」とも呼ばれ、広重の絵に、帷子橋を新町橋と表しているのもここからきています。

♣江戸から四番目の宿場保土ヶ谷宿は、日本橋から八里九町（三十二・四キロ）、神奈川宿からは一里九町（四・九キロ）、次の戸塚宿との間は二里九町（八・八キロ）の距離にありました。見付から見付までの宿内の家並みは長さ十九町（二・一キロ）、江戸方より帷子町、神戸《ごうど》町、岩間町、保土ヶ谷町の四町で構成されていました。また、その規模は、江戸後期で人口二、九二八人、家数五百五十八、本陣一、脇本陣三、旅籠六十七で、問屋場は神戸町にありました。

保土ヶ谷宿の特徴とみどころ

◉景勝の地金沢八景への分岐点

保土ヶ谷宿の中ほど高札場近くに、東海道と金沢道の分岐点となる、金沢横丁という交差点があります。金沢道は井土ヶ谷を経て鎌倉街道に合流、大岡川沿いに上大岡から、関の下、能見台を通って平潟湾（横浜市金沢区）の瀬戸神社、金沢藩陣屋に至る道です。

この道は、江戸時代の中期以降、庶民の行楽の旅が

初代広重（多気斉原図）「武陽金沢八景略図」（金龍院版）
横浜市歴史博物館蔵

次第に広がってくると、「杉田の梅林」、「金沢八景」など途中のみどころが多かったこともあって、鎌倉・江の島への物見遊山の代表的ルートの一つとして賑わいました。

特に、中国湖南省の景観「瀟湘八景《しょうしょうはっけい》」になぞらえたという金沢八景は、『江戸名所図会』にも取り上げられ、広重の絵が土産物に利用されるようになると、観光地として一躍脚光を浴びることとなりました。

◉黒船来航と保土ヶ谷宿

嘉永六年（一八五三）のペリー艦隊の来航は、保土ヶ谷宿にも相応の影響をもたらしました。沿岸警備の強化によって往来が繁しくなり、宿内は騒然とするとともに、荷物の運搬などにかかわる人足の負担は、近在の村々も含めて大きなものとなりました。

翌年、再び七隻の軍艦を率いてペリーが来航すると、横浜村に応接所が建設され、そこで四回にわたる交渉の結果、日米和親条約が調印されましたが、その三回目の交渉のとき、米二百俵など幕府からの献上物がアメリカ使節に贈呈されました。

その際、米俵を江戸から呼び寄せた力士に運ばせ、相撲を披露しました。年寄八人、大関二人、関脇二人など力士たちの数は、総勢九十人にも及んだといいます。まだ横浜道が建設されていなかった当時、横浜への陸路は保土ヶ谷経由によっていたので、この力士たちは保土ヶ谷宿に一泊、宿内は混雑を極めました。

このほか、生麦事件の後、島津久光は英軍などの追撃を避けるため、その夜に予定していた神奈川宿泊まりを急遽取り止め、保土ヶ谷宿まで来て宿泊しましたが、それでもなお、不時の襲撃を避けて、夜間には家臣の勧めもあり本陣を抜け出して、近くの旅籠澤瀉《おもだか》屋に泊まったといわれています。

◉江戸から最初の難所権太坂

江戸を出立して、海沿いの割合平坦な道を辿ってきた旅人たちは、保土ヶ谷宿を過ぎると、初めての厳しい上り坂に出会いました。

権太坂は、傾斜のきつい大変な急坂でした。途中、民家もなく道の左右はうっそうとして松の老木が立ち並んでいたといい、旅の途中で、行き倒れになった人や馬などが投げ込まれたという投げ込み塚もあったほどです。このため、権太坂を前に足の弱い人や女性などは保土ヶ谷泊まりとする人も多かったようです。

しかし、その上りの苦しさとは裏腹に、坂の頂上に近づくにつれて、松並みを通して左には目の下に神奈川の海、右には霊峰富士を見晴らす景勝の地でもありました。

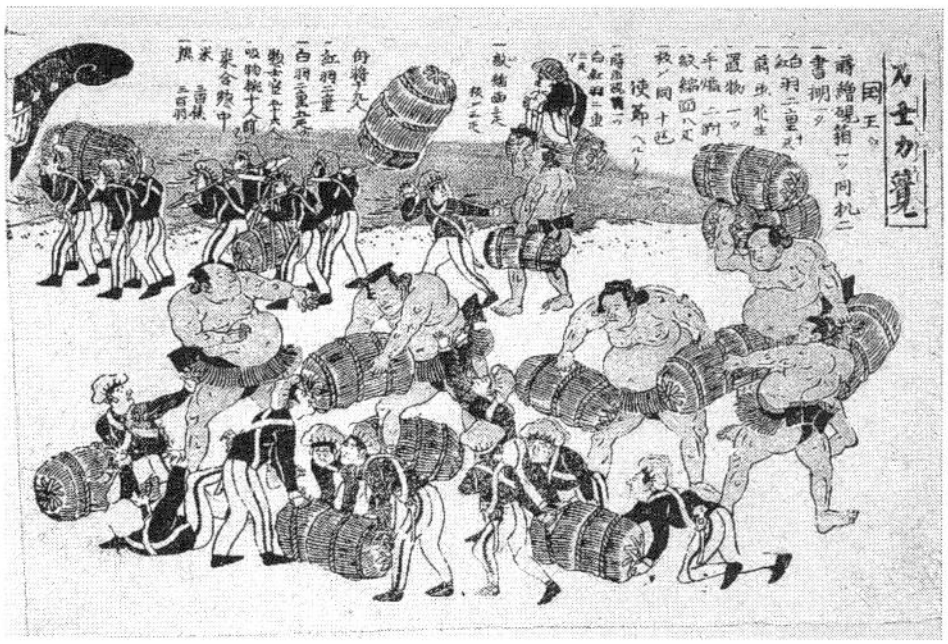

黒船瓦版「力士力競」　横浜開港資料館蔵

◉武蔵と相模の国境「境木」

権太坂を上りきったところが境木です。ここは武蔵の国と相模の国の国境になっていて、地蔵堂前の傍示杭や境内にある大きなケヤキがその目印となり、「境にある木」、境木という地名になったそうです。

かつての東海道には立場《たてば》という馬を取り替えたり、人足が休憩を取ったりする場所があり、もちろん、旅人もそこで一息入れたりしましたが、大抵は交通の要所とか景色の美しいところでした。この境木の立場茶屋も東海道の難所の一つであった権太坂を上りきったところにあって、見晴らしも良く、旅人は名物の牡丹餅《ぼたもち》を食べながら、疲れを癒したものと思われます。

◉護良親王の悲話伝説

護良親王《もりよししんのう》は後醍醐天皇の皇子で、父天皇そっくりの頑丈な体躯と溢れんばかりの闘志の持ち主といわれました。北条氏が執権を務める鎌倉幕府に対抗して天皇を助け、足利尊氏、新田義貞などとともに「建武の中興」を成功させましたが、のちに鎌倉・東光寺の土牢に幽閉され、足利尊氏の弟直義の命によって殺害されました。

ここ柏尾の地には、御首を洗い清めた井戸や御首を葬ったとされる王子神社があり、土地の言い伝えでは、晒し首になった親王の御首を夜中に側女が盗み取り、これを奉じて追手を逃れ、この地の南朝方の豪族に救いを求めて難を逃れたとされています。

主な史跡など

①帷子橋跡

保土ヶ谷宿に入って、東海道が帷子川と斜めに交差するところに架かっていた橋が帷子橋です。橋は最短になるように川の流れに直角に造られていたので、道は橋の両端で「くの字」に折れ曲がっていました。その様子が付近の景観と相まって素晴らしく、広重もこれが大変気に入ったようで、保土ヶ谷宿を表す場所として何枚もの絵を残しています（中扉参照）。

橋の長さは十五間（二十七・三メートル）、幅は三間（五・五メートル）の板橋でしたが、昭和の改修などで、今は川の流れも北側に大きく変わり、もとの場所（天王町駅前）にはその当時を偲ぶモニュメントが残されています。

②神明社

その昔、二俣川（横浜市旭区）から保土ヶ谷にかけての帷子川流域一帯を榛谷《はんがや》と呼び、平安時代末期の保安三年（一一二二）、この地を開発した豪族が、これを伊勢神宮の神領地として寄進したことから、「榛谷御厨《はんがやみくりや》」と呼ばれていました。保土ヶ谷の地名は、この榛谷がなまって呼ばれるようになったともいいます。

この神明社は、平安時代の中頃、天禄元年（九七〇）の創建と伝えられる保土ヶ谷宿の鎮守です。当初は川井にあったといわれますが、その後、二俣川、下保土ヶ谷と移り、嘉禄元年（一二二五）にこの地で、榛谷御厨八郷の総鎮守として広大な社領を持ち、宮司以下数十人が仕えて隆盛を極めたといいます。

その後、一時衰退しますが、天正十八年（一五九〇）、徳川家康入国の折、社殿の造営が行われ、四石一斗の御朱印地が安堵されました。

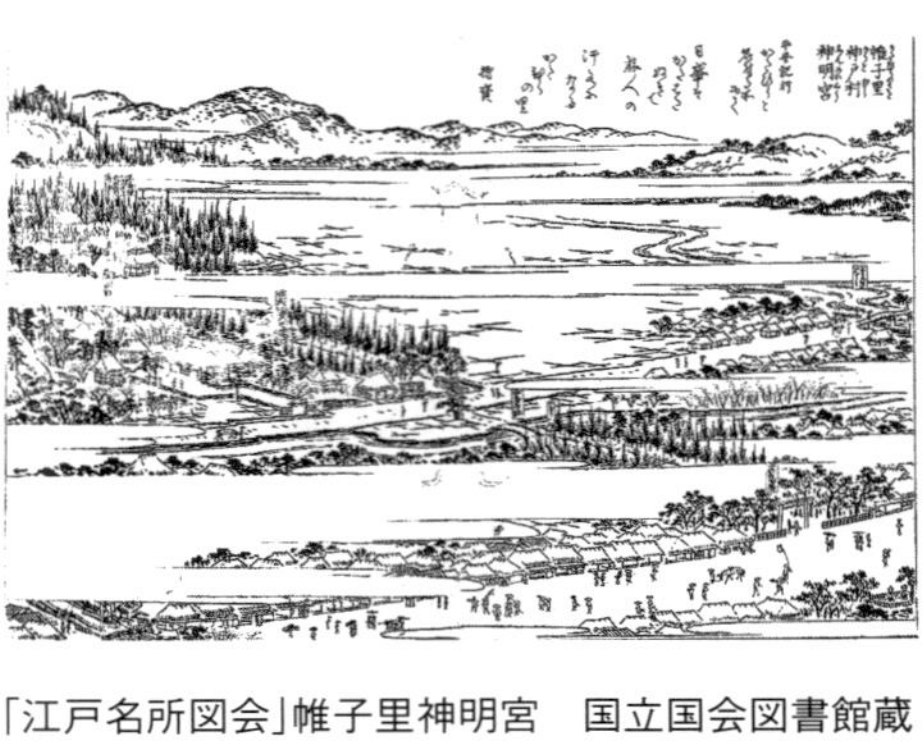
「江戸名所図会」帷子里神明宮　国立国会図書館蔵

③大蓮寺

元は法華堂として入海の近く、東海道往還の帷子橋（古町橋）際にあったものを、寛永二年（一六二五）、この地に移し、改めて妙栄山西孝院大蓮寺として開山した日蓮宗の寺院です。

寺伝によれば、仁治三年（一二四二）、日蓮上人が二十一歳の時、鎌倉をはじめ各地を遊学の途中で、保土ヶ谷宿のある家に宿泊し、たまたまその家の子供たちが釈迦尊像を玩具にしているのを見てそれを諭しました。それに心を動かされた家主は、後年、自宅を法華堂に改修し、釈迦牟尼仏を安置して朝夕お勤めをしていましたが、この法華堂に参詣した人々にいろいろなご利益があり、いつしか「帷子の里の法華堂」として近隣の信仰の中心となっていったそうです。

境内に「ざくろの木」がありますが、この木は徳川家康の側室お万の方（紀州徳川家初代藩主・頼宣、水戸徳川家初代藩主・頼房の母）が東海道を通ったとき、当寺に詣で帰依して、自分の護持仏を寄進、併せて江戸城へ植栽するための二本のうちの一本を境内に植えたものだそうです。なお、現存の木は二代目とのことです。

④問屋場跡

問屋場は、幕府公用の旅行者や大名などの荷物の運搬を行う人足や馬の差配を取り仕切り、また、幕府公用の書状などの継ぎ立てを行う大変重要なところでした。このため、問屋場は街道に面した宿場の中心に置かれている場合が多く、そこには、「問屋」（宿場の代表者）、「年寄」（問屋の補佐役）、「帳付」「人馬指」「迎役」など二十人を超える宿役人が勤務していました。

また、問屋場では荷物の運搬をするために「人足百人、馬百匹」を常備することが定められていました。こうした人馬を負担していたのは宿内に屋敷地を持つ人々で、その代わりに居住する屋敷地の地子を免除されていました。問屋場跡の近くに助郷会所の跡がありますが、助郷とは、宿場で賄い切れなくなった人馬を、周辺の村々から動員することをいいます。

江戸時代初期の頃は、臨時の大通行の場合だけでしたが、後期になると、社会の成熟とともに交通量が飛躍的に増大し、次第に宿場にかかる人馬の負担は重くなり、恒常的に助郷が求められるようになりました。保土ヶ谷宿の場合、およそ四十カ村、杉田村（横浜市磯子区）から成瀬村（東京都町田市）にまで及んでいました。

⑤金沢横丁

東海道と分岐して左に折れる道が金沢道の入口、通称「金沢横丁」です。杉田、金沢を経由して鎌倉に至り、さらに江の島を巡って藤沢で再び東海道に合流することになる江戸時代の代表的物見遊山コースの入口で、途中には杉田の梅林、金沢八景、鎌倉の鶴岡八幡宮・建長寺・円覚寺、江の島弁財天など見どころがたくさんありました。

曲がり角に四基の道標が並んでいますが、一番右側の道標は、「円海山之道」と書かれ、天明三年（一七八三）に建立されたもので、「峰のお灸」で有名だった円海山への道標です。その隣りの「かなざわ・か

初代広重「神名川・程ヶ谷・戸塚・藤沢・平塚はりまぜ」より部分（杉田梅里）横浜市歴史博物館蔵

まくら道」と書かれた道標が最も古く、天和二年（一六八二）に建立されたものです。左側に「ぐみょうじ道」と書かれています。その次が文化十一年（一八一四）の建立で、左面に「梅の名所杉田への道」と刻まれ、正面には「保土ヶ谷の　枝道曲がれ　梅の花」という其爪の句が刻まれていますが、道標に句が刻まれているのは大変珍しいもののようです。

一番左側のものは弘化二年（一八四五）の建立で、富岡の長昌寺への道標です。長昌寺の境内にあった「芋大明神」は、当時、疱瘡除けの神として有名でした。

⑥本陣跡

保土ヶ谷宿の本陣は苅部本陣一カ所だけでした。保土ヶ谷宿が設けられると、苅部清兵衛が幕府より本陣、問屋、名主の役を命ぜられ、以降、明治三年（一八七〇）本陣の制度が廃止されるまで、代々清兵衛を世襲して継承してきたそうです（現在は軽部姓）。

幕末、十代苅部清兵衛悦甫は、安政六年（一八五九）、横浜が開港されると、横浜村名主の石川徳右衛門とともに横浜町総年寄に任ぜられ、初期の町政に尽力することになりました。また、東海道と横浜を結ぶ「横浜道」の新設の際は、工事が難航したので、清兵衛を起用して工事を続行させ、その努力によって工事は完成したといいます。

本陣は、今は火災や大震災のため、かつての面影はありませんが、それでも蔵には昔の貴重な資料などが多数保存されているそうです。

⑦外川神社

保土ヶ谷宿に羽州湯殿山の講があり、その講中のある人物が出羽三山（羽黒山、月山、湯殿山）の霊場を参拝し、羽黒山麓の外川仙人大権現の分霊を祀ったもので、以来、小児の虫封じ、航海安全などにご利益があるとされてきました。明治初年の神仏分離令に伴って、社名を外川仙人大観現から外川神社と改称したとのことです。

江戸時代、庶民の間では盛んに山岳信仰が行われ、富士講、大山講、御岳講など講中を組んで信仰する山に参拝して五穀豊穣、家内安全、無病息災などを祈願しました。保土ヶ谷周辺では、古くから羽黒修験の勢力が及んでいたようで、特に江戸時代後期にはその活発な布教活動で、村々に講集団が結成され、三山講として出羽三山への登拝が行われていたようです。現在でも所々に、当時、講中に参加した人々が中心になって建てた出羽三山供養塔が残されています。

なお、神社の前辺りに保土ヶ谷宿の上方見付が、それよりやや戸塚よりに江戸から八番目の一里塚があったといわれています。

⑧権太坂

『新編武蔵風土記稿』によれば、保土ヶ谷から上る坂は一番坂、二番坂と二つの坂があったと書かれ、また、「その地形十丈（約三十ｍ）余りも高く、屈曲して長き坂なり。故に街道往返の人このところを難所とす……」と書かれるほどに傾斜のきつい大変な急坂で、民家もなく道の左右はうっそうとして松の老木が立ち並んでいたといいます。旅の途中で行き倒れとなった人や馬などが投げ込まれたという投げ込み塚もあったほどです。

この坂をいつの間にか権太坂と呼ぶようになりましたが、その由来については二つの説があります。そのうち最も良く知られるのが、『新編武蔵風土記稿』に出ている話で、この坂を通りかかった人が、そこにいた老農夫に坂の名を尋ねたところ、老農夫は耳が遠かったので、自分の名を聞かれたと思い「権太」と答え、それ以来これが坂の名になったというものです。

もう一つは、万治二年（一六五九）、代官の指示によって二番坂から下の改修工事を手掛けた藤田権佐衛門の名を取って「権佐坂」と名付けたものが、いつの間にか権太坂になったというものです。

「江戸名所図会」科濃坂（権太坂）　国立国会図書館蔵

⑨投げ込み塚

投げ込み塚は、坂の途中の辺りにあったといわれていますが、そこからやや離れた場所に投げ込み塚跡の碑が建てられています。

昭和三十六年（一九六一）、宅地開発のため、不動産業者が土を掘り崩していたところ、そこが投げ込み塚であったらしく、人骨や牛馬の骨が続々と現れ、それをかますに入れて集めたところ十五杯もあったそうです。

かつて、保土ヶ谷方面からは一番坂、二番坂と厳しい上り坂が続く権太坂は名だたる難所でしたが、一方、戸塚方面から来る場合でもこれに劣らぬ品濃坂、焼餅坂があって、いずれもこの間で、病や疲労や空腹のため行き倒れになった旅人、荷物の重さに耐えられなくなって倒れた馬などを二《メー》《トル》四方、深さ七《メー》《トル》の穴に投げ込んだといいます。

当時、旅をすることは大変なことで、親兄弟に水杯で別れを告げて出立したというくらいですから、命がけのことであったろうと思われます。一般の人は、名主などの発行する往来手形を持って行かなければならず、それには行き先、目的のほかに「若《も》シ此ノ者、病死仕リ候ハバ、其ノ所ノ御慈悲ヲ以ッテ、御取置遊バサレ下サレ可《べ》ク候。此ノ方へ御届ケニ及バズ。念ノ為、一札件《くだん》ノ如シ。」（万一、この者が病死したならば、その土地のみなさんの御慈悲によって処置してください。こちらへお知らせには及びません。念のため、この手形を出します。）と書かれていました。

⑩境木地蔵

境木地蔵はちょうど武蔵と相模の国境にありました。境木地蔵の手前には、昔、国境に立てられたという木の杭が平成十七年（二〇〇五）に復元されています。

この辺りは、境木の立場があったところで、保土ヶ谷からは東海道の難所の一つであった権太坂を上りきったところ、また、戸塚からも品濃坂などを上りきったところでしたから見晴らしも良く、茶店などもあって、くたびれた旅人は名物の牡丹餅《ぼたもち》を食べながら、疲れを癒やしたものと思われます。

境木地蔵には、地蔵に纏《まつ》わる伝説が残っています。江戸時代の初め、鎌倉腰越の浜に打ち上げられたお地蔵さまが、漁師たちに頼んで江戸へ運んでもらう途中、この辺りで牛車が動かなくなって置いて行かれました。それをこの辺りの人たちが、そのお地蔵さんのお告げによって御堂を建ててお祀りしました。それからは参詣の人も増え、旅人も休息する

「五十三次名所図会」程ヶ谷境木立場　国立国会図書館蔵

ようになり、付近の商家も繁盛し茶屋小屋も軒を並べるようになったというものです。

⑪萩原代官屋敷

萩原家は代々、相模国や丹波国などに八千石の領地を持つ三河以来の旗本杉浦越前守の代官職を務めていたといいます。幕末から明治の初めの当主萩原太郎行篤《ゆきとく》は、嘉永四年（一八五一）直心影流の免許皆伝を許されここに道場を開き、慶応二年（一八六六）九月には入門者二百人を超えたといわれています。道場には多くの剣客が訪れ、安政五年（一八五八）には、後に新選組の隊長となった近藤勇が他流試合に立ち寄り、その直筆も残されています。行篤は維新後、神奈川県警察部で撃剣を教授し七十八歳で死去しました。今は、その屋敷跡も僅かに瓦葺《かわらぶ》きの武家門だけが残って、往時が偲ばれます。

⑫品濃一里塚

境木を過ぎて焼餅坂と呼ばれる坂を下って行くと、江戸から九番目の品濃一里塚があります。かつてはこの坂の傍らに茶店があって焼餅を売っていたとも、また、別の話では客の多い若い娘の茶店を他の店の老婆が妬いたからとも、その名の由来が伝わっています。

右側、品濃町側の塚は直径六間（十一メートル）、高さ三間（五・五メートル）で、昔は大きな榎が植えられていたそうです。現在、神奈川県内でほぼ完全な形で残る唯一の一里塚で、県の指定文化財となっています。一里塚を過ぎると、やがて急坂を下りますが、これが品濃坂です。品濃坂は権太坂に比べて高低差こそありませんが角度のある急坂でした。朝早く江戸を出て日暮れまでには戸塚宿へと、権太坂を越えてきた旅人にとっては、ようやくほっとできる場所でした。一方、江戸へ向かう人にとっては、戸塚から出立早々、急坂の上りでしたが、この難所を過ぎれば後は下り、海を見ながら、夕方には江戸に入れるといった期待を胸に上っていったことと思われます。

⑬王子神社

王子神社の祭神は大塔宮護良親王です。親王の御首が本殿下に葬られたと伝えられています。護良親王は後醍醐天皇の皇子で仏門に入り天台宗座主《ざす》を務めましたが、父天皇そっくりの頑丈な体躯と溢れんばかりの闘志の持ち主で、天台座主はじまって以来の不思議な門主といわれるほど武芸に励んだといわれます。

天皇が隠岐に流されるや還俗、反幕府軍の中心となって楠木正成、足利尊氏、新田義貞などとともに「建武の中興」を成功させ、征夷大将軍、兵部卿となりましたが、こののち足利尊氏と対立、捕らえられて鎌倉・

「東海道名所図会」護良王篭土牢　国立国会図書館蔵

東光寺の土牢に幽閉され、北条高時の子時行が鎌倉を攻撃した際に、鎌倉防衛の任にあった尊氏の弟直義の命によって殺害されました。

『太平記』によれば、宮のお世話をしていた南のお方という女房が藪に捨てられた御首を拾い上げて荼毘に付し、髪を下ろして御骨を持って京へ上って行ったと書かれていますが、この地に残る言い伝えでは、晒し首となった親王の御首を側女が夜中に盗み取ってこれを奉じ、当地の南朝方の豪族斎藤氏に救いを求めて難を逃れ、その後、近くにある井戸で御首を洗い清め、ここに葬ったと伝えています。

⑭柏尾通大山道

柏尾通大山道は、柏尾村から用田、戸田、上粕屋を経て大山へ至る道で、かつては東海道脇に一の鳥居が立っていて、そこに「阿夫利神社」の扁額が掛かっていました。道脇にある寛文七年（一六六七）造立といわれる不動堂には、その扁額と台座の上に不動明王が乗っている道標が納められています。

昔、大山参詣の道には、このほか、最も賑わったといわれる江戸から青山、世田谷を抜け、二子の渡しを経て厚木、伊勢原に至るいわゆる矢倉沢往還を始めとして、田村通大山道、六本松大山道、羽根尾通大山道、波多野道など数々の道がありました。

また、道を隔てたところには、県の天然記念物に指定されている樹齢三百年、樹高十九メートルといわれる二本のモチの木が、東海道の往来を見守るように立っています。

⑮齊藤家（鎌倉ハム発祥の地）

不動坂から入ったところには、代々柏尾村の名主を務めた門構えのある齋藤家の屋敷がありましたが、ここが鎌倉ハム発祥の地とされています。現在残っている煉瓦造りの建物は鎌倉ハムの製造および冷蔵に使われていた建物です。

明治十年代（一八七七～八六）、イギリス人ウィリアム・カーチスが柏尾村に外国人専用のホテルを建て、宿泊客に提供するハムを作り始めました。齋藤家の資料によれば、当時柏尾村の村長であった当主の齋藤満平はハム製造がこれからの地域振興の有力な策と考え、カーチス夫人かねを通じてハム製法の伝授をカーチスに依頼しますが、彼は決して日本人には製法をあかさず、かねは作業場で働いていた斎藤角次、益田直蔵に便宜を図って密かに製法を学びとらせました。その後、明治二十年（一八八七）、齋藤満平がカーチスから正式にハムの製造法を取得し、本格的なハムの製造を始めました。明治二十八年（一八九五）には博覧会にハ

齊藤商会ハム製造風景（大正初期）
齊藤満治氏提供

ムを出品して賞状を授与されるなど、品質も高く評価されるようになりました。明治三十年代（一八九七～一九〇六）に入ると、柏尾の地はいずれも鎌倉ハムを名乗るハム製造会社が次々に設立され、日本を代表するハム製造地となりました。

⑯五太夫橋

小田原北条氏の遺臣、石巻五太夫《ごだゆう》が天正十八年（一五九〇）、江戸に入る徳川家康をこの辺りで出迎えたことから、その名が付いたといわれています。

家康は関東入国に際して、小田原北条氏の優れた施策や北条氏や武田氏の遺臣を積極的に登用し、たちまち関東周辺を掌握しました。五太夫もその一人で、小田原時代は北条氏康、氏政、氏直に仕え、評定衆も務めましたが、家康の関東入国のときに五太夫橋付近に召し出され、家臣に登用され中田村の領主になっています。

保土ヶ谷宿こぼれ話1　苅部本陣と紀伊国屋文左衛門

本陣は、名誉職で実入りは少なく経営は苦しかったといいます。苅部本陣では、六代清兵衛の娘に豪商紀伊国屋文左衛門の次男を入り婿に迎え、持参金（五百両）で借財の返済に充て幕末まで本陣を続けることが出来たそうです。

文左衛門といえばミカン船。二十代のある年、紀州はミカンが大豊作でしたが、時化が続き江戸に運ぶことが出来ませんでした。ミカンは上方商人に買い叩かれ、価格は暴落していました。

江戸では鍛冶屋の神様を祝う「ふいご祭り」でミカンを地域の人に振る舞う風習がありましたが、ミカンの価格は高騰していました。紀州では安く、江戸では高い。文左衛門は、大金を借りてミカンを買い集め、壊れかけの大船を直し、船乗り達を説得し嵐の太平洋に船出しました。その様子は「沖の暗いのに白帆が見ゆるあれは紀ノ国ミカン船」とカッポレの唄に残りました。

苅部本陣跡

その頃、大坂で大洪水が起きて伝染病が流行していると知った文左衛門は「流行り病には塩鮭が一番」と噂を上方に流し、江戸の塩鮭を買えるだけ買って上方に戻りました。塩鮭は飛ぶように売れ大金を手にした文左衛門は、江戸で材木問屋を開きました。江戸城をも焼いた明暦の大火では、木曾谷の材木を買占めて百万両を手にし、豪商へと出世、富と名声をつかみました。

保土ヶ谷宿こぼれ話2　飯盛旅籠「澤瀉屋」と太田南畝

保土ヶ谷宿には六十七軒の旅籠がありました。旅籠とは、馬の飼料を入れる籠のことで、転じて食事を出す宿となりました。また、自分で調理し燃料の薪代を払う宿は、木賃宿といいました。

旅籠は、飯盛り女を置く飯盛り（飯売り）旅籠と置かない平旅籠の二種類がありました。

澤瀉屋《おもだかや》は、宿内から大仙寺に入る参道の脇にあった飯盛旅籠でした。

太田南畝は、大坂の銅座に赴任の途中澤瀉屋に泊まり、「くたびれて　やうやう足もおもだか屋　よい保土ヶ谷の　宿をとりけり」と詠んでいます。狂歌作りを禁止されていた南畝は「はて誰が書いたものやら」ととぼけました。

旅籠（本金子屋）跡

下級幕臣の南畝は、寛政の改革を「世の中に　蚊ほどうるさきものはなし　ぶんぶ（文武）といひて夜もねられず」と皮肉った狂歌の作者と疑われましたが、知らぬ存ぜぬで通し、今後、狂歌を作らない等と約束しました。しかし、大坂に赴任後は中国の銅山から取った蜀山人という名で狂歌作りを続けました。

澤瀉屋は、生麦事件後に島津久光が宿泊したといわれています。英軍の追跡を恐れた久光一行は、宿泊予定の神奈川宿から急遽、保土ヶ谷宿泊に変更しました。表向き、久光は本陣に宿泊しましたが、夜半、内密の内に澤瀉屋に泊まったといいます。

戸塚宿

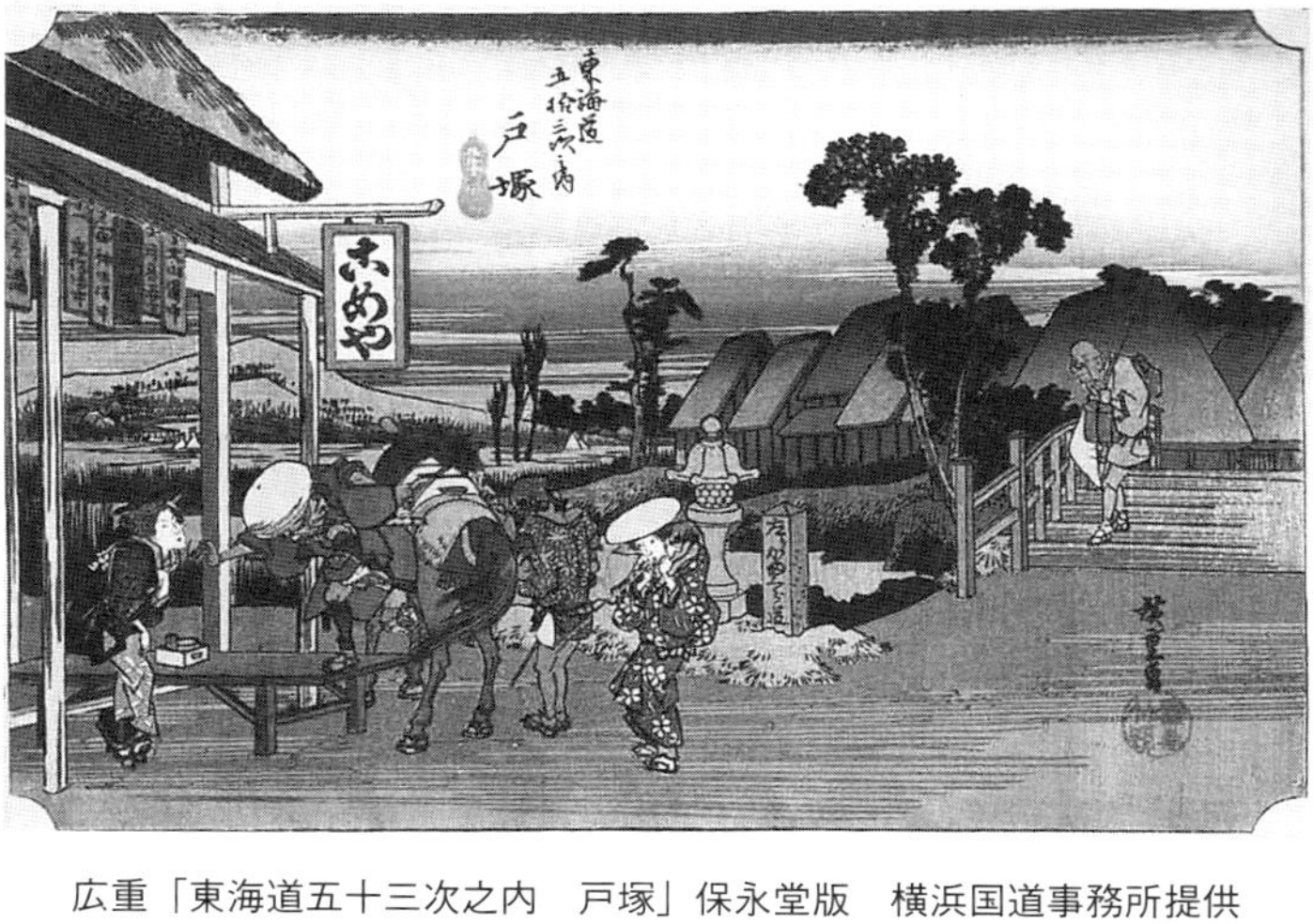

広重「東海道五十三次之内　戸塚」保永堂版　横浜国道事務所提供

戸塚宿

(戸塚江戸方見付跡～戸塚宿～原宿～藤沢江戸方見付跡)

①～⑭を経て藤沢江戸方見付跡まで約９km
およそ２時間20分
(４kmを１時間として概算、大坂加味)

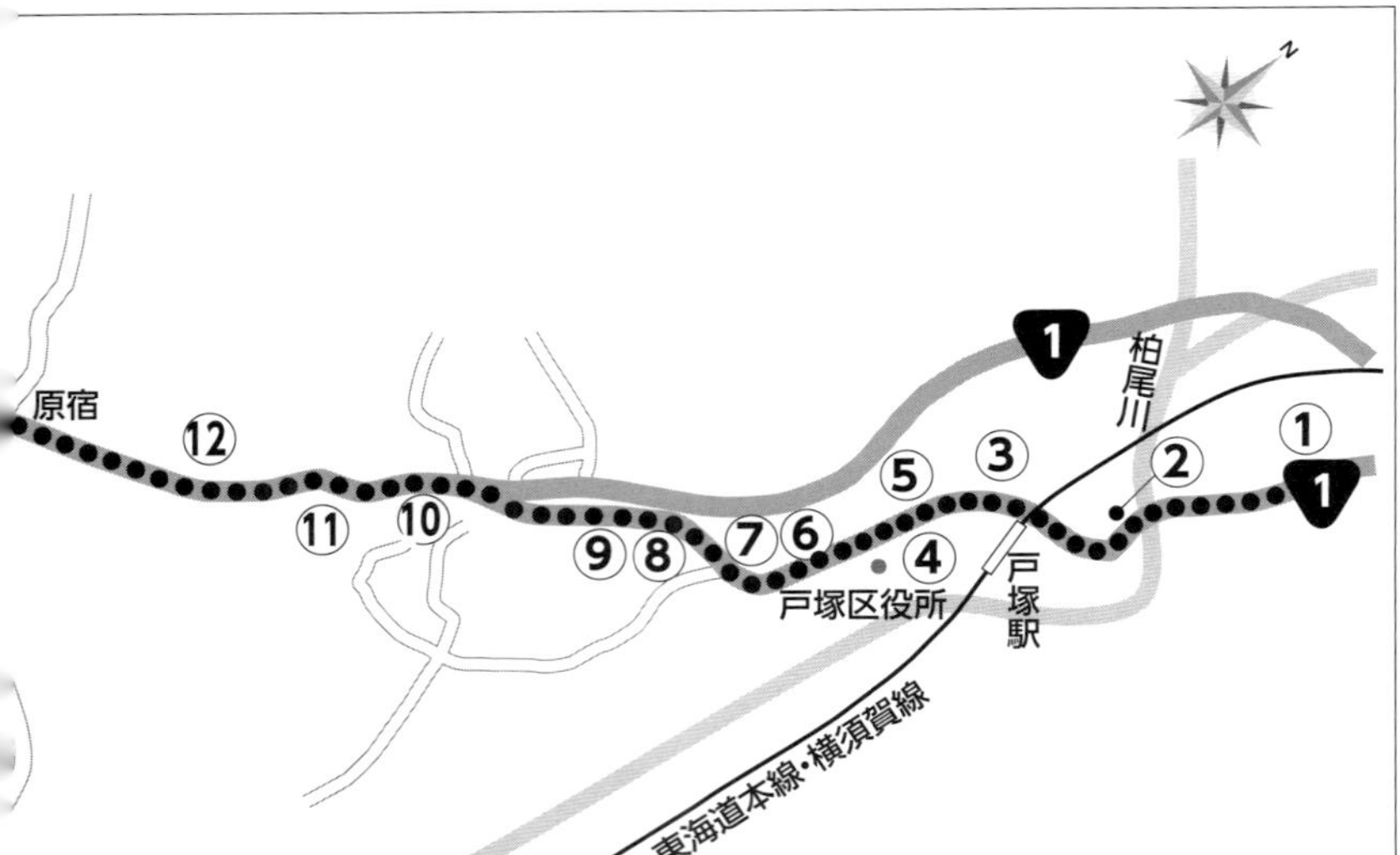

●●●●●●●● 太丸は東海道

●●●●●●●●●●● 小丸はガイドルート

ガイドルート

①江戸方見付跡	⑧上方見付跡
②大橋（吉田大橋）	⑨大坂
③清源院	⑩松並木
④問屋場跡	⑪お軽勘平碑
⑤澤辺本陣跡	⑫浅間神社
⑥八坂神社	⑬影取池跡
⑦冨塚八幡宮	⑭鎌倉上の道

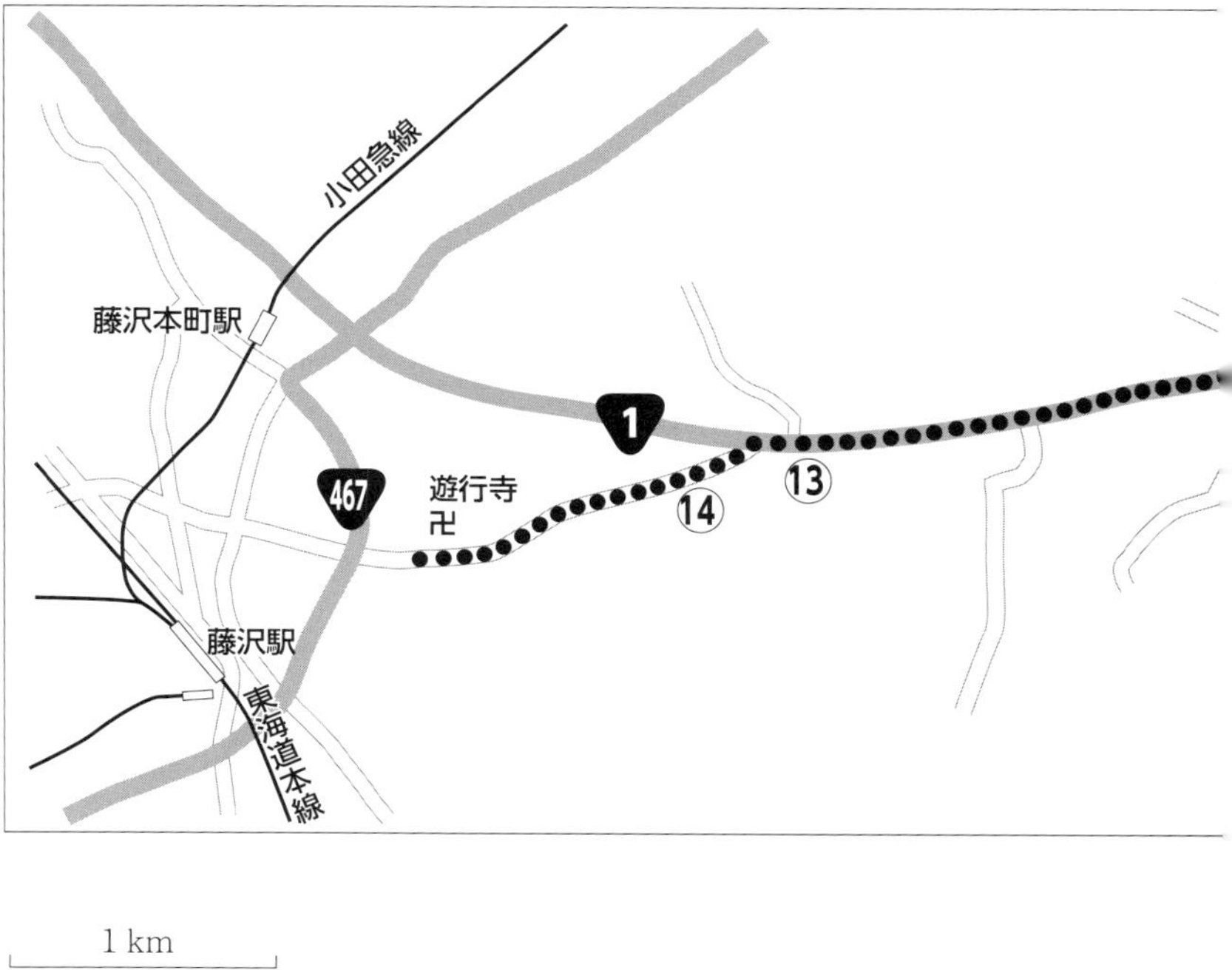

戸塚宿から藤沢へ

戸塚宿のあらまし

♣ 武相国境の境木から品濃坂を下れば、やがて戸塚宿に入ります。

天正十八年（一五九〇）、徳川家康は江戸に入ると新しい領国の掌握と経営に努めますが、同時に、軍勢と物資を迅速に移動するため、江戸を中心とする道路の整備に着手しました。とくに柏尾川流域のこの地方は、しばしば氾濫を繰り返す悪条件の地であったので、季節と天候に左右されない山の尾根を通行する新道の建設を決意し、翌年実行に移しました。柏尾を経て吉田、戸塚を過ぎて大坂を上り、原宿から鉄砲宿の坂を下って藤沢に出る東海道です。

完成した新東海道は、文禄元年（一五九二）には使われ始めますが、この時から戸塚郷でも街道筋では、人や物を運ぶ駄賃稼ぎや旅人を宿泊させる旅籠《はたご》などが出てきたといわれます。

慶長六年（一六〇一）、東海道に宿駅伝馬《しゅくえきてんま》制度が制定されると、藤沢、保土ヶ谷両宿は宿駅に指定されますが、戸塚は指定されませんでした。しかし、この後も街道稼ぎを生計にしていた人が多くいて、藤沢宿から訴えられるなどしたため、幕府に開設を強く働きかけ、三年遅れの慶長九年（一六〇四）に宿場として誕生しました。

♣江戸から五番目の宿場戸塚宿は、日本橋からは十里十八町（四十一・二キロ）、保土ケ谷宿からは二里九町（八・八キロ）、次の藤沢宿との間は二里（七・九キロ）の距離にありました。見付から見付までの宿内の家並みは長さ二十町余（約二・二キロ）、江戸方より矢部町、吉田町、戸塚町の三町で構成されていました。また、その規模は、江戸後期で人口二、九〇六人・家数六百十三・本陣二・脇本陣三・旅籠七十五で、問屋場《といやば》は矢部町、吉田町、戸塚町中宿の三カ所にありました。

「東海道分間絵図」より戸塚宿部分　国立国会図書館蔵

戸塚宿の特徴とみどころ

◉坂に挟まれた戸塚宿

戸塚宿は、南北二つの丘陵に挟まれた立地にあり、保土ヶ谷宿、藤沢宿いずれからも、そこにあった坂を上り下りすることが必要でした。

戸塚宿の江戸寄りには品濃坂があって、早朝、戸塚を立って江戸へ向かう人は、間もなく厳しい上りに出くわしますが、苦しみながらも何とか上りきれば、あとは平坦な道。海を見ながら夕刻には江戸に入れるといった期待から、足を速めて挑んだものと思われます。

一方、同じように京方には、荷車などが、後押しを商売にする人に助けられ上って行った、大坂と呼ばれる切り通しのある急坂がありました。それでも上りきった先には、街道一といわれた松並木とその間からのぞく富士の山が疲れた人たちを慰めてくれました。

初代広重「東海道五十三次細見図会」
戸塚　国立国会図書館蔵

◉江戸から最初の宿泊地

神奈川県内の宿場は、それぞれに中世からの交通の要路として、また政治や信仰の中心地として古い歴史を持って栄えてきたところがほとんどでした。

そのような意味から、新しく街道に設置され、宿場も一部は近くの在所から移転して形成された戸塚宿は、これという特徴は持っていませんでしたが、江戸からの距離がちょうど普通の人の一日行程である十里、また、小田原からも同じ十里という地理的条件に恵まれていたので、宿場としては大変賑わいました。

『東海道中膝栗毛』の弥次さん喜多さんも、大名の参勤交代で混雑する中、何とか宿を見つけて、江戸を立って初めての夜をこの戸塚の宿で過ごしています。

本陣二、脇本陣三、旅籠七十五という数字は、城下町の宿場などに次いで大きな宿場であったことを如実に表しています。

◉鎌倉武士の通った道

戸塚宿の江戸方見付を過ぎた大橋（吉田橋）のたもとに、鎌倉道の道標があったことは広重の「東海道五十三次戸塚」の浮世絵にも描かれています。この道は、柏尾川東岸沿いに倉田、笠間、粟船（大船）を経て巨福呂《こぶくろ》坂から鎌倉に入る道で、江戸時代に入って東海道が整備された後、東海道から鎌倉への遊覧道として栄えたものです。

一方、中世には鎌倉と関東一円に領地を持つ武士たちが行き来した道があって、これを鎌倉街道と呼び、中でも中心的な道は西から「上の道」、「中の道」、「下の道」と呼ばれた三本の道でした。

このうち、「中の道」は、鎌倉巨福呂の切り通しから柏尾川の支流鼬《いたち》川を渡り、日限地蔵堂（横浜市港南区）、上柏尾・二俣川を経て武蔵国より下野国にまで通じていた道です。元久二年（一二〇五）、畠山合戦の折、鎌倉から進む幕府軍と、秩父から二俣川へ進んだ畠山軍が鶴ヶ峯で衝突したのは、この「中の道」での出来事でした。

また、原宿を過ぎた辺りに「上の道」がありました。鎌倉化粧坂を出て、高谷（藤沢市）、俣野、瀬谷、本町田から武蔵国中央部を縦断、上野国から信濃国に至る交通路です。この道は元弘三年（一三三三）、新田義貞が勅命に応じて小勢ながら上野国新田の庄で挙兵、やがて大軍を擁して鎌倉に攻め入った道でもあります。

◉戸塚宿の文人たち

江戸時代も後半になると、上方や江戸の文化人が諸国を旅することが多く、宿場に逗留して、和歌や俳諧をたしなむ各地の文人たちと交流することが行われました。かつての戸塚宿には、内田本陣と澤辺本陣との間に伊勢屋の広大な屋敷があり、この伊勢屋からは、江戸後期の戸塚を代表する文人鈴木長温《よしひさ》（一七七三―一八四五）が出ました。

儒学、史学を学び、詩文、国史、和歌にも長じ、太田（南畝）蜀山人や加藤千蔭、村田春海らとも親交があったそうです。

また、俳諧では、大磯の鴫立庵《しぎたつあん》を中興した三世烏酔《ちょうすい》の門人中出鶏父に端を発し、大磯との距離が近かったせいもあって、鴫立庵関係の俳人が多く出ています。

清源院の一画にある芭蕉句碑は、八世鴫立庵主葛三《かっさん》に師事し、安政二年（一八五五）、八十二歳で亡くなった味岡露繍が建てたものです。このほか、富塚八幡宮の境内には嘉永二年（一八四九）、富西建立の芭蕉句碑もあります。

◉影取池と鉄砲宿の伝説

原宿を過ぎて、間もなく影取という地名があり、昔はここに小さな池があって、きれいに松並木の影を映していたそうです。今はすっかり宅地化して昔の面影は残っていませんが、その池については古くから伝説が語り継がれています。

『新編相模国風土記稿』には「昔は池あり、池中に怪魚すみ夕陽に旅客の影、池中に投ずるを食ひしより、影取の名残れり」と書かれていますが、土地に残る話では、池にすんでいたのは大蛇で傍らを通る旅人を水底深く吸い込んでしまうというものです。大蛇はしまいに鉄砲で撃たれて死んでしまいますが、この話が地名の由来にもなっています。

主な史跡など

①江戸方見付跡

戸塚宿の江戸方見付は、五太夫橋と柏尾川に架かる大橋（吉田橋）のほぼ中間のところにありました。見付は、もともとは城下に入る城門のことをいい、城下に入る人々を監視する見張り場の役目をもっていました。宿にある見付も同じように宿の出入口であるとともに、宿を守る防衛の施設として設置されたものです。また、宿の見付はそれぞれ二カ所あって、江戸側を江戸方見付、京側を上方見付と呼んでいました。

②大橋（吉田大橋）

江戸時代、大橋（吉田橋）は広重の「東海道五十三次戸塚」の浮世絵にも描かれ、戸塚宿を代表する場所の一つでもありました（中扉参照）。当時は長さ十間（十八・二メートル）・幅二間半（四・六メートル）の板橋でした。現在の橋は昭和六十一年（一九八六）に改修されたもので、コンクリート造り、両側には大名行列の長柄の馬簾を模した街灯が並んでいます。

広重の絵の中央あたりに「左りかまくら道」と書かれた道標が見えますが、橋の手前を左に折れ、柏尾川沿いに下って、笠間、巨福呂《こぶくろ》を通って鎌倉へ通ずる吉田道の分岐点でした。同様の道標が現在も近くの妙秀寺に残されています。

江戸後期には、江戸からこの道を通って鎌倉、江の島へ物見遊山に訪れる人も多くなり、戸塚宿も賑わったということです。

③清源院

清源院は、京都知恩院の末寺にあたる浄土宗の寺院です。徳川家康の側室於万の方が家康の没後、尼となってその菩提を弔うため廃絶していた長円寺を再興し開基したといいます。

於万の方は岡津（横浜市泉区）の出身で、家康の側室となっていましたが、家康のもとを辞した後は岡津村に住んでいました。元和二年（一六一六）、家康の病が重いと聞き駿府へ駆け付けたのを、家康が大いに喜びその礼にと贈られたのが、全国で十七体、神奈川県で三体しかない本尊の「歯吹《はふき》阿弥陀如来」ということです。

境内には、江戸後期の戸塚の俳人味岡露繍が建立した芭蕉の句碑「世の人の　見つけぬ花や　軒のくり」があります。かつてその傍らには大きな栗の木があったとも伝えられています。また、文久三年（一八六三）、境内の井戸で、大島屋亦五郎の倅《せがれ》清三郎（十九歳）と伊勢屋

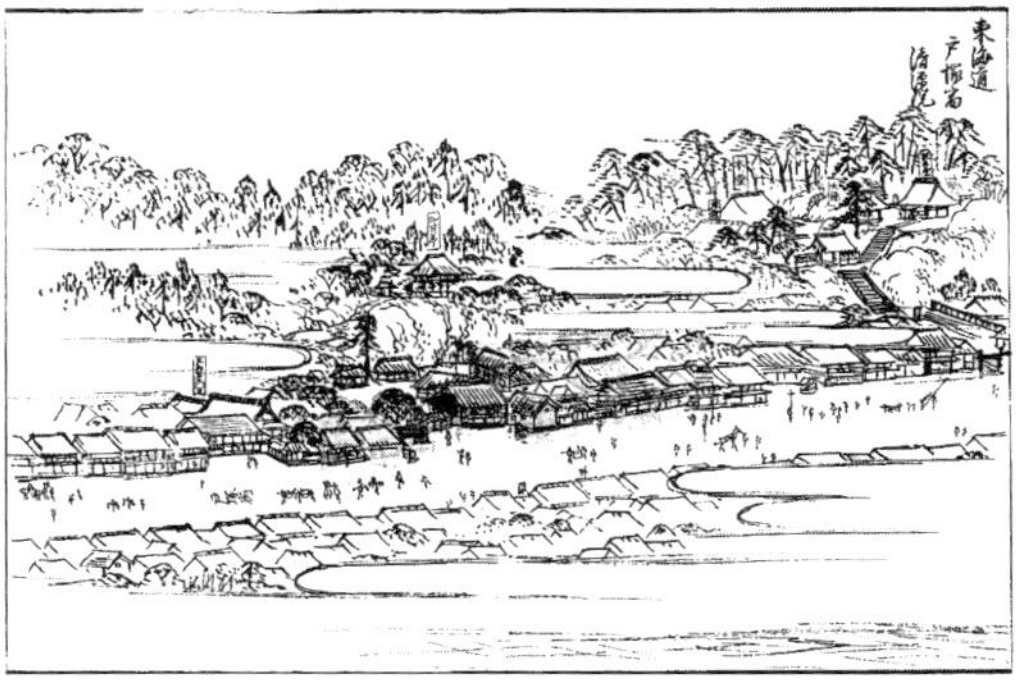

「相中留恩記略」戸塚宿清源院　藤沢市文書館蔵

の遊女ヤマ（十六歳）が心中したのを哀れんで、時の住職が手向けた句「井にうかぶ　番ひの果や　秋の蝶」を刻んだ句碑もあります。

④問屋場跡

現在、戸塚郵便局のある辺りに、二つあった本陣の一つ内田本陣がありました。内田本陣は建坪二百十一坪（七百平方メートル《メートル》）・間口十八間（三十二・八メートル《メートル》）・奥行十四間（二十五・五ｍ）の堂々としたもので、畳数は百五十二畳もあったということです。

そこからやや過ぎた辺り、道を隔てた反対側に戸塚町中宿の問屋場がありました。問屋場は、幕府公用の旅行者や大名などの荷物の運搬を取り仕切り、幕府公用の書状などの継ぎ立てを行う大変重要な役所ですが、戸塚宿では、このほか矢部町、吉田町にもあって、合わせて三カ所の問屋場がありました。

更に、問屋場の先の反対側には、江戸後期の戸塚を代表する文人鈴木長温《よしひさ》を輩出した伊勢屋の広大な屋敷がありました。

⑤澤辺本陣跡

戸塚宿のもう一つの本陣、澤辺本陣の跡です。建坪二百七十一坪（九百平方メートル《メートル》）、澤辺本陣の場合、戸塚宿の開設にあたって力を尽くした功労者でもあり、内田本陣の大きさに比べてやや大きかったようです。

戸塚宿は、東海道に宿駅伝馬制度が制定されたときには、宿に指定されませんでした。しかし、戸塚には旅人の荷物の運搬や宿泊などの街道稼ぎを生業にしている人達が大勢いて、そのため、藤沢宿からの訴えで「公儀の伝馬役も果さずに街道稼ぎをすることはまかりならぬ」とのきついお達しを受けていました。

そこで幕府に宿開設を強く働きかけましたが、その中心となったのが土地の旧家で、妹が幕府代官彦坂元正の妻となっていた澤辺宗三です。その努力の甲斐あって、戸塚宿は他の宿場に三年遅れた慶長九年（一六〇四）に宿場として成立しました。

敷地の一画に、戸塚宿の鎮守の一つ羽黒神社があります。戦国時代の弘治二年（一五五六）、澤辺河内守信友が生国出羽を出て諸国遍歴の途中、この地が生国の霊地に似ていることから、羽黒山の羽黒大権現を勧請したのが始まりといわれています。

⑥八坂神社

通称「天王さん」と呼ばれて親しまれている神社で、戸塚宿の鎮守でした。元亀三年（一五七二）、その名のとおり、牛の頭を持った厄病除けの神様である牛頭《ごず》天王社を勧請したのが始まりといわれ、その後、荒廃して御神体が地中深く埋められていたのを、百年以上経った元禄二年（一六八九）、夢の中で神託を受けた人が掘り出して再興したとのことです。

この神社では、毎年七月十四日の祭礼に、無病息災を祈願して市の無形文化財にもなっている「お札まき」が行われます。女装した十人の氏子が歌い踊りながら、五色のお札を団扇であおってまいていきます。このお札を拾った人は、その年は福運が授かるといわれています。

⑦冨塚八幡宮

この神社は戸塚の総鎮守で、祭神は譽田別命《ほむだわけのみこと》（応神天皇）と富属彦命《とつぎひこのみこと》の二柱です。平安時代の延久四年（一〇七二）、奥州平定（前九年の役）の途中に、源頼義・義家父子がこの地に立ち寄った際、夢で応神天皇の神託を受け、その加護により戦功を立てることができたのを感謝して社殿を造り、その御霊を勧請したとのことです。

八坂神社の「お札まき」風景　戸塚区役所提供

神社の背後の山頂には前方後円墳がありますが、富属彦命の墳墓であるといわれ、「冨塚」と呼んで、これが戸塚の地名の起こりとも伝えられています。

⑧上方見付跡

江戸方見付より約二・二キロ、藤沢宿寄りの見付があった場所です。現在、道の両側に、一・五メートルほどの石の囲いがあり、昔と同じように東側に松の木、西側の中に楓の木がそれぞれ植えられています。

⑨大坂

上方見付を過ぎてすぐ上り坂にかかります。この坂を「大坂」と呼んでいますが、かつては二つの坂から成り立っていたようで、『新編相模国風土記稿』によれば、「海道中南にあり、一番坂登り一町余（百九メートル余）、二番坂登り三十間余（五十四メートル余）」と書かれています。

今は改修されて、割合緩やかな坂に見えますが、昔は切り通しのある急坂で、荷車、牛馬車などは真直ぐには上れず、車の後押しを商売にする人に助けられて蛇行しながら上っていったといいます。汗を拭き拭き、二つの坂を上りきると松並木のある坂上に出て、天気の良い日には松並木の合間から素晴らしい富士山が眺められ、江戸時代には多くの浮世絵の画題として扱われていました。

昭和七年（一九三二）、坂の改修工事が始まり、下の方では十メートルくらい土盛りし、頂上の方は削って、なだらかな長い坂にしました。今のような大坂になるまでには数回の改修が行われたそうです。

⑩松並木

松並木は、慶長九年（一六〇四）、徳川家康の命によって街道に植樹されました。その美しい景観のほか、夏の日差しからの日除け、強い風雨を避ける風除け、火災から人家を守る防火、道しるべ、道路の保全等々色々な点で役立ってきました。

かつてこの辺り、大坂を上りきった辺りから原宿を経て八丁並木までの間には、高さ三十メートルほどの松の巨木が立ち並び、その数は二千数百本もあって大変壮観で、東海道一とうたわれたそうです。

昭和の初め、東海道（国道1号）の拡幅改修にあたって、松を残したいという地元住民の意向を受け、中央に緑地帯を設け、日本初の上下線別（ダブルウェイ）の国道1号が出来あがりました。数年にわたって行われた工事には、地元農民が手弁当で参加したそうです。

しかし現在では、第二次大戦末期の軍による松の伐採、昭和三十年（一九五五）頃からの松喰虫の被害などで無残にも大半が枯れて失われてしまいました。

初代広重「東海道五十三次」戸塚（隷書版）
川崎砂子の里資料館蔵

「ワンマン道路」という言葉を記憶している方も多いと思いますが、戸塚駅南側の踏切は、かつて「開かずの踏切」として有名で、昭和二十五年（一九五〇）当時、大磯に住んでいた吉田茂首相が度々待たされ、しびれを切らしたそうです。そのため、鶴の一声で、五年をかけて大坂上から不動坂までの四・三キロの新道を建設しました。この道路は吉田首相の愛称を取って「ワンマン道路」と呼ばれました。

⑪お軽勘平碑

大坂上から原宿交差点に向かう途中に、『歌舞伎仮名手本忠臣蔵』のお軽《かる》・勘平《かんぺい》の「戸塚道行の場」に因んでつくられた碑があります。早野勘平は、父の命と主君への忠義の板挟みから、吉良邸に討ち入る前に自害して果てた赤穂浪士萱野三平がモデルといわれています。

あらすじでは、早野勘平が腰元お軽との情事のために主君の大事を知らず、そのため責任を感じて切腹しようとしますが、お軽に止められ、ひとまずお軽の実家に逃れることとして鎌倉を出て京に向かいます。差しかかった戸塚の山中での道行の場面は、七代目団十郎、三代目菊五郎など名優の演技と清元の名調子から、当時、江戸では大変な評判でした。

芳虎「書画五拾三駅」相模戸塚落人之追手　国立国会図書館蔵

『仮名手本忠臣蔵』は、浅野内匠頭刃傷事件

の四十七年後、寛延元年（一七四八）に初めて上演されましたが、赤穂事件をそのまま上演することは幕政批判にもなることから、時代を『太平記』の頃、舞台を鎌倉に置き換えています。

⑫浅間神社

浅間神社は、室町末期、小田原北条氏治世の永禄年間（一五五八―七〇）に、その頃盛んであった富士信仰をもとに村内安全を祈願するため勧請されたといわれます。

玉縄（鎌倉市植木）城主北条左衛門大夫綱成の崇敬も篤かったといわれ、その後も村内の信仰を集め、数回、再建されて今日に至っています。境内には、樹齢六百年を超えるといわれる椎の木があります。また、境内から遥か西の方を展望すると、家々の屋根の間から遠く大磯の高麗山《こま》を見ることができます。

⑬影取池跡

藤沢宿に入る手前に影取池があったといわれるところがあります。今はすっかり宅地化してその跡も定かではありませんが、昔、東海道から百㍍ほど入ったところに、広さ百平方㍍ほどの谷あいがありました。その谷あい全体は水田で、中央に二十平方㍍の池があり、満水時には並木の松影をきれいに映し出していたそうです。そこには古くからの伝説が残っています。

土地に残る話では、昔、遊行寺の傍らにあるお大尽がいて、「おはん」と名付けた大蛇を飼って家人一同が可愛がっていましたが、何しろ大食いなのでたまりかねて近くの池に捨ててしまいました。間もなくこの池のほとりを歩く人の影が水面に映ると、たちまち水底深く吸い込まれて死んでしまうという風評がささやかれるようになり、村人はこの池を影取池と呼んで近づこうとしなくなりました。

近郷の人が何とか大蛇を鉄砲で殺そうとしますが、鉄砲を向けると影のように消えてしまいます。ある日、勇気のある一人の猟師がやって来て、もとの飼い主のように「おはん」の名を呼びながら、とうとう「おはん」を鉄砲で撃ち殺してしまいました。

それから影取池のあったところを影取、その猟師が住みついたところを鉄砲宿と呼ぶようになったというものです。

⑭鎌倉上の道

鎌倉上の道は、鎌倉化粧坂を出て、高谷（藤沢市）、俣野、瀬谷、本町田から武蔵国中央部を縦断、上野国から信濃国に至る交通路です。

中世鎌倉時代には、武士たちをはじめとする多くの人が通ったであろうこの道も、現在では、市街地化による周辺の開発によって、その跡をたどることは難しくなってきました。一説によれば、間もなく藤沢に入ろうかという鉄砲宿辺りを通っていたともいわれています。

その辺りを少し入ると、一部にはいまだかつての風情が残っているところも見られます。

この道は、元弘三年（一三三三）五月八日未明、勅命に応じて新田義貞（一三〇一―一三三八）が鎌倉に攻め入った道でもあります。

義貞は、僅か百五十名の小勢ながら上野国、新田の庄（群馬県新田町）近くの生品明神《いくしなみょうじん》で挙兵、武蔵国に入って、その後、遅れてきた郎党や足利尊氏の子千寿丸に従う軍勢と合流して次第に勢いを増し、府中に達した義貞勢は分倍河原《ぶばいがわら》で、鎌倉を出てきた北条泰家の軍勢を破りました。

さらに、勢いを得た義貞勢は、この後、一挙に藤沢を経て、巨福呂坂、極楽寺切通し口、化粧坂の三手に分かれて鎌倉に攻め上がり、激しい攻防の末、五月二十二日北条高時以下の自害によって、鎌倉幕府は事実上の幕を閉じることになりました。

「東海道名所図会」稲村ヶ崎　国立国会図書館蔵

戸塚宿こぼれ話1　五太夫橋

五太夫橋は、舞岡川に架かる橋で、小田原北条氏の遺臣石巻五太夫康敬《やすまさ》が天正一八年（一五九〇）江戸へ入る徳川家康をこの辺りで出迎えたことから、その名が付きました。

家康は関東入国に際して、小田原北条氏の優れた施策や北条氏、武田氏の遺臣を積極的に登用し、たちまち関東周辺を掌握しました。

石巻五太夫は、北条氏康・氏政・氏直に仕え、評定衆も勤めた重臣でした。天正一七年（一五八九）豊臣秀吉の小田原攻めの前年、小田原城主北条氏直が上洛の約束を破ったとき、弁明のために秀吉のもとへ使者として上洛しました。五太夫は、秀吉に謁見するも、北条氏の上洛がないことを責められて駿河の三枚橋城に監禁されました。小田原城落城の後、身柄を徳川家康に預けられ、中田村に蟄居させられていました。

石巻五太夫康敬の墓（泉区中田町）

家康の関東入国の時に、五太夫橋付近に召し出され、家臣に登用されたと伝えられています。

後に五太夫は、家康に重用され中田村の領主として迎えられました。

石巻家は、戸塚宿に程近い中田に代々領主として住み、その墓は中田に現存しています。五太夫は、その恩に報いるため後々までこの橋の維持管理に努めたという話もあります。

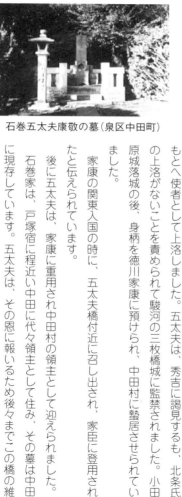

戸塚宿こぼれ話2　鎌倉街道・「いざ鎌倉」

鎌倉街道は、鎌倉時代に鎌倉と各地を結んだ道路網で、鎌倉幕府の御家人が有事の際に「いざ鎌倉」と鎌倉殿の元に馳せ参じた道です。幹線路として「上道《かみつみち》」、「中道《なかつみち》」、「下道《しもつみち》」がありました。上道は、鎌倉から北へ向かうルートの西寄りで、鎌倉街道でも古い時代から使用されていました。

江戸の川柳に「佐野の馬　戸塚の坂で　二度転び」とあります。これは、佐野源左衛門と北条時頼の話、謡曲「鉢の木」のパロディと思われます。

佐野（佐野市）に住む貧しい老武士、佐野源左衛門尉常世の家に、ある雪の夜、旅の僧が一夜の宿を求めます。常世は粟飯を出し、薪がないので大事にしていた鉢植えの木を切って焚き、精いっぱいのもてなしをします。常世は僧を相手に、一族の横領により落ちぶれてはいるが、一旦緩急あらば痩せ馬に鞭を打ち、いち早く鎌倉に駆け付け命懸けで戦う所存であると語ります。

その後、鎌倉から召集があり常世も駆け付けますが、あの僧は実は前執権北条時頼だったことを知ります。時頼は、常世に礼をいい言葉に偽りがなかったのを誉めて、横領された佐野庄三十余郷を常世に返し、さらにもてなした時に使った薪にちなんだ加賀国梅田庄、越中国桜井庄、上野国松井田庄を恩賞として与えました。

藤沢宿

広重「東海道五十三次之内　藤沢」保永堂版　横浜国道事務所提供

藤沢宿

（遊行寺～藤沢宿～四ツ谷～茅ヶ崎一里塚）

①～⑯まで約 11 km
およそ２時間 45 分（４km を１時間として概算）

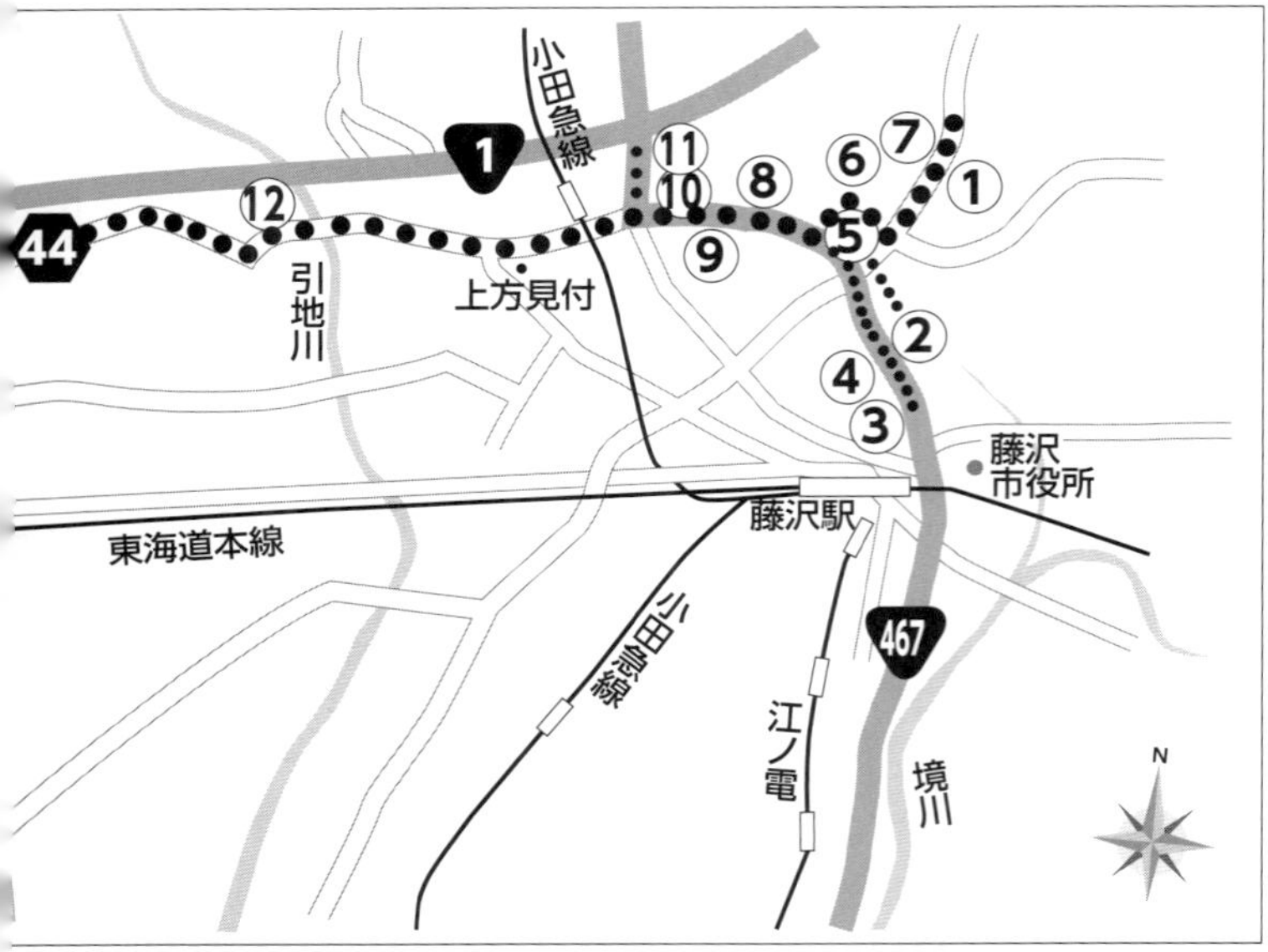

●●●●●●●● 太丸は東海道
●●●●●●●●●● 小丸はガイドルート

ガイドルート

①諏訪神社	⑨永勝寺
②船玉神社	⑩義経首洗い井戸
③庚申堂	⑪白旗神社
④江の島道	⑫養命寺
⑤大鋸橋	⑬四ツ谷不動堂
⑥遊行寺	⑭牡丹餅立場
⑦長生院	⑮海前寺
⑧蒔田本陣跡	⑯茅ヶ崎一里塚

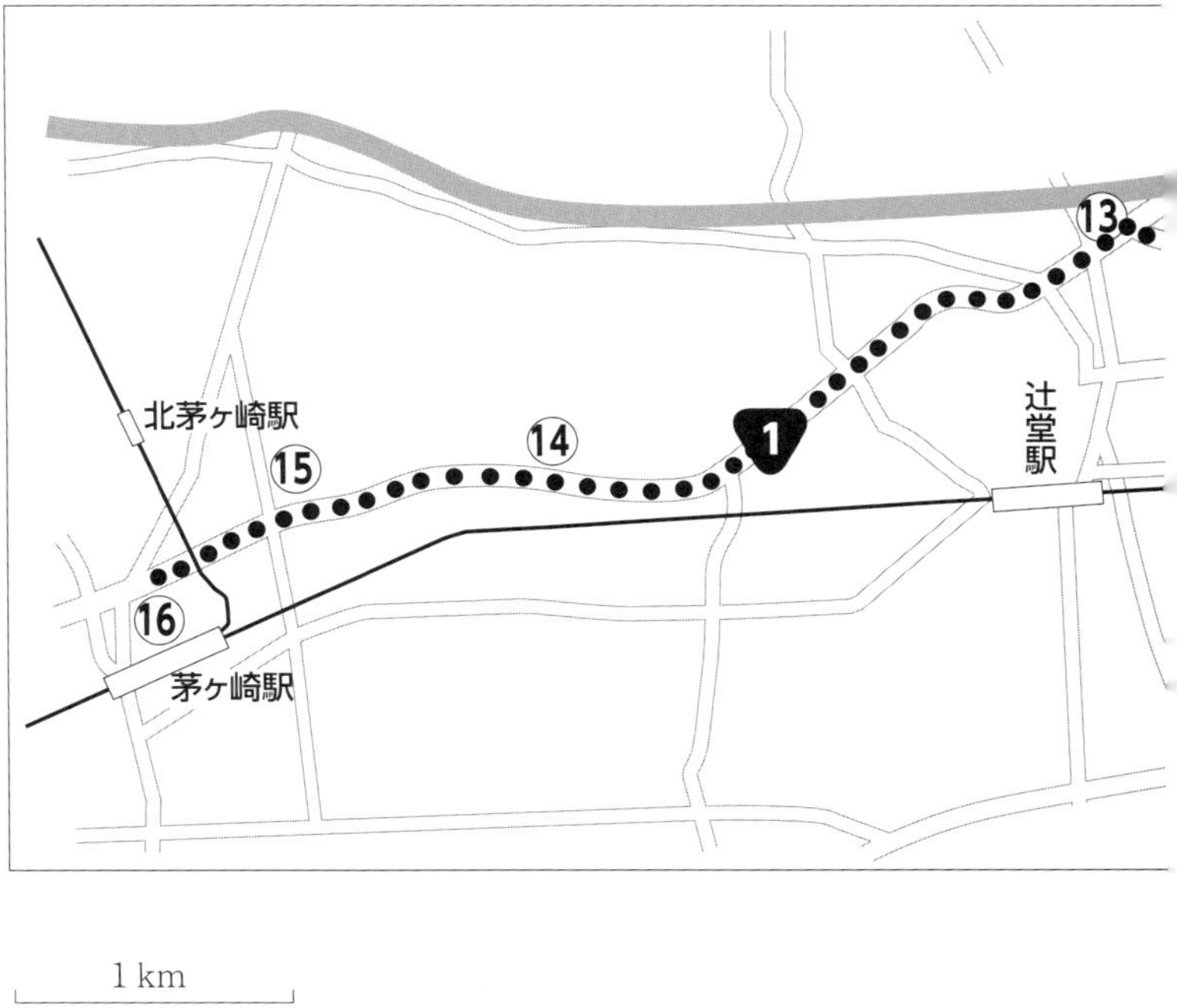

藤沢宿から間の宿茅ヶ崎へ

藤沢宿のあらまし

♣藤沢は、鎌倉と京都を結ぶ東海道沿いにあって人々の往来や物資の集散も多く、鎌倉末期、室町時代の頃からは、時宗の総本山「遊行寺《ゆぎょうじ》」の門前町としても発展してきました。

そのため慶長六年（一六〇一）、東海道に宿駅伝馬《しゅくえきてんま》制度が制定されると、藤沢は神奈川、保土ヶ谷、平塚、大磯、小田原とともに、最初に宿駅に指定されました。

その後、江戸時代中頃以降は、「大山道」や「江の島道」の分岐点として、「大山詣り」や「江の島詣で」の旅人の拠点となり、さらに一層の賑わいをみせることになりました。

♣江戸から六番目の宿場藤沢宿は、日本橋から十二里半（四十九・一キロ）、戸塚宿からは二里（七・九キロ）、次の平塚宿へは三里半（十三・七キロ）の距離にありました。遊行寺東門横にあった江戸方見付から台町の上方見付までの宿内の家並みは、長さ十二町十七間（一・三キロ）、江戸方より大鋸町、大久保町、坂戸町の三町で構成されていました。大鋸町では東海道が右左に屈曲し、いわゆる「桝形」を形成、設置当初の軍事防衛上の跡も残っています。

藤沢宿の規模は、江戸後期で人口四、〇八九人、家数九百十九、問屋場《といやば》二、本陣一、脇本陣一、旅籠《はたご》四十五であったと記録されています。この規模は神奈川九宿の中でみると、人口は小田原、神奈川に次ぐ多さでしたが、一方、旅籠の数では、江戸を出た多くの旅人が戸塚宿で宿泊するなどの立地上の理由もあって、比較的少ない方の宿場でした。

また、藤沢の地名の由来については、境川が蛇行していてあちこちに淵ができていたことから「淵沢」と呼ばれたのがなまって「藤沢」になったというもの、藤稲荷一帯に藤の木が茂っていたので、「藤が茂っている地」から「藤沢」となったというもの、鎌倉時代、藤沢次郎清親が奉行をしていたことから、その名を取って「藤沢」としたというものなど、いくつかの説があります。

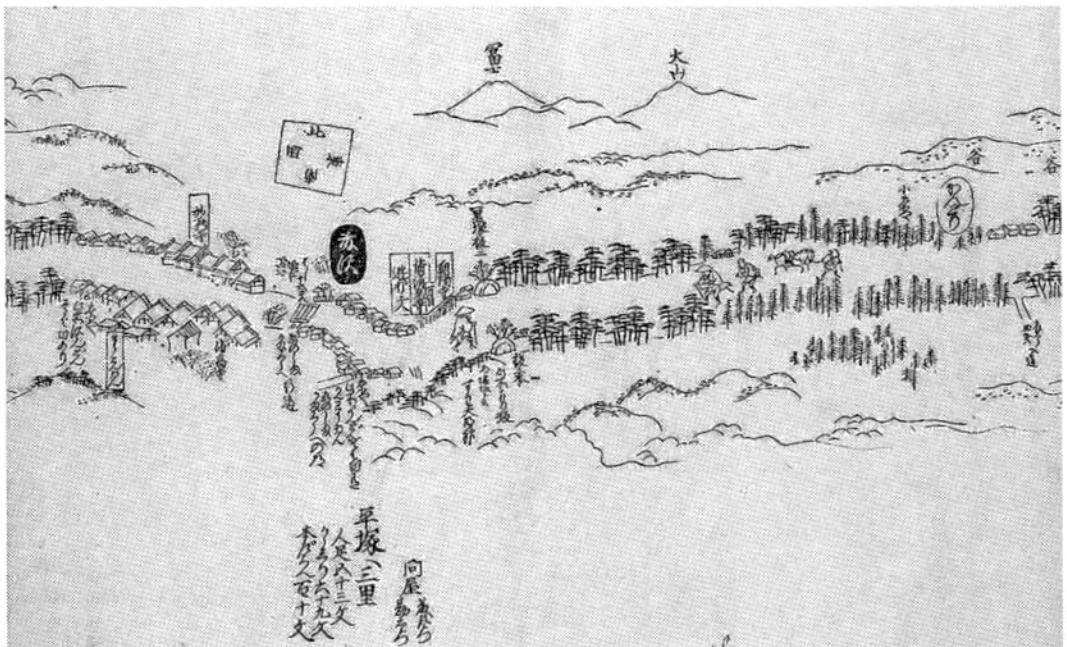

「東海道分間絵図」より藤沢宿部分　国立国会図書館蔵

藤沢宿の特徴とみどころ

◉一遍上人と時宗総本山遊行寺

一遍上人（一二三九―八九）は、伊予国の豪族河野家の出で、十歳で父の命を受けて出家、その後、九州大宰府において法然（浄土宗開祖）の孫弟子の聖達《しょうたつ》に師事しました。のちに熊野本宮に参籠して霊験を得ますが、その教義は「信仰の有無にかかわらず、南無阿弥陀仏《なむあみだぶつ》という名号を称えれば、阿弥陀仏が衆生を救ってくれる」というもので、「南無阿弥陀仏」と書いた「名号札《みょうごうふだ》」を配りながら、踊り念仏によって全国を布教して歩きました。

一遍上人によって始められたこの「遊行賦算《ゆぎょうふさん》（札くばり）」の旅は、捨聖《すてひじり》とも呼ばれるとおり、野や無人の社に臥して、飢えや寒暑と闘って身をさいなむ苦行の連続だったといわれています。

この旅も、時を経て、やがて各地に時衆（宗）の道場

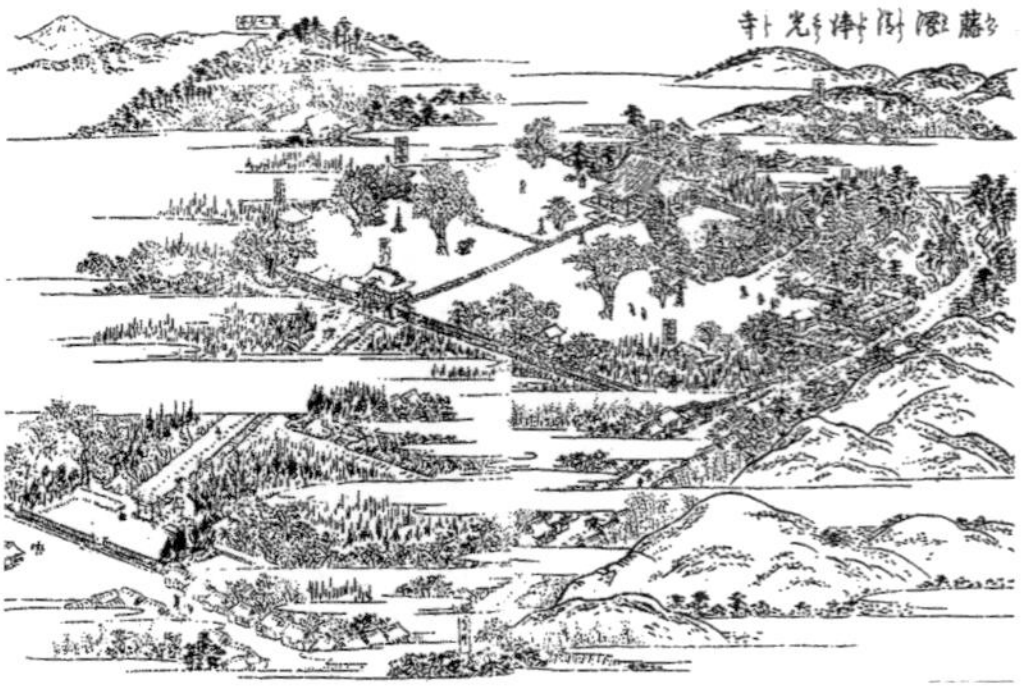

「東海道名所図会」藤沢山清浄光寺　国立国会図書館蔵

が開設されると、道場を拠点とする「賦算」の旅へと変わって行きますが、この遊行寺も正中二年（一三二五）、遊行四代の呑海《どんかい》上人によって創建され、時衆の中枢的寺院となっていきました。

なお、遊行寺という呼称は、遊行上人の住まわれる寺からきています。

◉歌舞伎にも取り上げられた小栗伝説

最近の歌舞伎でも、三代目市川猿之助によって「オグリ」として取り上げられた小栗判官伝説は、中世の時代、遊行僧や比丘尼《びくに》、瞽女《ごぜ》などが人々に語っていた説経節（仏教の教えを人々に説くためのもの）が、その始まりであるといわれています。

その後、江戸時代に入って浄瑠璃や歌舞伎に仕組まれて大流行しました。その話の内容も各地によっていろいろあるようですが、遊行寺の子院の一つである長生院《ちょうしょういん》に伝えられる『小栗判官一代記畧図』によれば、常陸の豪族小栗判官がこの地で危難に遭い、これを助ける遊女照《てる》手《て》と遊行上人の力が、遠く紀州熊野にまで及ぶ壮大で波

「東海道名所図会」小栗判官　国立国会図書館蔵

乱万丈の物語となって語られています。

◉江の島道と大山道

江の島や大山は古くからの霊地でしたが、江戸時代に入って世の中が安定してくるに従い、信仰と物見遊山を兼ね、講中を結んで参詣に出かけるようになりました。

藤沢宿は、ちょうど東海道から江の島や大山へ参詣する道の分岐点に位置していたので、それぞれの行き来の旅人で大いに賑わったといいます。

広重の「東海道五十三次藤沢」の絵にも、遊行寺方面から境川に架かる大鋸橋を渡った左手に、「江の島弁財天」の一の鳥居と道標が描かれていて、これから江の島へ向かう四人の座頭たちと大きな木太刀を担いだ大山詣りの人が描かれています（中扉参照）。

◉悲運の「義経」末路の物語

源平合戦の晴れ舞台で華々しい活躍をして、平家打倒の宿願を果たした義経も、のち兄頼朝との不和から、鎌倉腰越での釈明のための面会も許されることなく追われて、潜伏と放浪の旅をたどることになりました。

そして、身を寄せた奥州衣川の地で、頼りにしていた藤原氏一族に攻められ、三十一歳の若さで、非業の最期を遂げます。

ここ藤沢宿には、黒漆櫃に納められ鎌倉に送られた義経の首級《しるし》にかかわるその後の話と史跡が数多く残っています。

◉大庭御厨と大庭一族

上方見付を過ぎて、しばらく歩いたところに引地川があります。相模原台地に源を発し、鵠沼海岸で相模湾に注ぐ引地川の中流は、谷幅の広い低地が広がり、水の便も良かったので古くから開けていました。

永久四年（一一一六）、大庭《おおば》氏の祖といわれる鎌倉権五郎景正が、そこに広がる私領を伊勢神宮に寄進して領地の安堵を図りました。これが「大庭御厨《おおばみくりや》」です。

大庭一族は、その中の丘陵地に館を構え、御厨の管理に当たり僅かな籾《もみ》、白布、鮑《あわび》などを伊勢神宮に貢進することで、実質的にこの地を支配していました。

後に、頼朝挙兵の際、頼朝から誘いを受けた大庭氏は、兄景義《かげよし》と弟景親《かげちか》が互いに相談して、景義は源氏方に、景親は平家方に付いて戦うことにしました。どちらが勝っても敗れても、兄弟の一人は残って、自分たちが開拓した所領が安堵されると考えたからです。

敗北した平家側に付いた景親は敗れ斬殺されましたが、源氏方に付いた景義は、その後、頼朝の有力御家人となりました。

主な史跡など

①諏訪神社

神社由緒によれば、遊行寺の遊行四代呑海上人が山中守護のために勧請したのが始まりとされ、創建は建武二年(一三三五)、祭神は事代主命《ことしろぬしのみこと》と建御名方命《たけみなかたのみこと》です。藤沢宿東方の総鎮守で、また、祭神が出雲の大国主命の御子であることから、藤沢七福神の中の大黒天にも選ばれています。

元禄の頃、社殿が今よりも下にあって街道に面しており、神霊の障りか、社前を馬に乗ったまま通ると落馬も多かったため、神社を上段の地に移して南向きにしたところ、それ以降はその災いもなくなったといいます。

神社には、近年、発見修復された祭礼に使われる「四神剣」が伝わっています。

②船玉《ふなたま》神社

祭神は弟橘姫命《おとたちばなひめのみこと》で、例祭日は五月十五日です。

この地に伝わる言い伝えによれば、鎌倉初期に渡来した宋の仏工の勧めによって、鎌倉三代将軍実朝が入宋を企てたとき、その渡船を建造するための用材をこの地から切り出したとされ、そのため、乗船成就、海上守護の願いにより勧請されたといいます。この辺りの地名

「大鋸《だいぎり》」は、小田原北条氏に仕えていた大鋸引きの職人たちが住んでいたところから付いた地名です。
また、道を隔てた急傾斜地の上には、年暦知れずといわれるほど古い藤稲荷がありますが、昔、境内に藤の大木があって西の谷に這い広がり、花が咲くと紫の雲がたなびくように見えたので、それが藤沢の地名の始まりの一つになったといわれています。

③庚申堂

この辺りは明治の初めごろまでは田畑ばかりで眺望も良く、この庚申堂《こうしんどう》がポツンと立っていて、宿の人たちの寄り合い場所として、庚申の日には庚申待ちの堂として利用されていたそうです。

本尊は、悪鬼や病魔を払いのけるという青面金剛《しょうめんこんごう》で、寄木造に彩色が施された江戸初期の作とみられ、六十年に一度、庚申の年に開帳されます。

庚申信仰は、十干十二支の組み合わせで六十日に一度巡ってくる「庚申の日《かのえさる》」に、その夜を眠らずに過ごして、無病息災、長寿を願うというものです。そのいわれは、「人の体内にいる三尸《さんし》の虫が、庚申の夜、人が眠ると天に昇って、天帝にその人の罪を告げ、その命を縮める」という中国の道教の教えに由来しています。

この信仰は、平安時代に始まるといわれていますが、庚申講を結び、一堂に会して徹夜で酒食をともにして語り明かすという風習が広く庶民の間に広がったのは、江戸時代になってからだといいます。

境内には、他の場所にあって明治初年の廃仏毀釈《はいぶつきしゃく》の際に行き場がなくなった庚申塔などが集められています。

④江の島道

江の島道は、遊行寺方面から大鋸橋を渡り、左手橋詰にあった一の鳥居をくぐり、道標に沿って江の島へ至る約一里（四キロ）の道で、江の島周辺の風光を楽しみつつ日本三大弁財天の一つ妙音弁財天を参拝する人たちで賑わいました。

道のところどころに立てられた道標は、江戸時代の検校《けんぎょう》杉山和一によるものです。杉山検校（一六一三―九四）は、江島神社を信仰して鍼術を学び、徳川五代将軍綱吉の病を治して有名になり幕府から厚遇されました。終生、江島神社への恩を忘れないで、参詣の人々のため、藤沢宿から江の島までの道案内に、道中四十八基

初代広重「東海道五十三次細見図会」
神奈川江の島詣で　国立国会図書館蔵

の道標を立てたといわれています。

現在、残っているのは十四基ですが、十二基が市の重要文化財に指定されています。

⑤大鋸橋

遊行寺脇の急な坂を下って、途中、江戸方の見付を過ぎ、遊行寺門前から枡形を通って町場に入る地点、そこの境川に架かっていた橋が大鋸橋です。

今は、現代的なコンクリートの赤い橋「遊行寺橋」となっていますが、当時の橋は長さ十二間（二十二メートル）・幅二間（三・六メートル）の板橋でした。

この橋の辺りは多くの浮世絵や錦絵に描かれた、いわば、藤沢宿の「顔」といった場所でもありました。広重の東海道五十三次「隷書版」では、西方から大鋸橋を眺め、その手前、夕暮れの旅籠の喧騒を描いています。広重「保永堂版」とともに当時のこの辺りの情景をあざやかにイメージさせてくれます。

⑥遊行寺

遊行寺と呼ばれるこの寺は、正式には「藤沢山無量光院清浄光寺《とうたくさんむりょうこういんしょうじょうこうじ》」と称する時宗の総本山です。

時宗は一遍上人が開きましたが、上人は所を定めず賦算の旅を続けましたので、この寺はその後、遊行四代呑海上人によって創建されました。

皇室や、足利氏をはじめとする武家の信仰も篤く、天正十九年（一五九一）、家康から寺領百石の朱印が与えられ、さらには慶長十八年（一六一三）、幕府から遊行上人に大名並みの馬五十匹の伝馬朱印状が与えられると「遊行」も大きく変化して、格式と権威あるものになっていきました。

入口には、日本三大黒門の一つといわれる遊行寺総門の冠木門があり、そこから境内の大銀杏までの参道はゆるやかな四十八の石段があって「いろは坂」と呼ばれています。

境内には、正面に木造では関東随一、堂内に一、五〇〇人が座れるという本堂があって、本尊の阿弥陀如来《あみだにょらい》坐像、宗祖一遍上人像、呑海上人像などが安置され、春秋の開山忌には、信者の人たちにより大往生の喜びを現す踊念仏が行われています。

左手中ほどには、安政六年（一八五九）に建立された境内で最も古い建築物の中雀門があります。向唐門造りで、菊の御紋と三つ葉葵が刻まれています。

このほか、境内には上州国定忠治の子分、板割の浅太郎の墓（後に列成と名乗って仏門に入ったといわれます）や、応永二十三年（一四一六）、上杉禅秀の乱で多くの死傷者が出たとき敵味方の区別なく傷ついた人を治療し、戦没者を平等に供養した敵御方供養塔があります。

⑦長生院

時宗の寺院で、創建は永享元年（一四二九）、もとは遊行寺の別坊で閻魔《えんま》堂と呼ばれていました。本尊は木造阿弥陀如来坐像で、平安末期から鎌倉初期の作として藤沢では最古のものです。

「小栗伝説」と結びつきが深く、本堂の裏手には小栗判官とその家来、照手姫、名馬鬼鹿毛などの墓があります。

この寺に伝わる『小栗判官一代記畧図』によると、常陸国小栗城主満重が謀反の疑いをかけられ城を追われて三河へ落ちる途中、藤沢で盗賊横山大膳の家に宿を取ります。大膳は金品を奪うためいろいろと策を弄し、照手の助けもかいなく満重は、家来ともども毒殺されてしまいます。その夜、僅かに息の残っていた満重は夢でお告げを受けたという遊行寺太空上人に助けられ、紀州熊野に送られて霊験と温泉によって蘇りました。後に満重は数々の苦難にあっていた照手を救い夫婦として添い遂げるという物語です。

満重亡きあと、照手が尼となり閻魔堂に籠もり夫の供養をし、中興したのが長生院ということです。

⑧蒔田本陣跡

藤沢宿の本陣は一カ所で、初めの頃は大久保町の堀内家が名主、問屋を兼ねながら務めていましたが、延享二年（一七四五）、火災類焼で焼失、その後、坂戸町の蒔田《まいた》源右衛門が代わって務めるようになり、明治の初めまで続きました。

蒔田本陣の規模は、敷地面積約四百坪、建物面積約二百坪、間口十三間（二十三・七メートル）、門構に玄関、書院などを備え、部屋数十五、総畳数は百四十四畳もあったということです。

⑨永勝寺

正式には「鳳谷山祥瑞院永勝寺」と称する浄土真宗の寺院で、本尊は室町後期作の寄木造り阿弥陀如来立像です。創立は貞永元年（一二三二）に遡ると伝えられています。

山門を入った左側に、東坂戸町で飯盛旅籠を営んでいた小松屋の墓地があります。この墓地には小松屋主人の墓石のほか、戒名と「施主小松屋源蔵」の文字が刻まれた抱えの飯盛女《めしもりおんな》の墓碑三十九基が残っています。

芳幾「東海道中栗毛野次馬　藤沢宿」
神奈川県立歴史博物館蔵

飯盛女というのは、旅籠で泊り客の給仕をするほか、遊女として客の相手をした女性をいい、その多くは宿内や周辺の年貢賦役に苦しむ農村から、借金の肩代わりに売られてきました。そのため、旅籠でも扱いがひどく、若くして苦労のうちに不幸な一生を終える者がほとんどで、大方は死んでも無縁仏として葬られていました。宿場の繁栄を蔭で支え、薄幸の生涯を送った彼女たちを、このような形で弔ったのは、この当時としては大変稀なことでした。なお、文政三年（一八二〇）頃、藤沢宿には飯盛旅籠が二十二軒、飯盛女は百人近くいたということです。

⑩義経首洗い井戸

文治五年（一一八九）、義経は奥州衣川で、頼った藤原一族に攻められて敗れ、自害しました。その首は黒漆櫃に納められて鎌倉に送られ、腰越で首実検にかけられた後、そのまま河原に打ち捨てられたといいます。

言い伝えによれば、金色の亀によって境川をさかのぼって藤沢に運ばれた義経の首は、この井戸で里人によって洗い清められ、首塚に丁重に葬られたということです。また、東海道を挟んで正対する向側の小高い丘に、古びた小さな弁慶塚が建てられています。

武蔵坊弁慶（生年不詳―一一八九）は、『義経記』などによると熊野別当の子で、京都五条の出会いから義経に仕え、そののち苦楽をともにしますが、衣川の合戦でその最後を迎えました。

味方も多く討たれ、もはやこれまでと義経に目通りした弁慶が「君先立たせ給ひ候はば、死出の山にて待せ給ひ候べし。弁慶先立ちて参らせて候はば、三途の川にて待ち参らせ候べし」といい、さらに獅子奮迅の活躍をして、最後は有名な「弁慶の立ち往生」を遂げます。

恐らく後世、心ある人がこの話を思い浮かべて、首塚、白旗神社と正対する場所に塚を築いて、ともにそれぞれの霊を慰めたものではないかと思われます。

⑪白旗神社

白旗神社は、建久九年（一一九八）、相模一の宮寒川神社の分霊寒川比古命《さむかわひこのみこと》を勧請したのが、始まりと伝えられています。その後、宝治三年（一二四九）、義経が祭神に加えられました。

この間のことについて、『白旗神社略誌』は、義経の怨霊に苦しめられた頼朝は、藤沢奉行の藤沢次郎清親に命じて、首塚から一町ほど北にある亀の子山に社を建てて、義経の霊を祀らせたと伝えています。

一般的に、白旗神社といえば頼朝を祀る神社ですが、ここでは義経を祀っているという大変珍しいケースです。社殿は典型的な流れ権現造りで、坂戸町はじめ藤沢宿西の総鎮守です。

白旗神社で、毎年十月の秋祭りに行われる「湯立神楽《ゆだてかぐら》」の神事は、藤沢市指定重要無形文

芳年「武者无類 武蔵坊弁慶・九郎判官義経」 国立国会図書館蔵

化財になっています。

⑫養命寺

養命寺は、元亀元年（一五七〇）創建の曹洞宗の寺院です。本尊は像高九〇・五センチの木造薬師如来坐像で、国の重要文化財に指定されています。

力強い顔、堂々とした体など鎌倉時代の特徴を持ち、足の裏側には建久八年（一一九七）の墨書銘がありますので、鎌倉初期の代表作とされています。

この薬師如来は、養命寺の創建よりもずっと古く制作されたものであり、もとは廃絶した「大庭薬師堂」の本尊で、この地方に勢力を張っていた大庭景義の子、景兼の発願によるものと伝えられています。

頼朝挙兵の際、源氏方に付いた景義は、その後、頼朝の有力御家人となりましたが、その子景兼の時、執権北条義時と和田義盛との争いで、和田方に加わり敗れ、一族は滅亡することになりました。

⑬四ツ谷不動堂

東海道と田村通り大山道が分かれるところに、四ツ谷不動堂があります。堂外に立っている道標は、もともとは江戸時代初期の万治四年（一六六一）のものでしたが、最近になって立て替えられました。右手には大山道の入口を示す一の鳥居があります。

大山道は、大山参詣のための道で、大山から放射線状に各地に広がっていました。古くから雨乞い、豊漁、商売繁盛などの山として崇められてきた大山への参詣が、一層盛んになったのは江戸時代に入ってからのことです。人々は、現世のご利益を願って講中を結び、いわゆる信仰と物見遊山を兼ねて出かけました。

東海道から分かれて入る大山道は幾つかありますが、四ツ谷から入る道はもう一つの信仰地、江の島とも藤沢で繋がり、最も有名なものの一つでした。

初代広重「東海道五十三次細見図会」程ヶ谷 大山参りの諸人 国立国会図書館蔵

⑭牡丹餅立場

小和田村と菱沼村両村が互いに入り組んだ東海道の小高いところ（茅ヶ崎市の菱沼バス停付近）に牡丹餅立場《ぼたもちたてば》があり、眺めが良く目の前に海が見られたといいます。

「栗ぼたもち」が有名で、これを売る茶店があり、そこがいつしか牡丹餅茶屋と呼ばれるようになったということです。この立場の一角に、紀伊藩の七里継立《つぎたて》役所がありました。

徳川御三家の尾張、紀伊両藩は、城下と江戸屋敷との連絡を藩専属の飛脚によって直接行うことが許され、そのための中継所を七里ごとに置いていた中の一つです。

⑮海前寺

東松山海前寺と称する曹洞宗の寺院で、創建は天正十九年（一五九一）、本尊は地蔵菩薩です。

境内に旗本で代々佐々木流砲術師範、幕府大筒役《おおづつやく》の佐々木卯之助の墓碑があります。享保十三年（一七二八）、幕府は片瀬村から茅ヶ崎村南湖までの海岸一帯に鉄砲場を設けましたが、卯之助は父の跡を継いでその責任者となりました。

鉄砲場の付近の農民は貧困で、立ち入り禁止の場内の荒地を開墾耕作していましたが、卯之助はこれを黙認していたので罪に問われ、天保六年（一八三五）、青ヶ島へ遠島となり、その島で亡くなりました。この墓碑は、青ヶ島にあったものを、後に、村人がこの恩義に報いるため、ゆかりの深いこの地に移したものです。

このほか、戦後のボクシング界の英雄、「ピストン堀口」の墓があります。墓誌の「拳闘こそ我が命」は、作家井上靖の撰文です。

⑯茅ヶ崎一里塚

江戸から十四番目の一里塚です。残っているのは、茅ヶ崎駅側（平塚方面に向かって左側）

の片側のみですが、高さ一・五《メートル》、直径七～八《メートル》の塚に松が植えられています。神奈川の東海道でも現存しているのは数少なく、品濃坂、箱根畑宿の一里塚などとともに貴重なものです。

明治中頃のこの辺一帯は沼や池があって、茅などが茂る荒地で、田畑が点在する場所だったそうですが、今は昔の面影は全く残っていません。

藤沢宿こぼれ話1　閻魔堂・小野篁

長生院は、元閻魔堂といいました。小野篁《おののたかむら》作とされる閻魔大王の像を安置していたからです。

小野篁は、平安時代前期の公卿・文人です。遣唐副使に任ぜられますが、二度渡唐に失敗。三度目の時、遣唐大使・藤原常嗣《ふじわらののりつぐ》の乗船する第一船が損傷、篁の乗る第二船を第一船とし常嗣が乗船します。篁は、「己の利得のために他人に損害を押し付ける方法がまかり通るなら、面目なくて部下を率いることなど出来ない」と抗議、乗船を拒否しました。篁は『西道謡《さいどうよう》』という遣唐使の事業や朝廷を風刺する漢詩を作ります。これを読んだ嵯峨上皇は激怒、隠岐へ流罪としました（その後罪を赦《ゆる》される）。

長生院

篁は、昼は朝廷に仕え、夜は井戸を通って地獄に降り、閻魔大王のもとで裁判の補佐をしていたという伝説があります。この井戸は、京都嵯峨の福生寺（生の六道、明治期に廃寺）と京都東山の六道珍皇寺（死の六道）にあったとされ、六道珍皇寺の閻魔堂には、篁作の閻魔大王と篁の木像が並んで安置されています。

京都市（北区紫野西御所田町）の篁の墓の隣に紫式部の墓がありますが、愛欲を描いた咎《とが》で地獄に落ちた式部を篁が閻魔大王に執成《とりな》したという伝説に基づくものです。また、『今昔物語集』では、病死して閻魔庁に引据えられた藤原良相《ふじわらのよしみ》が篁の執成しによって蘇生したとも伝わっています。

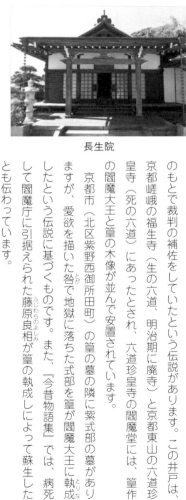

藤沢宿こぼれ話2　相州第一の高等教育の地

藤沢が、「相州第一の高等教育の地」といわれた事はあまり知られていません。耕餘《こうよ》塾は、明治五年、羽鳥村名主三觜八郎右衛門《みつはしはちろうえもん》が教育普及のため、儒学者の小笠原東陽を招いて開いた郷学校の読書院（とくしょいん）に始まります。

東陽（一八三〇－八七）は、美作国（岡山県）勝山藩士小笠原忠良の三男として生まれ、二十六歳の時に昌平坂学問所に入り、佐藤一斎、安積艮斎に学んだ後、林鶯渓の門下生となり儒学を修めます。姫路藩の邸学副督になりますが、幕末の藩の方針に関し藩主酒井忠績《さかいただしげ》に諫言したため辞職します。池上本門寺で僧たちに漢学を教えていた折、三觜八郎右衛門から藤沢に招聘され、廃寺となっていた徳昌院跡に読書院を開きます。学制布告で羽鳥学校と改称しましたが、東陽は羽鳥学校と別に読書院を残し独自の教育を続けました。入塾者が増え、明治十一年新塾舎完成と同時に耕餘塾と改称、変則中学として再出発しました。当時の塾生は約九十名で、北は東北、西は静岡に及び、多くが寄宿していました。東陽は明治二十年に没し、娘婿松岡利紀が塾長を継ぎましたが、暴風で塾舎が全壊、再建できず明治三十三年閉塾しました。吉田茂（総理大臣）、平野友輔（衆議院議員）、鈴木三郎助（味の素創業者）など政界・財界で活躍した多くの人材を輩出しました。

小笠原東陽先生肖像画
（明治小学校蔵）

平塚宿

広重「東海道五十三次之内　平塚」保永堂版　横浜国道事務所提供

平塚宿

（茅ヶ崎一里塚～馬入川～平塚宿～大磯化粧坂）

茅ヶ崎一里塚から①～⑯まで約 12 km
およそ３時間（４km を１時間として概算）

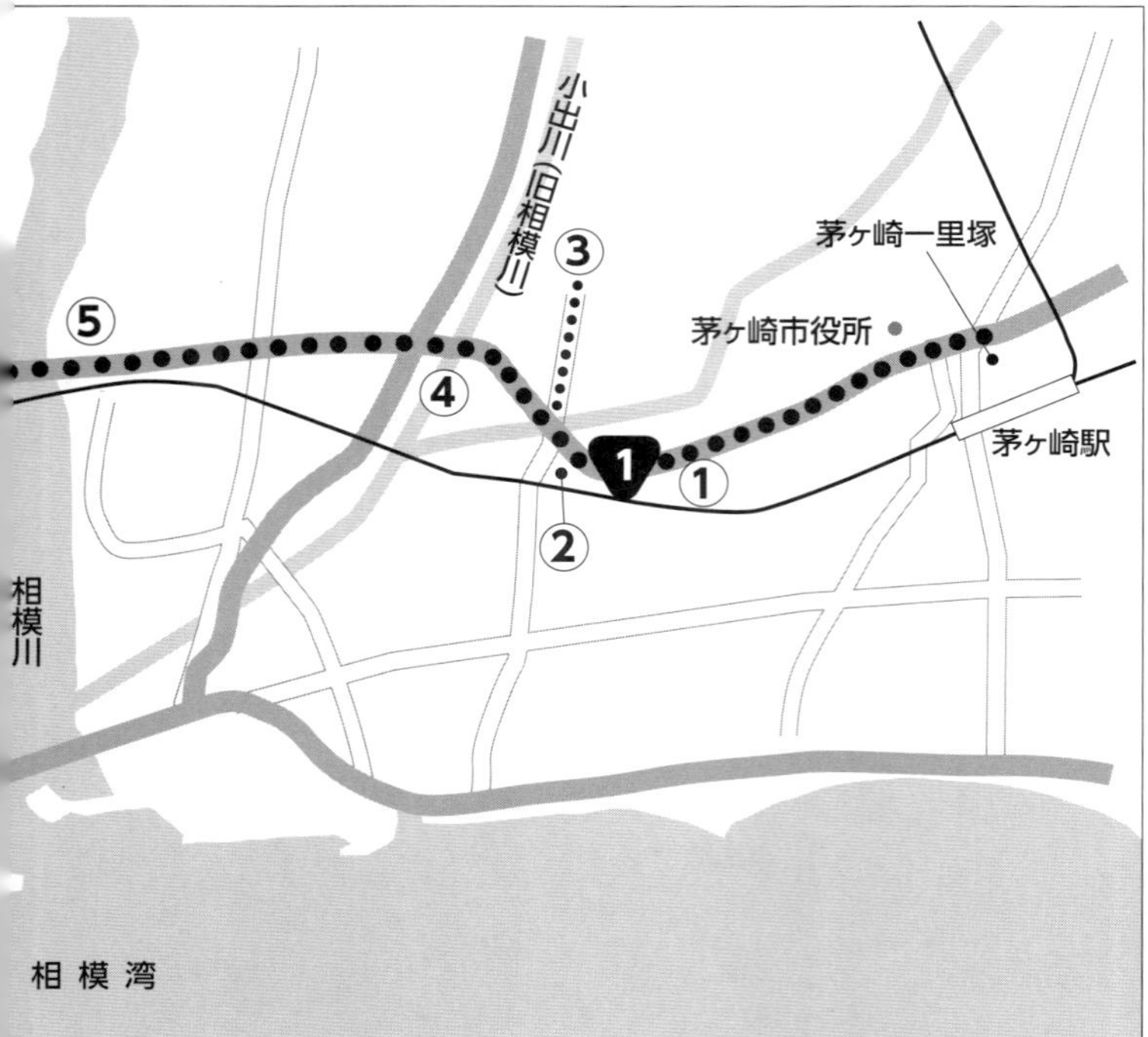

●●●●●●●● 太丸は東海道

●●●●●●●●●●● 小丸はガイドルート

ガイドルート

①南湖の立場
②南湖の左富士
③鶴嶺八幡宮
④旧相模川橋脚跡
⑤馬入の渡し
⑥丁髷塚
⑦平塚八幡宮
⑧お菊塚
⑨江戸方見付跡
⑩本陣跡
⑪平塚の碑
⑫お初の墓
⑬春日神社
⑭上方見付跡
⑮高来神社
⑯大磯化粧坂

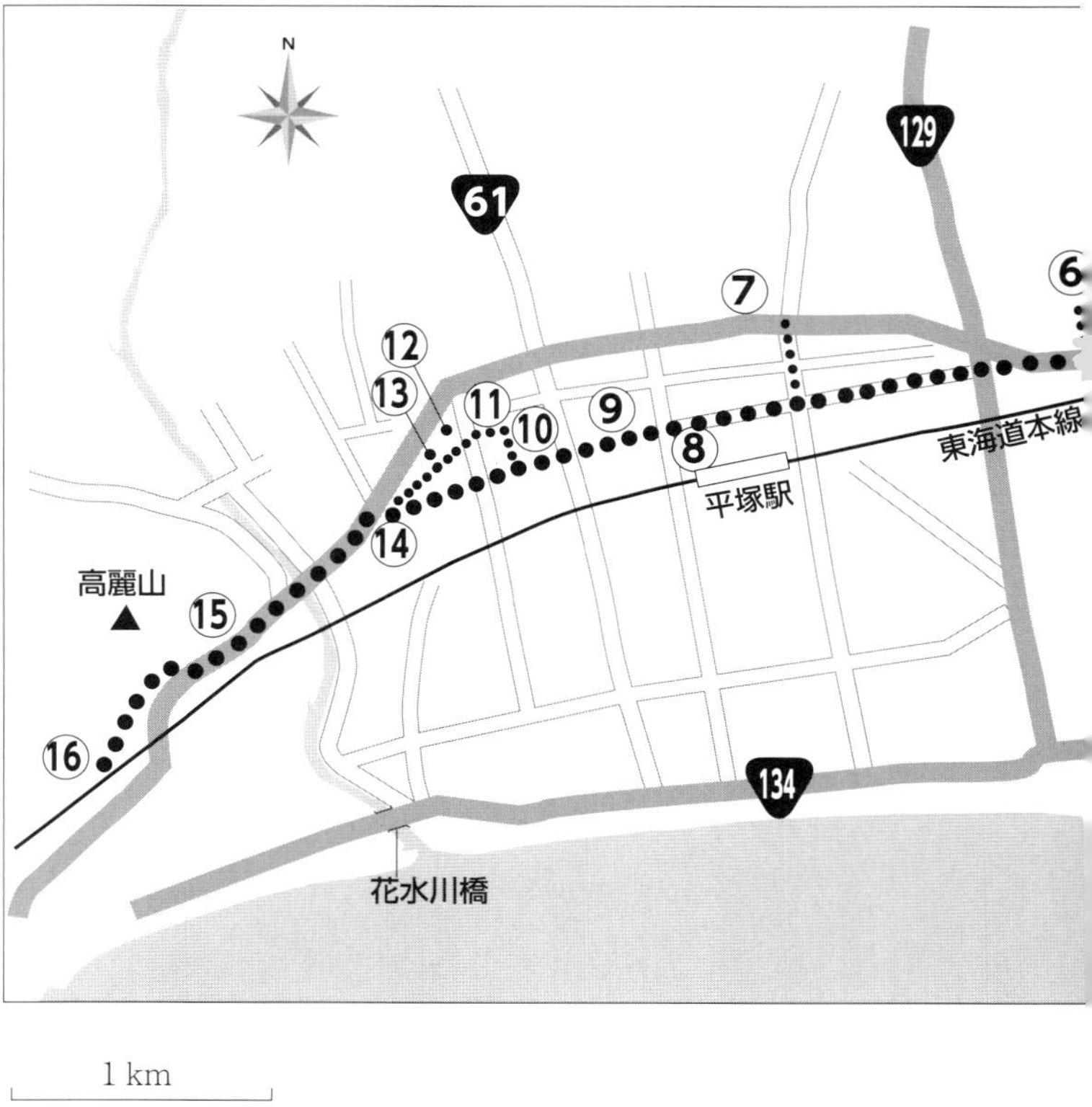

茅ヶ崎から平塚宿を経て大磯へ

平塚宿のあらまし

♣ 藤沢から「間《あい》の宿」茅ヶ崎を過ぎ、船渡しの馬入川《ばにゅう》を渡れば、高麗山《こま》が近づいてきて間もなく平塚宿に入ります。

最初に誕生した宿場の一つ平塚宿は、江戸から七番目の宿場で、日本橋からは十六里（六十二・八キロ）のところにありました。

藤沢宿からは三里十八町（十三・七キロ）、次の大磯宿までは二十七町（二・九キロ）という割合短い距離の中に、平塚宿がつくられたのは、隣村中原にあった徳川家の別荘「中原御殿」、「中原代官陣屋」への通信伝達中継基地として、東海道で最も近い場所にあったからではないかと考えられています。

♣ 平塚宿は、県内の宿場でも珍しく東西に真直ぐに伸びる東海道に沿って町屋が続いており、そのために江戸から来る旅人が平塚宿に入ると、正面に高麗山が見え、次第に、それが目の前に迫ってくるようになります。

旅人の宿泊の少なかった平塚では、日暮れにはまだ間があって通り過ぎようとするのを、「大磯へは、あの高麗山を越えなければ行けません。これから越えるのは大変です。」と言葉巧みに無理やり宿泊させたという話が残っています。平塚宿の町並みは加宿を加えると十四町六間余（一・五キロ）、見付から見付の間の距離は八町余（約一キロ）で、東から十八軒町、二十四軒町、東仲町、西仲町、柳町の五町で構成されていました。

江戸後期の宿の規模は、人口二、一一四人、家数四百四十三、問屋場二、本陣一、脇本陣一、旅籠五十四、どちらかといえば小規模な宿場でした。

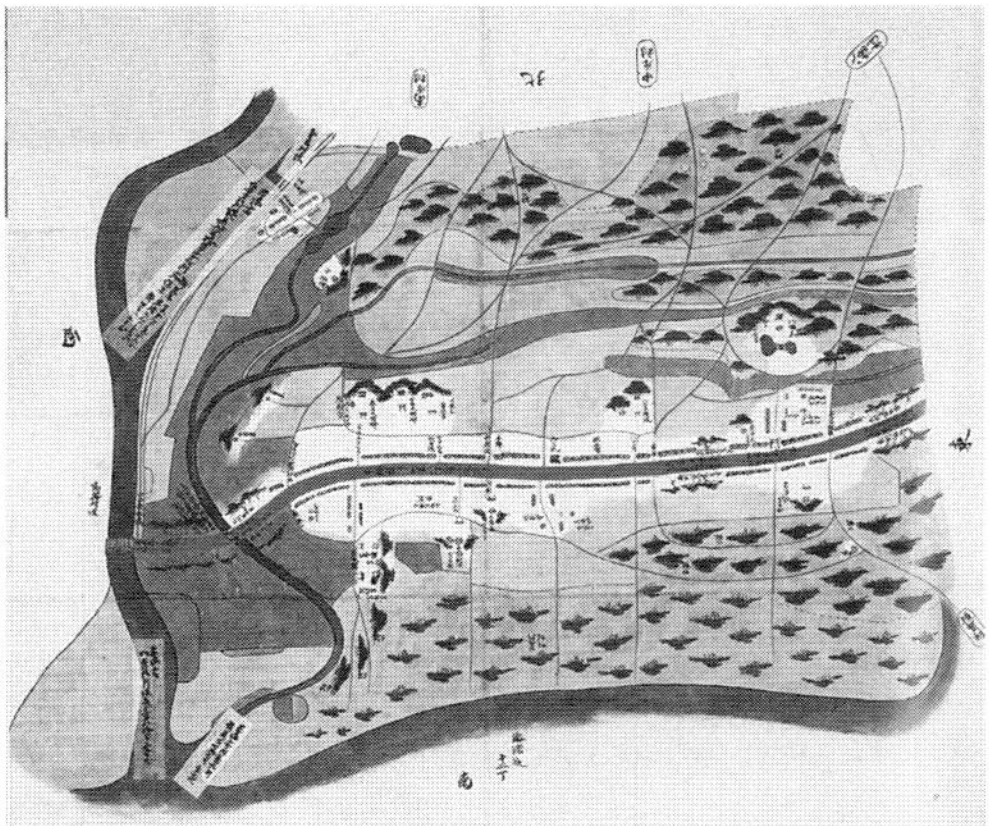

平塚宿絵図　平塚市博物館蔵

平塚宿の特徴とみどころ

◉間の宿「南湖の立場」と左富士

東海道の宿と宿の間にある村を、「間の村」と呼んでいました。所々の「間の村」の中には「立場《たてば》」と呼ばれる馬を継ぎ立てたり、荷物を運ぶ人足や駕籠《かご》かきなどが休息する場所があり、この立場の中でも、眺望が利く場所、街道の重要な分岐点、橋のない大きな川に接するところなどでは、旅人の休憩に供される茶屋のあるものもあって、これらの茶屋を「立場茶屋」と呼んでいました。

立場茶屋は街道両側の一画に集中していましたが、江戸時代も中頃になると、所によっては次第に町場《まちば》化してくるようになり、茶屋本陣や旅籠茶屋や商店が軒を連ね、旅人の宿泊にも応じる茶屋町を形成、さらには、「かごや」、「荷宿」、「伝馬《てんま》」などの屋号を持つ家が並ぶようになりました。

このような町場的要素を持つ間の村を「間の宿」と呼び、神奈川では茅ヶ崎の南湖《なんご》と二宮の梅沢が

広重「五十三次名所図会」藤澤　南湖の松原左り不二　国立国会図書館蔵

ありました。

茅ヶ崎の南湖から平塚に向かうほどないところで、「南湖の左富士」と呼ばれる富士山が左に見える場所があります。江戸から上る東海道ではここと静岡の吉原でしか見られないという左富士、旅人たちは不思議な気持ちで通り過ぎたものと思われます。

◉馬入川と馬入の渡し

山梨県の山中湖に源を発し全長百十キロに及ぶ相模川が、相模湾に注ぐ河口付近を馬入川《ばにゅうがわ》と呼んでいます。その由来は、橋供養に参列した源頼朝が橋を渡ろうとしたところ、川面に壇ノ浦で入水した安徳天皇の亡霊が現われ、頼朝が落馬したことからだといわれています。

江戸幕府は大きな河川の架橋を制限していましたので、当時、川を渡る場合は「船渡し」や「徒歩《かち》渡し」などの方法によっていました。

川幅が百メートルもあり水量も豊富でしたから、普段でも渡船事務や船待ちなどで時間を費やすことが多く、一旦、増水したときは川留めとなり滞在を余儀なくされる、大変難儀なところだったそうです。

しかしその一方で、遥かに富士山や大山を眺望する風景は格好の画題となり、多くの浮世絵などに取り上げられました。

◉中原御殿

平塚宿からおおよそ二キロほど北のところに中原御殿跡地があります。

天正十八年（一五九〇）、秀吉は家康に対し、それまで敵国であった関東に移封を強いました。そこで、家康は関東掌握を急ぎ、直《ただ》ちに鷹狩と称して各地を巡回し、家臣団の配置や在地土豪の懐柔に努めました。当初は、休泊施設が完備していなかったので、寺院や土豪の邸宅が利用され、中原御殿ができたのは慶長元年（一五九六）といわれています。その後、江戸幕府の基礎固めに関する重要な密議の場所として使われ、大坂の陣・武家諸法度・大久保忠隣改易などの重要な政策決定がこの中原御殿で行われたといいます。

『新編相模国風土記稿』によると、御殿は東西に七十八間（百四十二メートル）、南北に五十六間（百二メートル）、その面積は四千三百六十八坪（一・四ヘクタール）と書かれ、中の建物としては家康の居間、寝所のほか、御蔵、御賄所、御殿番所、小者詰所、鷹方屋、御馬小屋などがありました。敷地外には典医屋敷、鷹匠屋敷、中原代官屋敷などもありました。

この中原御殿は、六十一年後の明暦三年（一六五七）に引き払われ、跡地には主に松が植えられて保存されました。御殿のあった中原村を起点とした江戸までの中原往還は、江戸から直線的に平塚宿、大磯宿へ達することで、政治的、軍事的に重要視された往還の一つでした。家康は駿府と江戸を往復する際に好んで利用したといいます。別名、相州街道とも呼ばれ、中原代官成瀬五左衛門が中原で作られる醸造酢を献上酢として江戸城へ運んだところから御酢街道とも呼ばれました。

◉歌舞伎のモデルと平塚宿

神奈川の東海道には、そこここに歌舞伎の名場面にかかわりの深い場所があります。戸塚山中のお軽勘平《かるかんべえ》道行の場もそうですし、藤沢宿には小栗判官もあります。

ここ平塚宿には、歌舞伎のモデルになった二人の女性がいました。その一人は、河竹黙阿弥の歌舞伎『新皿屋敷月雨暈《つきのあまがさ》』や岡本綺堂『番町皿屋敷』のモデルとなった、平塚宿の役人真壁源右衛門の娘お菊です。

また、歌舞伎『加賀見山旧錦絵《かがみやまこきょうのにしきえ》』の中で活躍するお初のモデルが、同じく平塚宿に住んでいた百姓久兵衛の娘「松田たつ」だったという話があります。

当地には、ともに墓所や供養塚があって、現在まで語り継がれています。

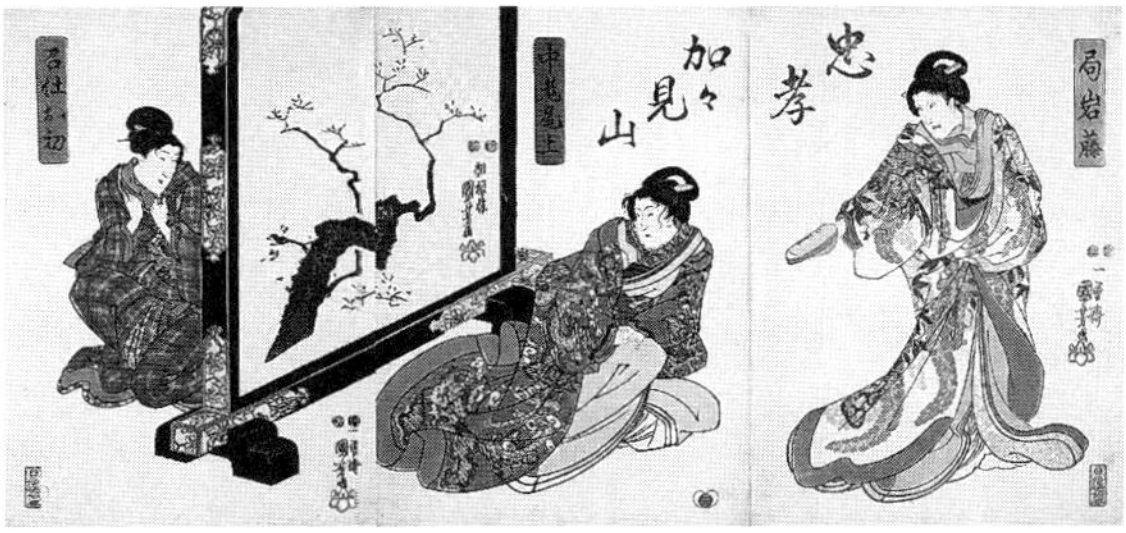

国芳「忠孝加賀見山」　国立国会図書館蔵

◉高麗山周辺と虎御前伝説

「赤穂浪士の仇討」や「伊賀上野の仇討」と並ぶ日本の三大仇討ちの一つ、「富士の裾野の仇討」で有名な曽我兄弟には数々の伝説がありますが、兄曽我十郎と虎御前《とらごぜん》の悲恋の物語は平塚から大磯、小田原にかけて数多く残されています。

ここ高麗山の北麓の山下は、虎御前の生地と伝えられています。虎御前は山下の長者がなかなか子宝に恵まれず、そのため、近くの虎池弁財天に願を掛けたところ、その甲斐あって、寅の年、寅の日、寅の刻に生まれ、それにちなんで「虎」と名付けられた大変美しい女の子だったそうです。長じて大磯の長者菊鶴の養女となり大磯の里に住み、舞の名手で美女の誉れが高く、そこで曽我十郎祐成《すけなり》と出会い結ばれることになりました。

後に十郎は弟、五郎とともに富士の狩場で父の仇を討ちますが、捕らえられて殺されます。これを聞いた虎御前は、髪を下ろして兄弟ゆかりの各地を旅し、生地に帰って高麗山北麓に小さな庵「法虎庵《ほうこあん》」を営んで兄弟の菩

国貞「東海道五十三次之内　大磯之図」
国立国会図書館蔵

提を弔いました。

『新編相模国風土記稿』の山下村の項には、「虎草庵の跡　長者宅跡の傍らにあり。建久四年五月（一一九三）曽我祐成討たれし後、大磯の虎尼となり此所に閑居せしと伝う。」と書かれています。

また、近くには虎御前が故郷に帰って、亡き十郎への追慕の念を断ち切ろうと、生前送られてきた文の数々を焼いた場所といわれる「灰塚」「文塚」などもあります。

主な史跡など

①南湖の立場

藤沢宿を出て平塚宿までの間には、四ッ谷、菱沼（牡丹餅）、南湖の三つの立場がありました。なかでも平塚宿に最も近い南湖の立場は、茅ヶ崎一里塚を過ぎてしばらく行ったところ、馬入川の手前にあって、茶屋町と呼ばれるほどの大きな立場でした。

南湖の立場に商人が進出し茶屋町として町場化したのは、元禄から享保の頃（十八世紀前半）で、二階建ての茶屋が立ち並び、茶屋本陣であった松屋は板塀に囲まれ、門構えの表間口は二十間（三十六メートル）もある堂々としたものだったということです。また、松屋と並んで由緒ある立場茶屋江戸屋は脇本陣といわれ、大きな「あんこう（おはぎ）」が有名でした。

②南湖の左富士

茅ヶ崎の南湖の立場を過ぎてしばらくすると、街道が大きく右に湾曲して行き、やがて千ノ川に架かる鳥居戸橋から左手の方向に美しい富士山を見ることができます。広重の絵でも有名な「南湖の左富士」です。高い建物のなかった江戸時代、江戸からの旅人は東海道のそこここで常に富士山を右前方に見ながら歩いてきますが、道の方向と屈曲のせいで、この場所で突然左手に富士山を目にして奇異な感じを抱いたことと思われます。江戸からの東海道で左富士を見ることができたのは、南湖と吉原（現静岡県富士市）の二カ所だけでした。

③鶴嶺八幡宮

社伝によると、長元三年（一〇三〇）、源頼義は下総の乱を鎮定の折、懐島郷《ふところじまごう》に石清水《いわしみず》八幡宮を勧請したとされ、前九年の役の折には源義家も戦勝祈願をしました。関東における最初の源氏の氏社です。頼朝の命で鎌倉入りした直後、鶴岡八幡宮造営を行った懐島の領主大庭景義は、のち、鶴嶺八幡宮の造営整備の際、神域の配置を鶴岡八幡宮と同じにしました。

その後、兵火にかかりましたが、江戸時代初期、常光院の住職朝恵《ちょうえ》は荒廃していた社殿を浜之郷村の領主山岡景信の援助で再興、徳川家光より七石の朱印地を寄進されました。

祭神は応神天皇、仁徳天皇など四柱で、例大祭は九月十五日です。社殿に至る参道の両側の松並木は、朝恵が社殿の再興を記念して植えたといわれるもので、以来三百七十年余、今も変わらぬ姿は参道とともに市の史跡、天然記念物となっています。

④旧相模川橋脚跡

この辺りは水田でしたが、大正十二年（一九二三）九月一日と翌十三年一月十五日に関東地方を襲った大地震によって、突然、地中から木柱が姿を現し、当時の歴史学者沼田頼輔博士によって、この木柱は建久九年（一一九八）に源頼朝の重臣稲毛重成が亡き妻の供養のために、相模川に架けた橋脚であることが考証されました。

鎌倉時代、相模川はこの辺りを流れていましたが、その後、川筋の変化によって西の方へ移ったもので、橋脚は七百年もの間、土中に埋まったままでした。

橋脚はいずれもヒノキの丸材で、初め姿を現したのは七本でしたが、地中に埋もれたものが三本発見され、合わせて十本の橋脚が保存整備されています。当時の橋の幅は少なくとも四間（七《メートル》）くらいと推定され、全国でも数少ない大橋であったと考えられています。

⑤馬入の渡し

かつての相模川には六十を超える数の渡船場があったといわれていますが、この馬入の渡しでも、旅人は渡船によって行き来していました。

馬入川の渡船は、船や水主《かこ》（船乗り）の動員など周辺村々の負担によって成り立ち、渡船場には、平常、渡船三艘、平田船二艘、御召船一艘が用意され、これに水主が交代で乗り両岸を往来していました。馬入川の場合、渡船の費用は元禄三年（一六九〇）当時、人一人十文、荷物一駄二十二文、乗掛荷十六文で、その後、時代を経るにしたがって高くなっていきました。なお、参勤交代など公用通行の場合は無料でした。

また、将軍の上洛、朝鮮通信使の来朝のときは、川に船を横に並べこれを繋いでその上に板を並べた「船橋」を架けたことが分かっています。この渡船は、明治十九年（一八八六）、馬入橋の架橋まで行われていました。

⑥丁髷塚

天保九年（一八三八）、大磯六所神社のお祭「国府祭《こうのまち》」が行われた日の夕方、それに参加して相模一之宮寒川神社へ帰る御神輿《おみこし》と平塚八幡宮の御神輿が出会い、些細なことから口論となり乱闘が始まりました。この乱闘の中で、平塚八幡宮側の若衆は血気のあまり寒川神社の御神輿を奪い取って村内を練り歩いたあげく、馬入川に投げ込んでしまいました。当然、大勢の怪我人も出ました。

初代広重「東海道五十三次」平塚（隷書版）
川崎砂子の里資料館蔵

非は馬入村（平塚）側にありましたので、当地支配の韮山《にらやま》代官江川太郎左衛門（坦庵）は、厳しく事件を吟味し、下手人十六人を召し捕り、死罪を申し渡しました。しかし、処刑当日、坦庵は十六人の首を討つ代わりに丁髷《ちょんまげ》を切って落とし、それをもって刑の執行としたそうです。坦庵のこの機転と温情に、一同嬉し涙を禁じえなかったといいます。その時、切られた丁髷が埋められたのが、この丁髷塚といわれています。

⑦平塚八幡宮

平塚八幡宮は、馬入村、八幡村、平塚新宿の鎮守で、祭神は八幡大神（応神天皇）、神功《じんぐう》皇后（応神天皇の母）、武内宿禰の三柱です。社伝によれば、四世紀頃に創祀されたといわれています。祭神の応神天皇は大陸文化を積極的に取り入れ、その結果、国勢が大いに発展したので、国家鎮護、文化発展の神とされています。また、平安後期、武士の台頭とともに武運長久の神として崇拝され、特に源氏が八幡神社を氏神としたので、全国に信仰が広がりました。

さらにこの神社は、応神天皇とその母を祀っていることから、子宝、安産、子育ての御神徳もあるとされ、建久三年（一一九二）、源頼朝は妻政子の安産祈願のために神馬《しんめ》を奉納しています。

⑧お菊塚

『番町皿屋敷』のモデルと伝えられるお菊の供養塚です。菊は平塚宿役人真壁源右衛門の娘で、江戸の旗本青山主膳方に奉公中、青山家秘伝の唐絵の皿を紛失し、主人のために斬り殺されたということです。

平塚新宿に伝わる伝承では、菊は評判の美人でしたが、その死骸は長持ち詰めとなって江戸から送られ、馬入の渡しで父親に引き渡されたそうです。この時、源右衛門は変わり果てた娘の姿を見て、「ものいわぬ　晴れ着姿や　すみれ草」の一句を添えて涙し、祖先の墓の傍らに埋め、処刑人の例に倣って梅檀《せんだん》の木を植えて墓標に代えたということです。

墓地は戦後、区画整理のため立野町へ移転しましたが、跡地は公園となり、その一画にお菊塚が築かれています。

水野芳年「新形三十六怪撰」お菊の霊
国立国会図書館蔵

⑨江戸方見付跡

かつて江戸方見付のあった場所に、近年発見された写真資料をもとに、見付が復元されています。資料によると、長さ三・六メートル・幅一・五メートル・高さ一・六メートルの石垣を台状に積んで、頂部を土盛りにし、東海道の両側に、東西に少しずれた形で設置されていたといいます。

見付は、宿場の出入口であるとともに、宿を守る見張所でもあったようで、参勤交代の大名などが宿場を通るときは、宿場の役人などがここまで出向いて送り迎えをしたそうです。

⑩本陣跡

平塚宿の本陣は、代々加藤七郎兵衛と称し、建物は間口三十メートル、奥行六十八メートル、百六十三坪（五百三十八平方メートル）の総欅《けやき》造りで、東に寄って門と玄関がありました。

記録によれば、徳川十四代将軍家茂《いえもち》は、文久三年（一八六三）と慶応元年（一八六五）の二回、加藤本陣で休憩しています。また、明治天皇も東京行幸と遷都に際してここに小休されました。

⑪平塚の碑

昔、桓武天皇の孫の高見王が上総介として任地に赴く途中、その娘の真砂子が病にかかり、天安元年（八五七）二月二十五日、この地で亡くなったといいます。その時、土地の人がその亡骸を手厚く葬って、ここに塚を築いたとされています。

この塚は長い年月の間に次第に平らになり、人々はこれを平ら塚、そして「平塚」と呼ぶようになったといいます。いわば、「平塚市」の地名の起こりともいえます。

ところで、高見王の子、高望王《たかもちおう》は「平」姓を与えられて東国に下り、その子孫が坂東八平氏として栄え、一つの流れは北条氏の始祖につながり、一つの流れは伊勢平氏として清盛の武家政権につながることになります。このため、平氏の起源にゆかりを持つ場所、古塚であるともいわれています。

⑫お初の墓

春日神社東の墓地に、歌舞伎『加賀見山旧錦絵《かがみやまこきょうのにしきえ》』に登場する「鏡山お初」のモデルといわれる「たつ」の墓と顕彰碑があります。

たつは、平塚宿の百姓松田久兵衛の娘で、荻野山中藩《やまなかはん》大久保長門守《ながとのかみ》の江戸屋敷に仕える岡本みつ女のもとに奉公中、主人みつ女が年寄沢野から侮辱を受け自害したので、直ちに沢野を訪ねて、主人の自害した小脇差で仇を討ったという烈女で、後に、藩主に賞されて年寄になったと伝えられています。

歌舞伎では、時代を鎌倉時代、役柄はみつ女を中老「尾上」に、年寄沢野を局の「岩藤」に、たつを尾上の召使「お初」に置き換えて演じられています。

⑬春日神社

縁起によれば、建久二年（一一九一）、源頼朝が馬入川の橋供養の祈願をし、橋の完成の後創建した神社と伝えられ、その当時は、黒部宮といって、今のこの地よりずっと南にありましたが、その後、津波で社殿が流されたため、この地に移ってきたといいます。祭神は天児屋根命《あめのこやねのみこと》、武甕槌神《たけみかづちのかみ》、経津主命《ふつぬしのみこと》など四柱で、平塚本宿の鎮守です。

⑭上方見付跡

古花水橋交差点の辺りが、上方見付のあった場所といわれています。その名のとおり、かつては近くを花水川が流れていたといいますが、高麗山がすぐ目の前にあって、その姿は広重の絵に取り上げられた情景とさして変わるものではありません（中扉参照）。広重「東海道五十三次平塚」の絵の中で、縄手道を平塚の方に走っているのは、急を要する書類などを運ぶ飛脚です。飛脚には、幕府公用の継飛脚《つぎびきゃく》、諸藩専用の大名飛脚、民間の町飛脚などがありました。継飛脚は、各宿場で走り手が交代、荷物を引継いで、京都～江戸間百二十六里六町一間（四百九十六キロ）を最短六十八時間、三日弱で走ったといわれています。

町飛脚は、江戸～京都間を月に三度、十日間で一往復したことから「三度飛脚」と呼ばれました。「三度笠」という言葉は、この飛脚がかぶっていたところから出たものといわれています。

⑮高来神社

花水橋を渡ると高麗寺村を経て大磯宿に入りました。

この高来《たかく》神社は、元々、山上にあった高麗権現社を中心に神仏習合の高麗寺として、家康の関東入国にあたって寺領百石を与えられ、朱印地のみで一村を形成するほどの古刹として栄えてきました。『新編相模国風土記稿』によれば、祭神は、社伝では神皇産霊尊《かんみむすびのみこと》、応神天皇、神功皇后の相殿、箱根山縁起では神功皇后が高麗の神を勧請したものなど諸説あることが記載されています。

明治に入って、新政府の政策で高麗寺二十四坊をすべて廃止、郷社高麗神社となりましたが、明治三十年（一八九七）、高来神社と改称して現在に至っています。

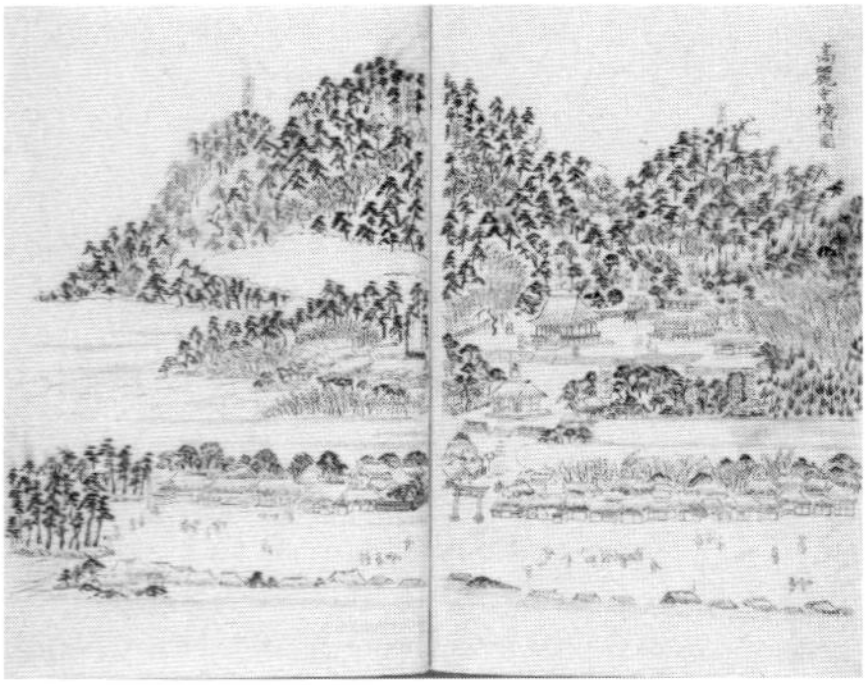

「新編相模国風土記稿」高麗寺境内図
国立公文書館所蔵

⑯大磯化粧坂

大磯宿に入る手前のこの辺りは、江戸時代においてはほとんど人家もなく、道の両側に木々が立ち並ぶ並木道でした。

しかし、鎌倉時代の大磯の中心はこの化粧坂《けわいざか》付近であったといわれ、鎌倉と京都の上洛、下向の道筋には鎌倉武士を相手とする遊女もいて大変賑わったといいます。

曽我十郎の恋人虎御前が、朝な夕な水を汲み、化粧に使ったという井戸があります。

平塚宿こぼれ話1　御霊《ごりょう》神社

建久九年（一一九八）、源頼朝が相模川の橋供養（竣工式）に出席した帰途、源義経や叔父源行家《ゆきいえ》の亡霊が出現し、このため頼朝の乗っていた馬が暴れ、頼朝は川に落馬したといいます。その後、間もなく頼朝は亡くなりますが、この時の怪我がもとで死んだと噂されました。このため村人が、義経の怨霊を畏れ、その霊を鎮めるために義経を御霊神社に祀り、弁慶の塚を建て供養しました。

御霊とは、非業の死を遂げた人の霊のことで、御霊神社は隣接する西運寺の毘沙門堂でした。毘沙門天は、義経の守り本尊でしたので、このお堂に義経を祭神として祀ることとなったものです。

御霊神社

義経は、治承四年（一一八〇）、兄頼朝の挙兵を知るとそのもとに参陣しました。その後、木曽義仲討伐の宇治川の戦い、平家討伐の一ノ谷の戦い、屋島の戦いに勝利します。さらに壇ノ浦の戦いで平家を滅ぼしました。しかし、朝廷から勝手に恩賞を受け、それに怒った頼朝は鎌倉凱旋を許さず、やむなく京に戻ることになりました。義経は、苦悩の末、打倒頼朝の挙兵をしますが、兵が集まらず都落ちし、藤原秀衡《ひでひら》を頼って奥州に逃れます。

義経を、庇護した秀衡が亡くなると、その子泰衡《やすひら》が頼朝の要求に屈することになり、泰衡の手勢に攻撃された義経は、弁慶とともに平泉で亡くなりました。

平塚宿こぼれ話2　中原御殿

中原小学校正門横に「相州中原御殿之碑」が建っています。御殿は、東西約百九十メートル、南北約百十メートルの広さで東を正面にし、四方には幅約十二メートルの空壕の遺構が確認されています。

徳川家康は、平塚で利用していた豊田の清雲寺（豊田本郷）が水害で利用できなくなり、被害が及ばない土地として中原地区に中原御殿を造営しました。

御殿は、将軍の休泊場所や軍事拠点あるいは年貢の集積所として使われました。大坂の陣における軍議の場、武家諸法度の制定作業の場、大久保忠隣《ただちか》の改易の会議の場にもなりました。

このように中原御殿は、江戸幕府の創設の協議の場として利用されましたが、その後は、鷹狩りの拠点として利用、御殿内に鷹を飼育する鳥屋が設けられ、御殿の近くには鷹匠屋敷も建てられました。

善徳寺三門（中原御殿裏門）

御殿は明暦の大火で焼失した江戸城の復興資材として撤去されて更地になり、跡地には松を植林し東照宮が祀られました。また、御殿の裏門は善徳寺三門として移築されています。

家康が好んで利用した中原街道は、中原御殿大手門（大磯宿が起点ともいわれる）から田村の渡しを経て江戸虎ノ門に至ります。

大磯宿

広重「東海道五十三次之内　大磯」保永堂版　横浜国道事務所提供

大磯宿

（大磯宿～二宮～国府津～酒匂川）

大磯化粧坂から①～⑱を経て酒匂川まで約 18 km
およそ 4 時間 30 分
（4 km を 1 時間として概算）

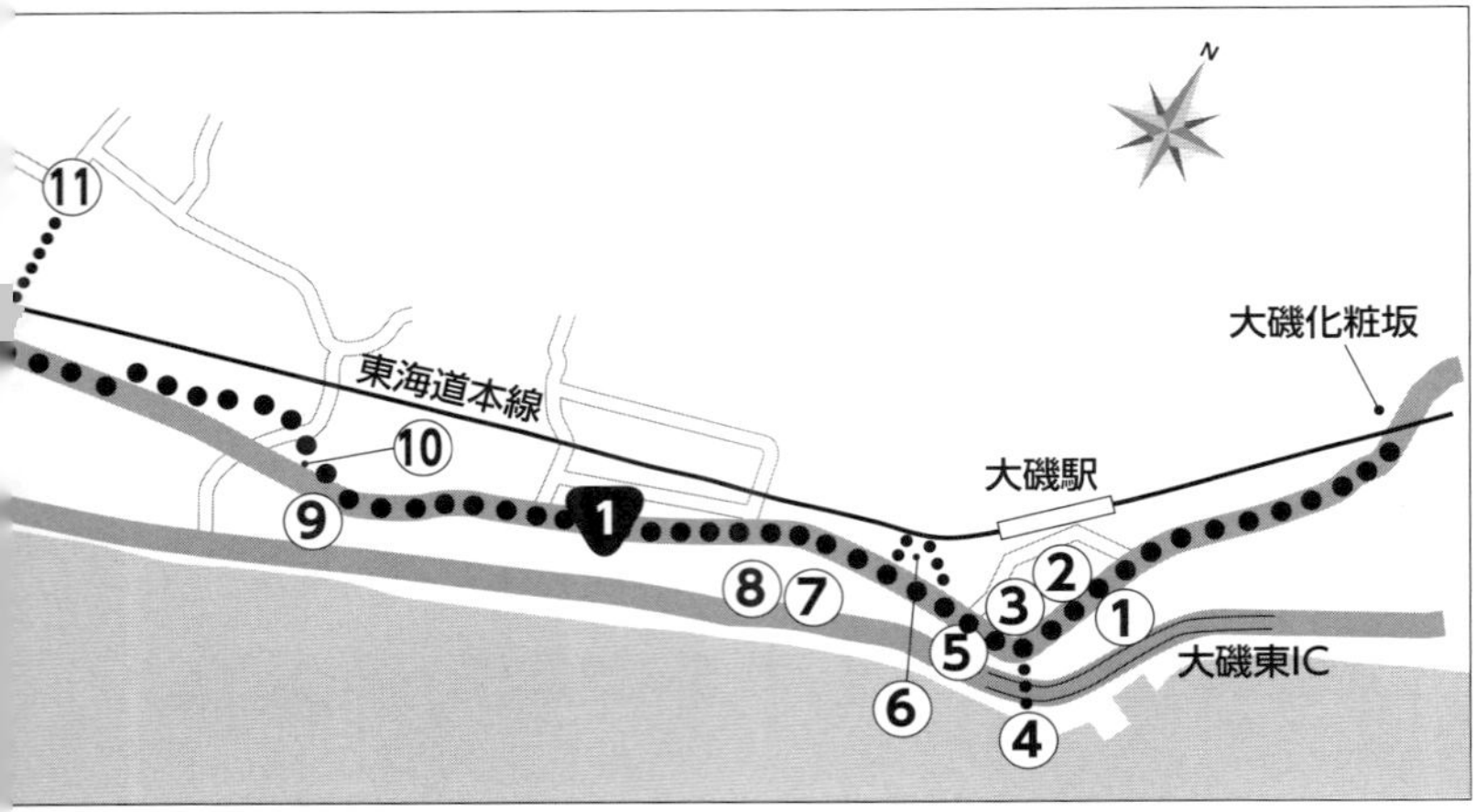

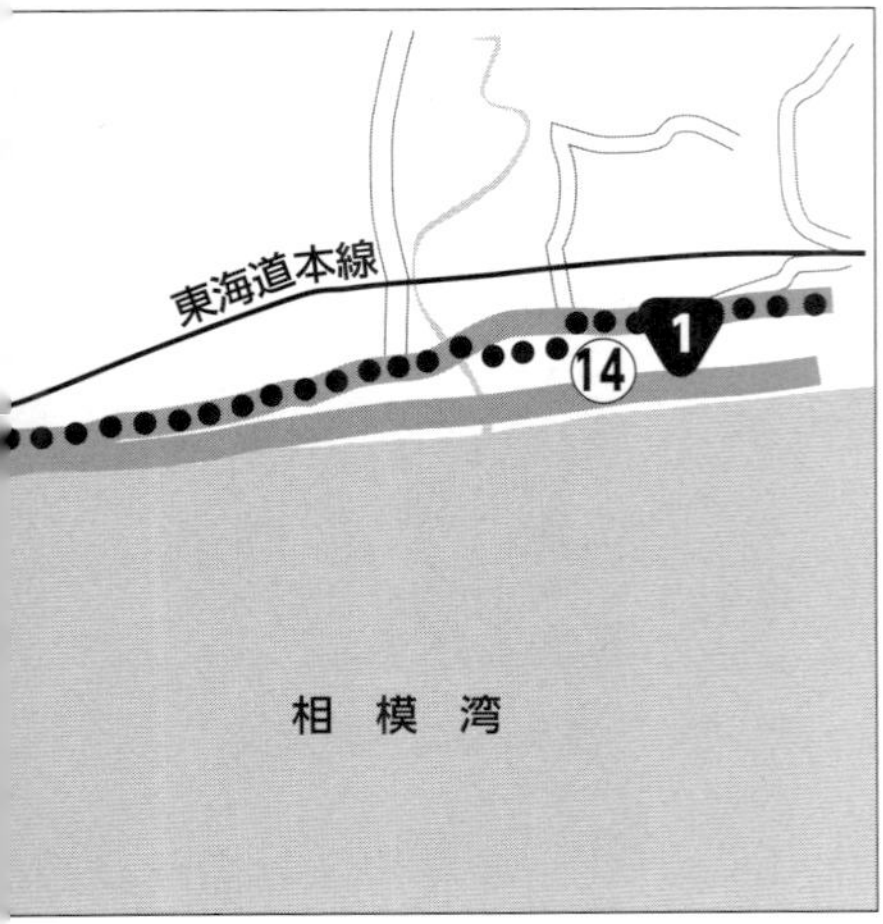

●●●●●●●● 太丸は東海道
●●●●●●●●●● 小丸はガイドルート

1 km

ガイドルート

①延台寺
②小嶋本陣跡
③地福寺
④照ヶ崎海岸
⑤鴫立庵
⑥旧島崎藤村邸
⑦大磯の松並木
⑧滄浪閣
⑨旧吉田邸
⑩西長院
⑪六所神社
⑫知足寺
⑬吾妻神社
⑭梅沢松屋本陣跡
⑮真楽寺
⑯親木橋
⑰大見寺
⑱法船寺

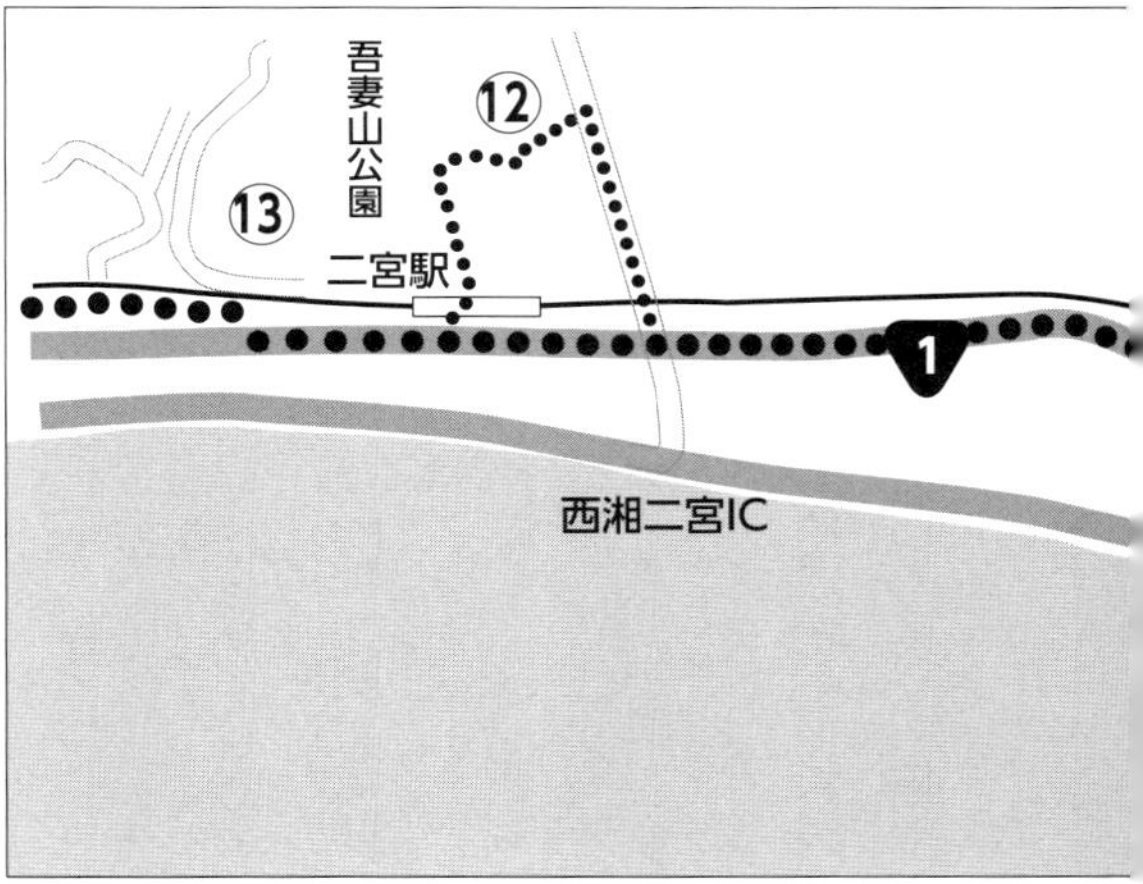

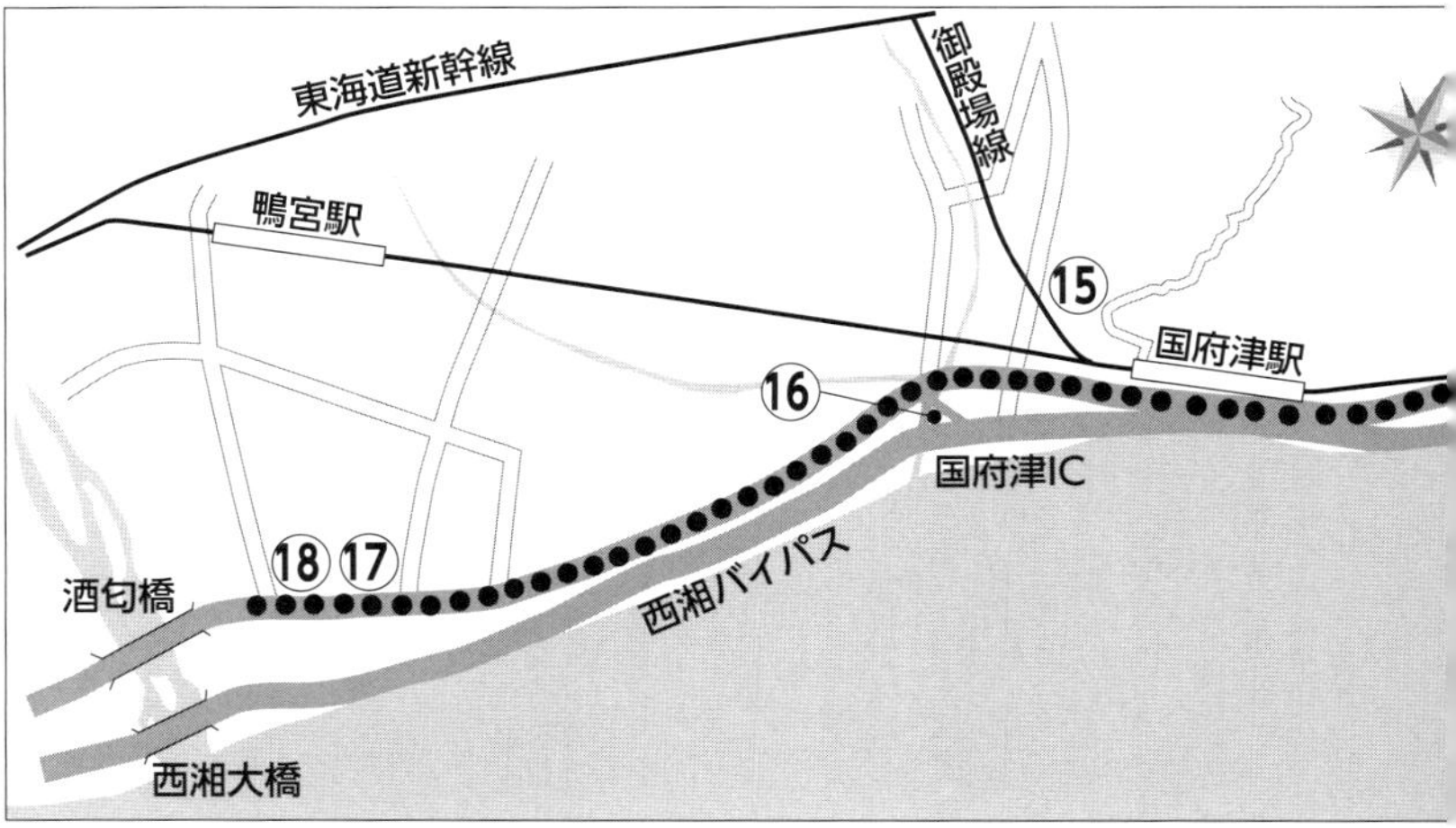

大磯宿から小田原へ

大磯宿のあらまし

♣ 慶長六年(一六〇一)、東海道に宿駅伝馬《しゅくえきてんま》制度が制定されると、大磯宿は神奈川、保土ヶ谷、藤沢、平塚、小田原などと並んで最初に設置された宿場の一つで、江戸から八番目の宿場、日本橋からの距離は十六里二十七町(六十五・八キロ)でした。

江戸寄りの平塚宿との間はわずか二十七町(二・九キロ)と短く、一方、小田原宿との間は、四里(十五・七キロ)で比較的長く、その間に徒歩《かち》渡しで有名な酒匂川《さかわ》がありました。南側の海と北側の山に挟まれた細長い町並みで、宿場としてはどちらかといえば、寂れた宿場の一つであったようです。その主な理由は、江戸からの旅人は翌日の箱根越えに備え小田原にまで足を伸ばしてしまい、箱根を下ってきた人は、酒匂川の渡しを前に、その疲れを休めるために小田原に宿泊してしまうことが多かったからと思われます。

♣　宿内の家並みは、長さ十一町五十二間（一・三キロ）、江戸方より街道に沿って、山王町、神明町、北本町、南本町、茶屋町（石船町）、南台町の六町で構成されていました。江戸後期の人口は三、〇五六人、家数は六百七十六軒で、三つの本陣と六十六軒の旅籠《はたご》は北本町、南本町、茶屋町に集中し、問屋場《といやば》は北本町と南本町の二カ所にありました。江戸方見付は化粧坂《けわいざか》と山王町の間、上方見付は鴫立庵《しぎたつあん》を過ぎてしばらく行った地点にあったとされていますが、現在、その跡は残っていません。

大磯宿の特徴とみどころ

◉曽我十郎と虎御前の恋

大磯宿が栄えたのは鎌倉時代であったといいます。化粧坂付近に遊里があり、そこが鎌倉武士の間でも有名で、時には将軍も訪れたといわれています。

この化粧坂の白拍子、舞の名手で美女の誉れ高かった虎御前《とらごぜん》は曽我十郎の恋人で、大磯

広重・三代豊国「双筆五十三次」大磯
国立国会図書館蔵

周辺にはその恋にまつわる伝説や遺蹟が数多く残されています。

曽我十郎祐成《すけなり》は伊豆の河津祐泰の子で、幼時に父を工藤祐経《すけつね》に殺され、母の再婚先である曽我の里へ移って曽我姓を名乗り成長し、やがて大磯で虎御前と出会います。後に、弟五郎時致《ときむね》とともに富士の狩場で父の仇を討ちますが、兄十郎は討ち死にし、弟五郎は捕らえられ殺されました。これを聞いた虎御前は髪を下ろし、最後はこの地で庵を営み、亡くなるまで兄弟の菩提を弔ったということです。

この曽我兄弟の物語は、父の敵を討つまでの苦労、それを取り巻く女性たちの悲哀など、物語や、浄瑠璃・歌舞伎として今日まで語り継がれてきています。

◉歴史を伝える民俗行事

大磯周辺には、古くから伝わる民俗行事が残っています。その一つ、例年一月中旬の夜に、国の重要無形民俗文化財に指定されている「大磯の左義長《さぎちょう》」が浜辺で行われます。「セエト」と呼ばれる大きな円錐型の焚き物が燃やされ、悪霊や疫病神が押し込まれている宮橇《みやぞり》を海陸で引き合う

大磯の左義長

「ヤンナゴッコ」という行事とともに年一年の厄を払います。島崎藤村は、湯河原を訪れる途中この左義長を見物、この地に惹かれたといいます。

「国府祭《こうのまち》」は国府地区で毎年五月五日に行われる伝統的行事です。起源は千三百年前にさかのぼるといい、相模国の一宮・寒川神社、二宮・川勾《かわわ》神社、三宮・比々多《ひびた》神社、四宮・前鳥《さきとり》神社、平塚八幡宮の各社と六所神社が合同で行う祭儀です。

この中で、六所神社を除く五社の神輿が国府地区の神揃山に勢揃いして行われる「座問答」は、その昔、「大化改新」とそれによる地方の国々の合併を背景とした神社の勢力争いがうかがえます。

◉景勝の地と鴫立庵

万葉の時代から小淘綾《こゆるぎ》の浜と呼ばれ、袖ケ浦につづく風光明媚な相模の海は、名勝の地として古くから数々の歌に詠まれています。西行法師がこの辺りで詠んだという有名な歌、「心なき　身にもあはれは　知られけり
鴫立沢《しぎたつさわ》の　秋の夕暮」と詠まれた鴫立沢が何処であるかは分かっていませんが、寛文四

広重「五十三次名所図会」大磯
鴫立沢西行庵　国立国会図書館蔵

年（一六六四）、小田原の「外郎《ういろう》」の子孫であった崇雪が、昔の沢らしい面影を残しているところということで草庵を結んだのが、現在の鴫立庵の場所といわれています。その後、元禄八年（一六九五）、俳人大淀三千風《おおよどみちかぜ》が庵を再興して以来三百年、現在では、日本三大俳諧道場の一つともなっています。

◉宿場から保養地へ（明治以降の大磯）

大磯の照ヶ崎海岸は日本最初の海水浴場となったところです。初代軍医総監を務めた松本順は、医者の立場から、健康と体力増進のためには海水浴が一番と考え、照ヶ崎海岸の澄んだ海水、美しい砂浜などが最適としてその設置を強く町に働きかけました。一方、維新以後、寂れていた町も、町の繁栄につながるとしてこれを受け入れ、明治十八年（一八八五）、海水浴場が開設されました。

当時の海水浴は、一種の医療行為だったといわれ、波に体を打たせることで、血行や体温を良好に作用させる効果に期待したものでした。そのため、松本は自ら、海水浴客のために建てられた旅館に診療所を併設して診療に当たっていたといいま

祷龍館繁栄之図　大磯町郷土資料館蔵

す。開設の二年後、国府津までの鉄道が開通、大磯に駅が作られると、大磯は一躍、保養地・別荘地としての発展が始まりました。

大磯駅前には、「エリザベス・サンダース・ホーム」とその創始者澤田美喜の記念館があります。敗戦直後の混乱した社会情勢の中、苦しみながら混血児を育てる努力を続けた彼女は、国際孤児財団「世界の婦人賞」など数多くの賞を受賞しました。

◉間の宿「梅沢の立場」

街道の宿と宿の間にある村を「間の村」と呼んでいましたが、そこにあった立場茶屋が次第に町場化して、茶屋本陣を中心とした茶屋町を形成するようになると、そこを「間の宿」と呼ぶようになりました。

神奈川県における「間の宿」は、南湖と梅沢の二カ所です。梅沢の立場は、山西村（二宮町）の西外れにあって、俗に茶屋町と呼ばれ「松屋」を名乗る茶屋本陣を中心に茶店や商家が並び、さながら宿場の体をなしていました。

『新編相模国風土記稿』によると、その様子は「茶店軒を連ね、諸侯の憩休所等もありて、すこぶる栄なり」と書かれています。間の宿が繁盛した理由の一つは、利用代金が本宿に比べて格段に割安だったからで、梅沢の場合、小田原との間に酒匂川があり増水時には川留めとなり、その間、経費のかかることを恐れた旅人は割安の間の宿を利用したと考えられます。

主な史跡など

①延台寺

宮経山延台寺と称する日蓮宗の寺院です。寺伝によれば、曽我十郎の恋人であった虎御前が、十郎亡きあと尼となって、高麗山北麓の虎池の傍らに小さな庵「法虎庵《ほうこあん》」を営んだのが始まりといわれ、その後、永禄年間（一五五八～七〇）、この地に移ったとされています。

この寺に残されている「虎御石《とらごいし》」は、虎御前が生まれ落ちたとき、子宝のお告げとして授かったものといわれ、初めは小さなものでしたが虎女の成長とともに大きくなり、後に十郎が工藤祐経の刺客に矢を射掛けられたとき、この石の蔭に隠れ、矢は石に刺さって難を逃れたといいます。以来、この石は「身代り石」とも呼ばれています。この石は『東海道名所記』にも取り上げられています。

②小嶋本陣跡

大磯宿には小嶋、尾上、石井の三つの本陣がありました。このうち石井本陣は早く幕を下ろしましたが、残る二つの小嶋、尾上両本陣は幕末まで続きました。

小嶋家に残された当時の資料によると、間口は十六間三尺一寸（三十メートル）・奥行二十六間三尺（四十八メートル）、本陣建坪は二百四十六坪（八百十二平方メートル）あったと書かれています。

③地福寺

船着山円如院地福寺と称し、京都東寺につながる真言宗の寺院です。創建は承和四年（八三七）、開基は弘法大師の弟子であった杲隣大徳《ごうりんだいとく》で、本尊は不動明王です。

境内の一画に小説『破戒』『夜明け前』などで有名な作家で詩人でもあった島崎藤村（一八七二―一九四三）と静子夫人の墓があります。晩年を大磯に過ごした藤村がこの境内の小梅林を愛し、その遺言でここを永遠の眠りの地に選んだといいます。

毎年、八月二十二日の命日には境内において「藤村墓前祭」が行われています。

④照ヶ崎海岸

小淘綾と呼ばれる海岸一帯は、大磯・小磯の名のように岩石が多く波は荒いものの、砂浜は美しく風光明媚で、古くからよろきの浜、小よろきの浜などとして万葉集などの多くの歌に詠われてきているところです。岸壁に立つと、東は遠く江の島が浮かび、西には箱根連山から晴れた日には富士山までを一望できます。

また、照ヶ崎は、アオバト（緑鳩）が海水を飲みに来る場所としても有名です。見られるのは、五月から十月の早朝、日の出から十時頃と夕方が見やすいといわれています。

この照ヶ崎海岸は日本最初の海水浴場となったところです。医者の立場から、健康と体力増進のためには海水浴が一番と考えた松本順がこの地を推奨して、明治十八年（一八八五）

に話がまとまったものです。二年後、国府津までの鉄道が開通し、大磯に駅ができて保養地、別荘地としての発展が始まりました。

⑤鴫立庵

鴫立庵は寛文四年（一六六四）、小田原の外郎の子孫であった崇雪が、西行法師の有名な歌、「心なき　身にもあはれは　知られけり　鴫立沢の秋の夕暮」の沢らしい面影を残し、しかも景色の優れている場所ということで草庵を結んだのが、その始まりといわれています。その後、元禄八年（一六九五）、俳人大淀三千風が庵を再興して入庵、鴫立庵一世となりました。彼は堂を造って西行の像を安置し、歌人や俳人から作品を求めるなどしましたのでこの場所が一躍有名になり、その後、鳥酔《ちょうすい》・白雄《しらお》・葛三《かっさん》など著名な俳人が跡を継いで、今日の二十二世現庵主まで続いています。

敷地内には京都の「落柿舎《らくししゃ》」、滋賀の「無名庵《むみょうあん》」と並ぶ日本三大俳諧道場の一つである俳諧道場があるほ

「東海道名所図会」鴫立沢鴫立庵　国立国会図書館蔵

か、等身大の西行法師の像が安置されている円位堂や有髪僧体の虎御前の木像が安置されている法虎堂とともに、多数の墓碑、句碑、記念碑などがあります。

⑥旧島崎藤村邸

島崎藤村は亡くなる二年前（昭和十六年）七十歳の折、大磯に伝承される左義長を見物に立ち寄ってこの大磯に惹かれ、小宅を借りて東京と大磯を往復する生活に入りました。翌年にはこの家を買い取り、静子夫人とともに移り住んで、ここが終焉の地となりました。

藤村が書斎として使っていた小座敷は、彼が最も気に入っていた様子で、静子夫人はその著書『ひとすじのみち』で、「ここの大磯の住居は、僅か三間の古びた家に過ぎないが、おそらく五十年に及ぶ主人の書斎人としての生活の中で最も気に入られたものだったろう」と述懐しています。

⑦大磯の松並木

大磯の松並木は、現在でも当時の風情を残す東海道屈指の松並木の一つです。

島崎藤村夫妻　大磯町郷土資料館蔵

かつての東海道沿いには、美しい松並木が整備されていたことは、広重の絵などを見ても容易に想像することができ（中扉参照）、神奈川県内の東海道でも川崎から箱根までの二十里十七町（約八十キロ）の往還を通して、六割に並木があったことが推定されています。

慶長九年（一六〇四）、家康の命によって街道に植樹された並木は、その美しい景観のほか、街道を歩く人の道しるべ、強い夏の日差しから身を守る日除け、強い風雨から身を守る風除け、火災から人家を守る火防、道路の保全など数多くの役割を果たしてきました。そのため、その保護には並々ならぬ苦心が払われていたようで、例え領主であっても勝手に切ったり処分することは許されていなかったそうです。

⑧滄浪閣

「伊藤公滄浪閣《そうろうかく》舊跡《きゅうせき》」の碑が立つ辺りは旧屋敷町で、明治の元勲で初代総理大臣であった伊藤博文の居宅のあったところです。

明治三十年（一八九七）、伊藤は、白砂青松で気候温暖な大磯がすっかり気に入り、その頃病弱であった夫人を気遣って、東京・品川から本籍を移してここを居宅としました。建物は質素で落ち着いた邸宅で、門前には、日清戦争後の講和条約で清国の全権大使として、日本の全権大使伊藤博文との交渉にあたった李鴻章の書いた「滄浪閣」の扁額が掲げてありました。

伊藤がここに居を構えて以来、大磯は時の高官や政財界要人の会議や会合が頻繁に行われる日本の政治経済の中心的な場所となりました。

道を一つ隔てた左隣が西園寺公望《さいおんじきんもち》の旧屋敷、右隣りは旧鍋島邸で、この辺り一帯には山県有朋《やまがたありとも》、大隈、陸奥、徳川、三井、三菱、住友、安田といった当時の日本を代表する人たちの別荘が立ち並ぶ、まさに超高級別荘地でした。

伊藤博文　国立国会図書館蔵

⑨旧吉田邸

もともとは、明治十七年（一八八四）、吉田茂元首相の養父で貿易商の吉田健三が建てた別荘でした。戦後、首相となった吉田茂が外国貴賓を招くために、敷地一万坪（三・三ヘクタール）の中に「吉田御殿」と呼ばれた豪壮な邸宅を新築しました。

「松籟荘《しょうらいそう》」と名付けられた邸宅は、芸術院会員であった建築家の吉田五十八の設計によるといわれ、延べ面積千平方メートルの総ヒノキ造り純日本風二階建てでした。

戦後の一時期、当時の日本の政治を動かした人達が「大磯参り」をした話は有名です。

昭和四十一年（一九六六）には、当時の皇太子（現今上天皇）ご夫妻を御迎えしたほか、五十四年（一九七九）、東京サミットのときには大平首相とカーター大統領の日米首脳会談も行われました。邸内には、滄浪閣から移転した明治維新の先賢を祀る「四賢堂」（現在は七賢堂）があり、銅像は昭和五十八年に建立され、サンフランシスコ講和条約締結の地であるサンフランシスコの方を向いているそうです。

⑩西長院

浄土宗の寺院で、行基菩薩の作になるというほぼ等身大の石地蔵尊があります。この地蔵尊は「身代り地蔵尊」と呼ばれていますが、このほか「首切れ地蔵」、「延命地蔵」、「化け地蔵」の異名もあります。寺の縁起によれば、その由来は次のようです。

鎌倉時代、梶原平三景時《かげとき》の臣、悪太郎義景《よしかげ》は日頃からこの地蔵に帰依して祈念を怠ることはありませんでした。あるとき頼朝に狼藉を働いた者があって、義景もその一味とされ、畠山重忠によって討ち果たされますが、しばらくして気がついてみると五体に異常はなく危難を逃れることができたといいます。

この時、地蔵の体に刀傷があり血が吹き出していたので、地蔵が身代りに斬られたのだろうと評判になり、これを聞いた頼朝もその奇瑞《きずい》に感じて義景を許したということです。

⑪六所神社

今から約二千年前、第十代崇神天皇の頃の創建と伝えられる古社です。由緒によれば、その頃、出雲よりこの地に氏族が移住し、地名を「柳田郷」と名付け、櫛稲田姫命《くしいなだひめのみこと》・素戔嗚尊《すさのおのみこと》・大己貴命《おおなむちのみこと》の三神を祀って「柳田大明神」と称したのが始まりとされています。

平安時代に入って柳田郷に相模の国府が置かれると相模国の総社となりました。当時は、国司が任国に着くと先ず国中の主な神々を参拝する慣わしがあり、そのため国府に主な神々の分霊を祀る総社が作られていたのです。相模国の場合、自社のほか一宮・寒川神社、二宮・川匂神社、三宮・比々多神社、四宮・前鳥神社、平塚八幡宮の五社の分霊を合わせ祀り、国府六所宮とも呼ばれていました。

国府祭「座問答」　大磯町役場提供

古くから源氏や小田原北条氏の信仰を集めていましたが、徳川家康も天正十九年（一五九一）には五十石の朱印地を寄進しています。

毎年五月五日に行われる六社の合同祭儀は「国府祭《こうのまち》」と呼ばれ、分霊を祀る五社の神輿が神揃山に集まり、「座問答」という神事を行った後、六所神社が加わって京の文化を伝える「鷺の舞」などの古くからの伝統行事が執り行われます。

⑫知足寺

塩海山花月院知足寺という浄土宗の寺院で、本尊は恵心僧都《えしんそうづ》の作と伝えられる阿弥陀如来《あみだにょらい》像です。

鎌倉時代初期、源頼朝の御家人でこの地の領主であった二宮弥太郎朝定の内室花月法尼を開基としています。元は河津三郎祐泰の娘で曽我兄弟の姉であった彼女は二宮家に嫁ぎ、後に髪を落として花月尼と称して、亡夫と曽我兄弟の冥福を祈ってその舎屋を堂宇としたものといいます。境内の西丘には朝定夫妻と曽我兄弟の墓と伝えられる四基の墓があります。

⑬吾妻神社

本殿は東海道線を越えた先の吾妻山《あづまやま》上にあり、祭神は弟橘媛命《おとたちばなひめのみこと》を主神として、日本武尊《やまとたけるのみこと》を配祀してあります。

創建は第十二代景行天皇の時代と伝えられ、皇子日本武尊が東征したとき、妃の弟橘媛命が相州走水の海に身を投じて風浪を鎮めたといいます。後に袖ヶ浦の海辺に漂着した櫛を淘綾《ゆるぎ》郡吾妻山上に埋め、御陵を造った跡に祠を設けて祭祀したのが始まりといわれています。

源頼朝夫人政子の崇敬が篤く、吾妻山全部と山麓の田畑などを寄進したと伝えられています。小田原北条氏の信奉も深く、五代氏直は戦勝を祈願して合戦に勝利を得たので、本社を修造して神宝を寄進したといいます。

現在は、「縁結びの神」として、例年一月の第三日曜日には「縁結祭」と呼ばれる大祭が行われています。

⑭梅沢松屋本陣跡

間の宿梅沢の立場は、二宮村に続く山西村の西外れにあって、俗に茶屋町と呼ばれその中心部に松屋本陣がありました。

松屋が茶屋本陣として本格的に機能しはじめたのは、宝永期（一七〇四―一七一一）になってからで、その規模は本宿の本陣には劣るとはいうものの、天保十二年（一八四一）の松屋は間口七間半（十三・七メートル）・奥行十五間一尺（二十七・五メートル）余、畳数百四畳の広さを持っていました。

文久三年（一八六三）の将軍家茂の上洛に際しては御小休所に指定され、上洛御用の旗を掲げて諸大名の接待にあたりました。

⑮真楽寺

勧山信楽院真楽寺という浄土真宗の寺院で、本尊は阿弥陀如来です。元は天台宗の寺院でしたが、親鸞上人がこの地方を教化したとき帰依して、浄土真宗に改宗したとのことです。

境内の帰命堂《きみょうどう》には、寺宝とされる帰命石とマリア観音などがあります。帰命石は親鸞上人が指で書いた経文が刻まれている二メートルほどの石で、マリア観音はマリアが幼児のキリストを抱いているお姿です。江戸時代、キリスト教は邪宗とされ御禁制となっていたので、寺では慈母観音などと称して秘仏にしてきたそうです。

この真楽寺の東、国府津駅よりの海側に、貞永元年（一二三二）、常陸国を立ち京へ戻る途中の親鸞上人が、ここ国府津に立ち寄り七年間にわたってこの地の民衆を教化した場所と伝えられるお勧堂跡があります。柱は土中に埋め込み、屋根は萱葺、四方に壁もない一間四方ほどの小さな庵であったようです。

⑯親木橋

親木橋は、東海道の森戸川に架かる橋で、長さ十二間四尺（二十三メートル）・幅二間半（四・六メートル）の土橋でした。橋の名は近くに大松が二本あったことに由来しているといわれ、橋の上からは富士山が良く見えるので、川の名は別名富士見川とも呼ばれていたそうです。

この辺り国府津村は小田原藩領で、江戸時代末期の天保年間（一八三〇―四四）、家数二百五軒、生活は農業が主でしたが、その傍ら漁業も営んでいました。また、交通の要衝でもあり、親木橋の手前から山側に入ると曽我道、親木橋から北に入ると矢倉沢往還にも通ずる府中《ふなか》道で、道了尊（大雄山最乗寺）に至ります。さらに、北へ入って左に曲がると飯泉観音に至る巡礼街道となります。

明治二十年（一八八七）、新橋〜国府津間に東海道線が開通し、その二年後には、難所の箱根を迂回して松田、御殿場、沼津（現御殿場線）を経て神戸まで延びるようになると、国府津は機関車基地の重要駅となりました。明治二十一年（一八八八）には国府津、小田原、湯本間に、後の小田原電気鉄道となる小田原馬車鉄道が営業を開始、そのため駅前は新開地の活況を呈しました。しかし、昭和九年（一九三四）になって、熱海から三島に抜ける丹那《たんな》トンネルが開通するに至って、国府津駅は主要駅としての地位を失い、国府津も賑やかさを失い、静かな町に戻ってしまいました。

⑰大見寺

光明山無量院大見寺《だいけんじ》という浄土宗の寺院です。天文三年（一五三四）の創建といいますから、ちょうど、織田信長の生まれた年、小田原でいえば北条二代氏綱の頃です。

境内には三つの塔のような大きな墓が見られますが、これは鰤《ぶり》大尽川辺家の墓です。元々は地主豪農で名主も務めた家でしたが、明治になって漁業に進出しました。この寺院の隣りにはかつてを偲ばせる旧川辺家の長屋門があります。墓地の一画には小田原北条氏時代に酒

「相中留恩記略」国府津村 幾右衛門宅
藤沢市文書館蔵

匂郷の小代官を務め、江戸時代に入っても名主、組頭を務めた旧家の「小嶋家三墳」（宝篋《ほうきょう》印塔2、五輪塔1）と呼ばれる小田原市の指定文化財があります。

⑱法船寺

済度山法船寺という日蓮宗の寺院です。境内にはお手引き地蔵尊を祀る地蔵堂があり、参詣の人が絶えないといいます。

文永十一年（一二七四）、晩年の日蓮上人が鎌倉より身延山に入山の途中、酒匂川の増水で困っていたとき、この境内の大きな松に龍灯が灯り、不思議に思って境内に入ったところ地蔵尊の化身である翁が、地蔵堂に一泊をお願いしたとの話が伝わっています。その時、堂守であった飯山入道夫妻は翌日船を出して一行を無事送った後、改宗してこの寺を創立したということです。

また、墓地には北条早雲によって滅ぼされた大森藤頼《ふじより》の墓があります。

大磯宿こぼれ話1　エリザベス・サンダース・ホームと澤田美喜

澤田美喜は、「エリザベス・サンダース・ホーム」を昭和二十三年（一九四八）設立、米兵と日本女性の間に生まれた二千余名の混血児の養育に生涯を捧げました。

三菱財閥本家の岩崎久弥（岩崎弥太郎の長男）の長女に生まれ、外交官と結婚して華やかな海外生活を送っていましたが、戦後混乱期の混血児の痛ましい状況（新聞紙に包まれて列車の網棚に置かれた混血の嬰児の死体が、列車の揺れで彼女の膝の上に落ちてきた体験等）を知り、孤児院を創りました。孤児院名は、設立後最初に寄付をしてくれた聖公会の信者エリザベス・サンダースにちなみ名付けられました。また、周囲の偏見を心配し、ホームの中に小中学校（聖ステパノ学園）を創設し、さらに、自立の場として差別の少ないブラジルに農園を開設しました。

在りし日の澤田美喜
（エリザベス・サンダース・ホーム蔵）

隣接する記念館には、美喜が四十年間にわたって収集した細川ガラシャ夫人の日本最古の銅版印刷のマリア像入りお守り札や、踏絵、魔鏡、高山右近がフィリピンの流刑地に行く途中で彫ったマリア像など、隠れキリシタンの遺物が八百七十点ほど納められています。

大磯に在住した獅子文六は、「エリザベス・サンダース・ホーム」を題材に小説「やっさもっさ」を書き、その後、映画化され、ホームの二名の子供が出演しています。

大磯宿こぼれ話2　高等遊民・天明愛吉

昭和十六年（一九四一）一月島崎藤村は、老人に対し疎開令が出たため、適当な疎開場所を探していました。そんな時、高等遊民・天明愛吉から、大磯の「左義長」見物の誘いがありました。

愛吉は、藤村の弟子になりたかった男、弟子をとらない藤村に薦められ役者の道に入りました。芸名市川朝之助、二代目市川左団次が興した「自由劇場」で役者修行をしましたが、元来の虚弱体質で役者を続けられませんでした。当時、藤村は「新生事件」でパリにいました。愛吉は、病弱で辞めたといえずに役者の才能がなく向いてなかったと嘘をつきます。そのことで一時疎遠になっていました。

夏目漱石の言葉を借りれば、高等遊民とは一流の大学を卒業するも職に就かず実家の援助で好きなことをしていた者です。愛吉は、生活を援助してくれていた父の死等もあり、浜辺の町で静かに暮らす事を決意します。地福寺の本堂裏の離れを借り、藤村からもらった扁額「薺垣居《せいえんきょ》」を掲げました。芭蕉の句「よく見れば薺《なずな》花咲く垣根かな」に因んだ銘でした。「左義長」当日、駅から「薺垣居」まで海が一望出来る地福寺の墓地の道を歩きます。冬の光る海を見て藤村は、この地に埋葬されたいと思ったようです。離れの西と北を囲む石垣には「小諸を思い出す」と感動しました。愛吉の世話で大磯の「新杵《しんきね》」の貸別荘を借り（その後購入）移り住みました。この邸宅は藤村が初めて購入したものでした。

天明愛吉（左）と高田保（右）
黒川鍾信氏蔵

小田原宿

広重「東海道五十三次之内　小田原」保永堂版　横浜国道事務所提供

小田原宿

（酒匂川～小田原宿～板橋～箱根湯本）

①～⑯を経て箱根湯本駅まで約 10 km
およそ２時間 30 分
（４km を１時間として概算）

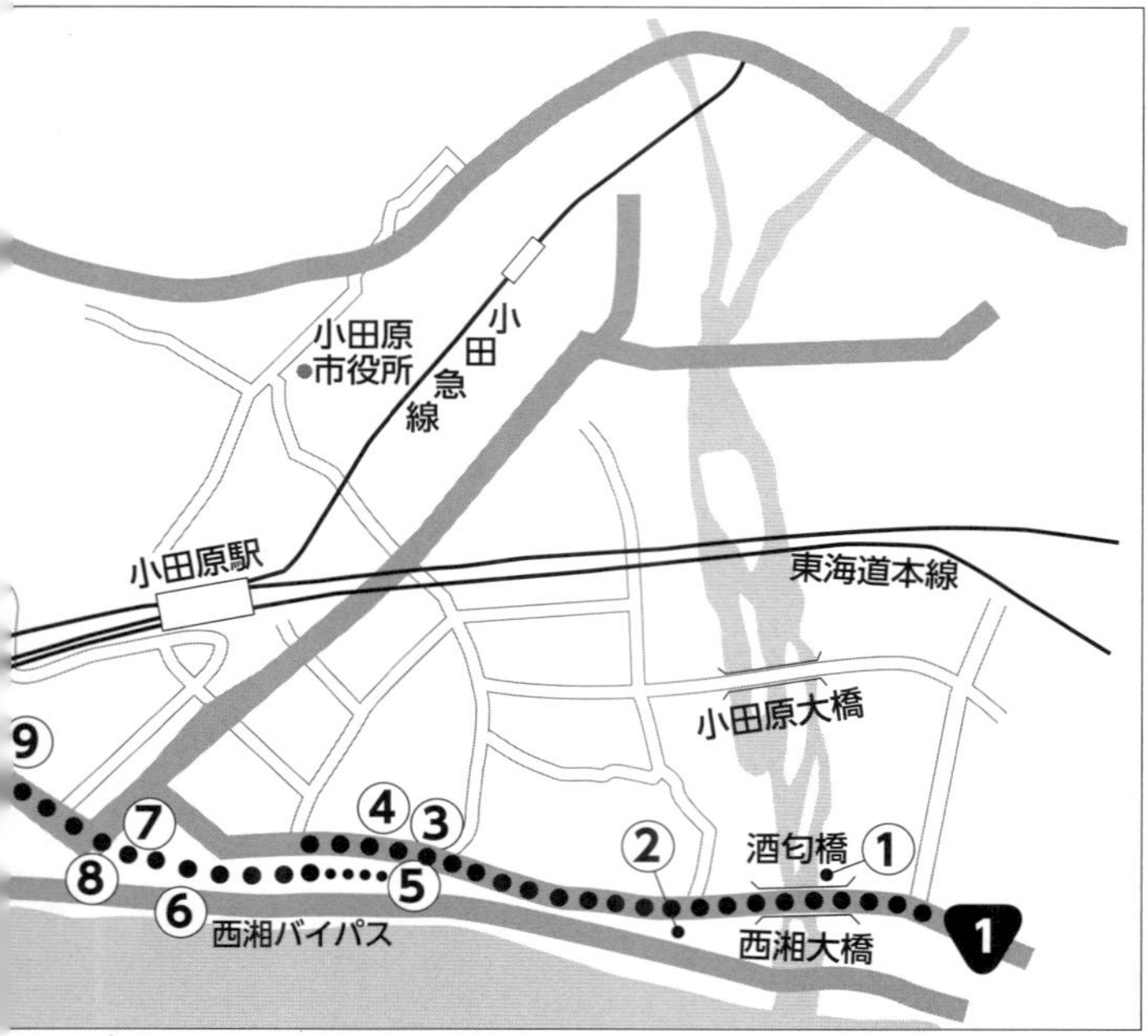

●●●●●●●● 太丸は東海道

●●●●●●●●●● 小丸はガイドルート

ガイドルート

①酒匂川の渡し碑	⑨外郎
②新田義貞首塚	⑩大久寺
③山王神社	⑪居神神社
④江戸方見付跡	⑫古稀庵
⑤北条稲荷	⑬松永記念館
⑥かまぼこ通り	⑭板橋地蔵尊
⑦松原神社	⑮紹太寺
⑧清水本陣跡	⑯山崎の合戦跡

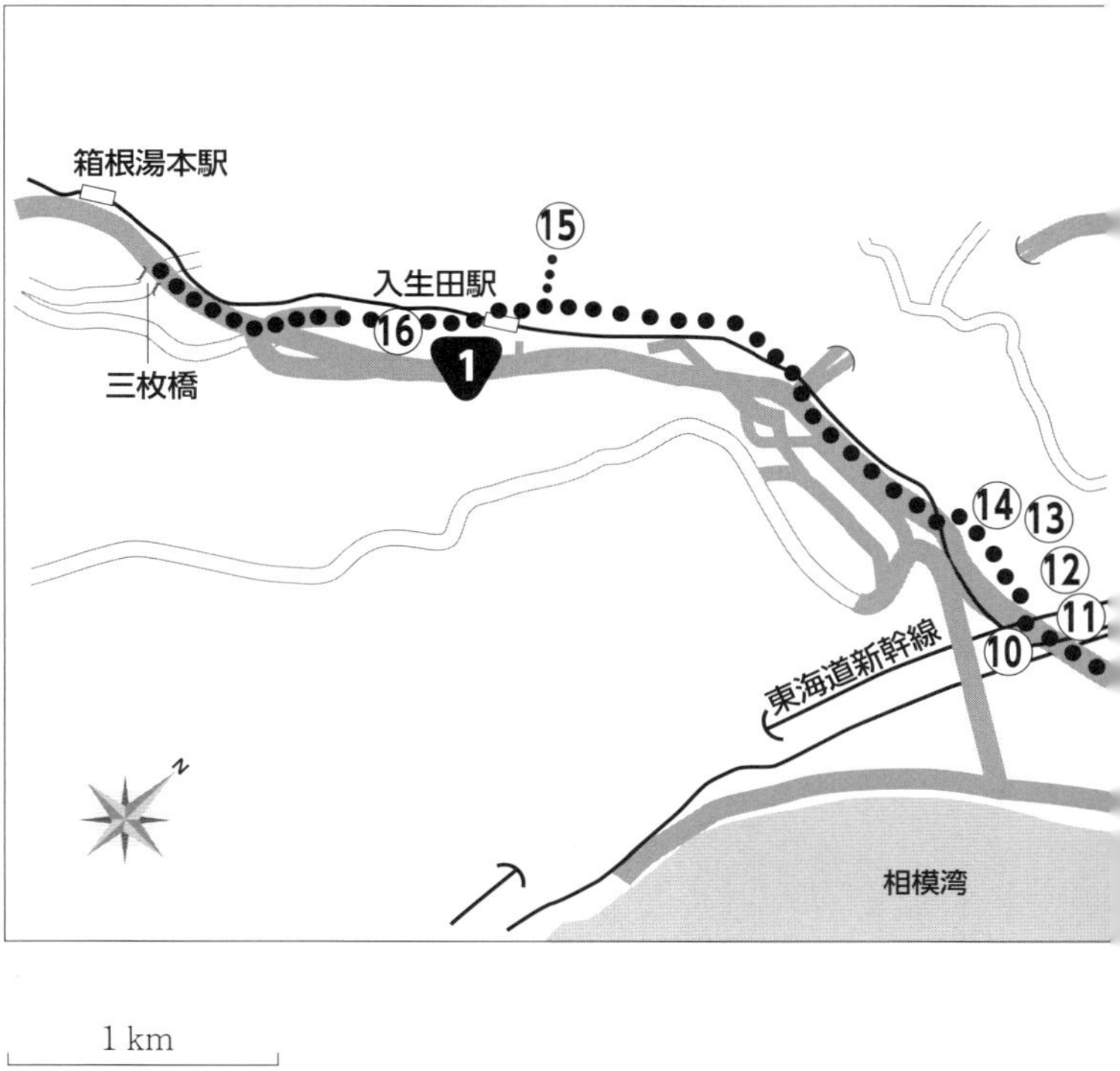

小田原宿から箱根へ

小田原宿のあらまし

♣ 箱根連山を前に、人足《にんそく》の肩や輦台《れんだい》に担がれて酒匂《さかわ》川を渡ると、やがてそこは江戸を出て最初の城下町小田原でした。

小田原宿は、江戸を出てから九番目の宿場で、日本橋からは二十里二十七町（八十一・五キロ）あまりの距離にありました。前の宿場、大磯宿からは四里（十五・七キロ）、その間に「間《あい》の宿」梅沢や酒匂川があり、次の宿場、箱根宿までの四里八町（十六・六キロ）には天

「東海道五十三次　江戸より大坂迄宿つぎ名所旧跡」より部分（小田原部分）　神奈川県立歴史博物館蔵

下に名高い箱根越えや、厳しい箱根の関所があって大変難渋するところでした。

従って、江戸から出た旅人は、前夜の戸塚（または保土ヶ谷）に続いて、ここ小田原で一泊し、十二分に旅支度や体調を整えて箱根越えに挑みました。三島・箱根から江戸に下る際も、徒歩渡しで有名な酒匂川を前にして、箱根越えで疲れた体を休めるためにここで一泊することが多かったといいます。

このため、小田原宿には本陣、脇本陣が各四軒、旅籠《はたご》の数が九十五軒もあって、東海道五十三次の中でも品川、浜松、岡崎、宮などと並んで大きい宿場の一つとして賑わいました。

♣ 小田原は城を中心に町が形成されていました。城郭には堀が巡らされ、内堀近くには上級武士の屋敷が、その周辺に中級武士団の屋敷が同心円的に広がり、一般庶民の住む町屋は主に東海道沿いや甲州道沿いに集中していました。

宿場は東海道に面した通り町で、見付から見付まで東西十八町半余（約二キロ）、東から新宿町、万町、高梨町、宮ノ前町、本町、中宿町、欄干町、筋違橋町、山角町の九町があり、その規模は江戸後期で、人口五、四〇四人、家数千五百四十二、本陣四、脇本陣四、旅籠数九十五で、問屋場《といやば》は高梨町と中宿町の二カ所にありました。

なお、城下町は小田原藩の町奉行が、東海道及び宿場機能（問屋場、本陣、旅籠など）は幕府道中奉行がそれぞれ所管して差配していました。

小田原宿の特徴とみどころ

◉酒匂川の徒歩渡し

酒匂橋から百《メートル》ほど上ったところに渡し場の碑があります。そこから対岸のこんもりした木立の旧街道の辺りに向かって川を渡っていたものと思われます。川越しに箱根連山を望む美しい風景の一方で、増水期などは旅人を悩ます東海道の難所の一つでもありました。

江戸時代、東海道を旅する旅人にとって、川を渡るためには、架けられていた橋を渡るほか、船で渡る船渡し、人足によって渡してもらう徒歩渡しの方法がありました。神奈川の東海道の場合でも鶴見川、帷子《かたびら》川、境川など比較的中小の川には橋が架けられ、大きな川のうち六郷川（多摩川）、馬入《ばにゅう》川（相模川）では船渡しが行われていました。

酒匂川も古くは船渡しでしたが、四代将軍家綱の時代の延宝二年（一六七四）に徒歩《かち》渡しとなりました。なお、冬場の渇水期には仮橋が架けられ、物資の運搬とともに人々もその橋を渡っていました。

◉農政の改革者二宮尊徳

酒匂川の西岸に「二宮金次郎表彰碑」が建てられています。

文政元年（一八一八）、小田原藩主大久保忠真《ただざね》が京都所司代から老中に任ぜられ江戸へ下る途中、この辺りの酒匂川の河原で領内の代表者を集めて、領内の孝行人、耕作出精人などの表彰を行い、その中に三十二歳の金次郎が入っていました。二宮金次郎（尊徳）は酒匂川を五キロほど遡った栢山《かやま》村（現小田原市）の百姓の子として生まれ、十四歳で父を、十六歳で母を亡くし、叔父方に寄食して日中は農業の手伝いを、夜は夜更けまで縄をない、さらには、荒地に菜種を栽培、それを売って夜なべ後の勉学の灯にしたといいます。彼は終生の人生観「積小為大《せきしょういだい》（小を積んで大をなす）」をもって奉公を重ね、小田原藩家老服部家の家政改革を委ねられるほどになりました。表彰されたのはちょうどその頃のことです。

後に、金次郎は忠真の厚い信頼を得て、下野桜町領（現栃木県真岡市）の復興を成功させ、小田原をはじめ全国六百余の農村の復興や藩財政の立て直しに貢献しました。

二宮尊徳肖像　報徳博物館蔵

◉北条五代と小田原

小田原の町は、北条五代の城下町として繁栄しました。北条五代とは、初代の北条早雲が、明応四年（一四九五）、大森氏を追って小田原城に入ってから、天正十八年（一五九〇）、秀吉の小田原攻めによって落城させられるまでの間、二代氏綱、三代氏康、四代氏政、五代氏直と続いた五代約百年にわたる東日本第一の戦国大名の治世をいいます。

この期間、支配地は伊豆、相模、武蔵から下総、上野、下野にも及び、その中心である小田原には、町屋や農地までもその中に取り込んだ周囲九キロの大城郭が築かれました。

また、小田原北条氏は京都・鎌倉を主に諸国から優れた文化人や名薬「ういろう」、鋳物、鉄砲、鍛冶、石工、刀工、甲冑師、漬物商人などを続々と誘致し、これに特別の保護を与えて文教や産業の振興を図ったことが、小田原の発展に大きく寄与したといわれています。

◉西の備えの要、小田原城

徳川時代に入ると、小田原城は箱根とともに江戸を守る西の備えの要としての役割を持つこととなりました。

このため城主として大久保氏や稲葉氏など徳川譜代の大名が配置されますが、本質的には幕府の出城であり、本丸には将軍家専用の「本丸御殿」が置かれ、藩主の居宅や政庁は二の丸に建てられていました。

小田原城が白亜の天守閣を聳《そび》え立たせ、矢倉や石垣塀を水濠に映し出す近世の城郭に姿を変えたのは、寛永年間（一六二四―四三）、稲葉正勝、正則が城主の頃でした。

国指定史跡となっている城内には、三層の天守閣や「銅門《あかがねもん》」「障子堀」などたくさんのみどころがあります。

◉板橋丘陵の保養地

小田原宿の上方見付を過ぎて板橋に入ると、小田原北条時代に造られ日本最古の公共用水といわれる小田原用水の流れとともに、右手丘陵には明治の要人達の別荘跡が残っています。

明治二十年（一八八七）に新橋～国府津間に鉄道が開通すると風光明媚で気候温暖な小田原は別荘地として注目を集め、市内には伊藤博文はじめ多くの要人の別荘が建てられました。箱根山と相模湾を眺望する板橋の丘には、小田原の大御所といわれた明治の元勲（首相、枢密院議長、陸軍元帥）山県有朋が建てた古稀庵のほか、元首相清浦奎吾の皆春荘、三井物産の創立者益田孝の掃雲台、実業家大倉喜八郎の別荘などが立ち並んでいました。

小田原城　横浜国道事務所提供

主な史跡など

①酒匂川の渡し碑

酒匂川の渡しは、船渡しの六郷川、馬入川と違って、人足の手による徒歩渡しが行われていました。この徒歩渡しにも、手を引いて渡る手引き渡し、肩に乗せて渡る肩車渡し、輦台に乗せて人足が担いで渡す輦台渡しの方法があり、この辺り（酒匂村、網一色《あみいっしき》村、山王原《さんのうばら》村）の十五歳から六十歳までの屈強な男十～二十人あまりが毎日交代で勤めていました。

料金は、水位によって違っていたようで、安孫子周蔵という人の旅日記では「こしかたぐるま四十七文」と書かれ、馬入川の船賃十文に比べて相当割高であったようです。因みに、徒歩渡しで有名な大井川の場合も川の深さが股まで四十八文、脇の深さまで九十四文、それ以上は川留めとなっていたそうです。

②新田義貞首塚

新田義貞（一三〇一―一三三八）は、八幡太郎源義家十世の孫にあたり、鎌倉時代末期、足利尊氏等とともに後醍醐天皇の綸旨《りんじ》を受けて北条氏を滅ぼした武将です。稲村ヶ崎に剣を投じて干潮を招き、潮の引くのを待って一気に鎌倉に攻め込んだ話はよく知られています。

幕府を倒した後、義貞は後醍醐天皇を奉じて尊氏と袂を分かち、これと戦って一時は尊氏を西海に走らせましたが、その後、楠木正成等とともに東上した尊氏を兵庫に迎え撃って敗れ、遂には、越前足羽郡藤島で戦死しました。

その首級《しるし》は京へ送られ、都大路を引き回して獄門に掛けられますが、義貞の家臣宇都宮泰藤がその晒し首を奪い返して、主君の本国上野国に葬るため東海道を下る途中、この地で病にかかりやむなくここに葬ったと伝えられています。

③山王神社

山王神社は、この辺り山王原村の鎮守で、祭神は大山咋命《おおやまくいのみこと》、大山祇命《おおやまずみのみこと》、少彦名命《すくなひこなのみこと》です。もとはもっと南寄りの松林の中にあり、秀吉の小田原攻めのとき、今井に陣取った家康が戦勝祈願に毎日通ったとも伝えられます。その後、大波で崩壊したので、慶長十八年（一六一三）、この地に移転されたということです。

現在、神社のある場所は、当時、小田原城の篠曲輪《ささくるわ》、即ち出城で、捨曲輪《すてくるわ》とも呼ばれた小田原城東の要害の地でした。ここを家康軍の井伊直政、松平康重などが攻撃、

「相中留恩記略」山王原村山王社　藤沢市文書館蔵

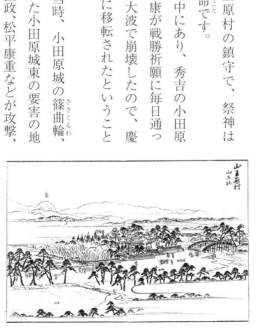

北条方との間で激しい戦いが行われました。

かつての神社の境内には「星月夜ノ井戸」があり、そのため「星月夜ノ社」とも呼ばれていました。

④江戸方見付跡

小田原宿の江戸方見付は山王口にありました。見付はいわば宿場の出入口で、土塁や柵などで区画されていました。小田原宿の場合、ここから板橋にあった上方見付までの宿内の距離は十八町半余（約二キロ）ありました。見付の近くには、江戸から二十番目の山王の一里塚がありました。

⑤北条稲荷

もとは小田原北条氏四代氏政が小田原城内に祠を建てて老狐を祀ったものが、その後、この場所に移されたものといわれています。これについて次のような話が伝わっています。

氏政の父、三代氏康が元亀元年（一五七〇）、家臣を従えて高楼に登って夕涼みをしていると、高らかに狐の鳴く声が聞こえたといいます。そこで氏康は「夏はきつ　ね（音）になく蝉の　から衣　おのれおのれの　身の上にきよ」と詠みました。すると不思議にも狐の声は止み、翌朝、そこで一匹の老狐が死んでいるのが見付かりました。暫くして、家臣の一人にその狐の霊が取りつき、「私は氏康公に凶事のあることを告げようとしたのに殺された。

近々のうちに公に禍が起こる」と告げました。

果たして、翌年十月に氏康は亡くなり、これを老孤のたたりと考えた氏政がその供養のため城中に祠を建て、守護神とし崇めたというものです。

境内には、蛙に似ていることから蛙石《かわずいし》と呼ばれている石があります。小田原に異変があるときは、この蛙石が必ず鳴き声を発すると伝えられています。

⑥かまぼこ通り

旧万町から旧宮前町の東海道筋には、かまぼこの製造、販売をする店が多く、いつしか「かまぼこ通り」と呼ばれるようになりました。

小田原かまぼこの歴史は古く、天明年間（一七八一―八九）、沿岸漁業が栄え漁獲量が急増したため、商人たちが地どりの鮮魚の売れ残りを処理する方法として考え出したということです。

今のような小田原を代表する「板付かまぼこ」が生産されるようになったのは、百四十年ほど前、江戸末期から明治の初め頃のようです。

⑦松原神社

松原神社は小田原の総鎮守で、祭神は日本武尊《やまとたけるのみこと》など三柱です。

創始はつまびらかではありませんが、もともとは後醍醐天皇（一二八八―一三三九）の頃、海辺の松原の中にあって真鶴が住んでいたところから「鶴森神社」と称していたそうです。その後、北条二代氏綱の時に、山王村松原の海中より十一面観音が出現し、これを当社に祀ったことから「松原大明神」と名を改め、現在のこの地に遷宮したということです。

貞享三年（一六八六）、老中大久保忠朝が佐倉藩主より小田原藩主となって移ってきた折、この神社を小田原宿十九町の総鎮守として盛大な祭礼を行うようになりました。

大久保氏は徳川譜代の重臣で、江戸初期には関東の西の要所である小田原を預かっていましたが、二代忠隣の時、幕府内の勢力争いに巻き込まれて小田原を追われ、それから七十二年後、五代忠朝になってようやく小田原復帰を果たしました。この祭礼は悲願の復帰を祝ったものといわれています。

五月三、四、五日は「小田原北条五代まつり」に合わせて、この松原神社の大例祭が行われます。漁師が大漁歌を奉納し、海上安全を祈るなどの神事の後、御神輿《おみこし》が町々を廻りますが、船の動きを表わし勢い良く走ります。

⑧清水本陣跡

清水金左衛門本陣は小田原で四軒あった本陣の筆頭で、尾張徳川家や島津家、細川家など大大名の定宿でした。平屋で建坪二百四十坪（七百九十二平方メートル）、部屋数二十余室、現在、明治天皇行在所碑のある辺りに宿泊の大名の部屋、上段の間があったそうです。

明治天皇は、明治元年（一八六八）、御東幸の際、この清水本陣に御宿泊、その後四回も宿泊されたそうです。

隣りに古清水本陣という旅館がありましたが、金左衛門本陣が明治になって廃業、東京に移る際に、本陣の大清水に対して小清水と呼ばれていた隣りの旅籠に名跡を譲り、「小」を「古」に変えて近年まで営業していました。

⑨外郎《ういろう》

外郎は五百年の伝統を持つ日本最古の薬屋です。「ういろう」は小粒の丸薬で、胃腸やのどの痛み、船酔いに良く効くといわれ、道中の常備薬でした。今でも愛用する人が多いことで知られています。

「ういろう」の名は、南北朝の頃、中国の元から陳延祐《エンユウ》という人が九州へ渡来帰化し、中国での役職名「外郎」を名乗ったことに由来しています。二代目の時、京の朝廷に仕え、家伝の薬「霊宝丹《れっぽうたん》」を「ういろう」と称し、外国使節を接待するための菓子を考案、これも「ういろう」と呼ばれました。薬の「う

「東海道名所図会」小田原ういろう
国立国会図書館蔵

いろう」は、後に天皇から「透頂香《とうちんこう》」という名を授かりました。

戦国時代、北条早雲の招きによって小田原に来住しましたが、その時、菓子の製法は弟に譲りました。しかし、その弟の家は世継ぎがなく絶家しましたので、そこで働いていた職人などによって菓子の製法は全国に広がったそうです。

一方、小田原においては、一子相伝の薬「ういろう」を製造販売していましたが、北条二代氏綱はこの薬に大変感心して、外郎家に、『東海道名所図会』にも描かれ現在もその名残を残している「八ッ棟造り」と呼ばれる居宅を与えました。

歌舞伎十八番の助六に出てくる外郎売りや、名古屋のういろうと間違える『東海道中膝栗毛』などでもお馴染みとなっているところです。

⑩大久寺

大久寺は初期の小田原城主であった大久保氏一族の墓所のある日蓮宗の寺院です。天正十八年（一五九〇）の小田原戦役で、家康に従い参戦した遠州二股城主大久保忠世は、戦後、小田原城四万五千石が与えられ小田原城主となりますが、この時、日頃から帰依していた僧自得院日英を二股から招き、開山とし、ここを大久保氏の菩提寺としました。一時、大久保氏が改易となって寺も江戸に移されていましたが、その後、大久保氏の小田原復帰がかなって、再び、もとの地に再建されたものです。本堂脇の墓地には、小田原市の重要文化財に指定されている、初代忠世をはじめとする初期大久保氏の墓や供養塔が建てられています。

⑪居神《いがみ》神社

居神神社は山角町と板橋村の鎮守で、祭神は三浦荒次郎義意《よしおき》、更に木花咲耶姫命《このはなさくやひめのみこと》と火之加具土神《ひのかぐつちのかみ》です。神社の創建はつまびらかではありませんが、神社の中段左手に水神の社があって、これがもともとの居神の社「堰《い》神（井神）」水神であったように思われます。

祭神三浦荒次郎については次のような伝説があります。二十年にわたる長い戦いの後、北条早雲によって新井城（三浦市）に追い詰められた三浦道寸は、その子荒次郎とともに奮戦しますが、兵糧も尽き、遂に父子とも自刃して果てます。この時、荒次郎の首だけは海を越えこの井神の森まで飛んできて、古松の枝にかかり三年間目を見開いて人々を苦しめました。

久野総世寺の和尚の供養によって、「われは今より永く当所にとどまって守護神とならん」との声を発し、白骨となって成仏した荒次郎の怨霊は、その後、祠に祀られ武門の神として

「相中留恩記略」小田原宿板橋見付付近
藤沢市文書館蔵

崇められたということです。

⑫古稀庵

明治の元老山県有朋が、明治四十年（一九〇七）に古稀を記念して建てた別荘で、「古稀庵」と名付けられました。

有朋は、この時既に政界を引退していましたが、それでも小田原の大御所と呼ばれて、軍や政界に隠然とした影響力を持っていたので、当時の有力者たちが「小田原詣で」と呼んでしばしばここを訪問していたといいます。有朋は八十四歳で没するまでの十五年間、ほとんどこの地で過ごしました。

相模湾、石垣山の秀吉一夜城址などを眺望する土地約一万坪（三・三ヘクタール）の敷地に、高低差を利用し、風祭の貯水池から一・八キロの専用水道で引いた水で滝を造るなどの工夫が凝らされていて、無隣菴（京都）、椿山荘（目白）とともに近代日本庭園の傑作ともいわれていました。

関東大震災によって壊滅状態になりましたが、その後復興され、現在は民間会社の研修センターとなっています。

⑬松永記念館

もとは「電力の鬼」といわれた松永安左ヱ門の邸宅であり、記念館は彼が長年にわたって収集した貴重な古美術品を広く愛好家に親しんでもらおうと昭和三十四年（一九五九）に建てられたものです。現在は、小田原市郷土文化館別館として一般に開放されています。

安左ヱ門は、明治八年（一八七五）、長崎県壱岐で生まれ、大正十一年（一九二二）、東邦電力を設立して社長・会長を歴任、戦後、電気事業の再編に尽力する一方、六十歳で茶道を趣味として耳庵《じあん》と号しました。昭和二十一年（一九四六）、この地へ移り住んで、昭和四十六年（一九七一）、九十六歳で亡くなるまで、夫人とともに二十五年間をここで過ごしました。最後の数奇茶人とも呼ばれ、近代茶人としても有名です。敷地内には、記念館の他、耳庵が晩年を過ごした老欅荘《ろうきょそう》などが残されています。

⑭**板橋地蔵尊**

地蔵尊のある寺院は金龍山宗福院地蔵堂といい、本尊は弘法大師の作といわれる延命子育て地蔵菩薩で、仏殿正面に安置される身丈八尺（二・四メートル）の大坐像の腹中に鎮座しています。そのため胎籠もりのお地蔵さまとも呼ばれています。

正面の仏殿は、入谷津にあった黄檗宗《おうばくしゅう》慈眼寺から移築したもので、県指定重要文化財です。江戸中期の黄檗宗仏殿の特徴をよく示しています。小田原を出た旅人はこの地蔵堂で箱根越えの無難を祈り、無事に箱根を越えた旅人はお礼参りに参詣したので、東海道五十三次の一大霊場として賑わったといいます。今でも、正月や八月二十三、二十四日の縁日には多くの参詣客で賑わいますが、この日にお参りすると必ず故人に似た人と行き会えるという言伝えもあります。

⑮紹太寺

長興山紹太寺と称する黄檗宗の寺院です。寛永十二年（一六三五）、小田原城主稲葉正則が父母追福のため小田原城下山角町に一寺を建てたのに始まり、その後、寛文九年（一六六九）にこの地に移して、鉄牛和尚を招じて開山としたものです。

寺域は約一・一キロ四方に及び、中国から伝えられて間もない明朝様式の建築は異国情緒に溢れていたといいます。門前には大きな総門があって、元禄時代にここを通ったケンペルがその紀行記『江戸参府紀行』に書き記すほどの宏壮なものであったようです。

堂宇のほとんどは、その後、幾度かの火災で焼失して、現在では、その面影を残すものも少なくなっています。

山内の稲葉家一族の墓所には、稲葉正則の祖母にあ

紹太寺　枝垂桜

たる春日局《かすがのつぼね》の墓があります。春日局は徳川三代将軍家光の乳母として、家光の将軍継嗣に尽力、大奥を統率して権勢を振るった人であることは有名です。

また、山内の一郭に樹齢三百年余の枝垂桜《しだれざくら》があって、桜の季節には訪れる人々の目を楽しませてくれています。

⑯山崎の合戦跡

慶応四年（一八六八）五月二十六日、新政府軍と旧幕府軍との間で激しい戦闘の行われた場所です。小田原地方では「明治の戊辰戦争」とも呼ばれています。

慶応四年正月、鳥羽伏見の戦いで幕府軍に勝利した新政府軍は、その後、有栖川宮を大総督として東征を開始し、四月十二日に江戸城が開城されました。一方、これを不服として幕府の再興を願う佐幕派の一部である遊撃隊は、上総請西藩主林昌之助の協力を得て真鶴に上陸、小田原藩を説得しますが、小田原藩はこの頃、新政府に取りあえず恭順を誓っていましたのでこれを拒否、遊撃隊は沼津へ向かいました。

その後、上野で彰義隊が兵を挙げたという話が伝わると、それに勇を得た遊撃隊が進軍を開始し箱根関所に迫りました。小田原藩の藩論も二転三転しますが、最後は新政府軍の指揮のもとにこの地で遊撃隊を邀撃《ようげき》、苦戦の末にこれを敗走させました。記念碑がある辺りは、旧幕府軍遊撃隊長伊庭八郎と小田原藩士高橋藤太郎が斬り合った場所と伝えられています。

この時、伊庭は二十六歳、高橋二十歳、高橋は首を斬りつけられて死亡、伊庭はこの戦いで左腕を失ったといわれます。

小田原から箱根一帯には、この地で戦った人たちの供養碑が多く残っています。

小田原宿こぼれ話1　露座の大仏

　徳常院には、半跏思惟《はんかしい》の延命地蔵尊と呼ばれる大仏があります。高さ二・四メートルの青銅製の座像で、正徳三年（一七一三）神田の鋳物師太田駿河守が作り、箱根湖畔の賽の河原に安置されていた露座の大仏です。

　明治二年（一八六九）、この大仏は廃仏毀釈で壊され、東京の古物商に売り渡されました。大きな台に括り付けられ、並べた丸太の上を滑らせて急坂をゆっくり下り、徳常院の傍らの砂浜に着きました。

賽の河原（露座の大仏）
（ベアト撮影）横浜開港資料館蔵

ところが、運搬船が着いているのに、大仏は押しても引いても動きません。金物商が「どうしたものか」と頭を抱えている間に嵐が来て、海は何日も大時化が続きました。海が凪いだのでたくさんの人夫を雇い作業を再開しましたが、大仏に触れた者は熱を出し倒れるほどでした。更に、人夫の夢枕に大仏が現われ「ここから動かしてはならない。背いたら仏罰を与える」と告げたといいます。

　このため、徳常院の世話人たちや町の有志が六十五両で商人から買い戻し、寺に安置したそうです。

　一方、火炙りとなった八百屋お七の恋人で、吉祥寺の小姓吉三郎が、お七を弔うために作ったという伝説もあり、別名「吉三郎地蔵」ともいわれています。

小田原こぼれ話2　人車鉄道

明治二二年（一八八九）、鉄道（東海道線）が西に延びることになりました。しかし、難所の箱根を避けて国府津から今の御殿場線を経由したため、小田原や熱海には鉄道は延びて来ませんでした。危機感を持った地元は、明治二十一年に、国府津から小田原を経由し箱根湯本まで行く馬車鉄道を開通させました。

一方、当時、熱海は温泉宿三十軒ほどの保養地で、政財界の大物や文人が盛んに訪れていました。東京、横浜方面から熱海に行くには海沿いの険しい熱海街道を歩くか、人力車等を利用していましたので、熱海の旅館業主を中心に地元有志や京浜の実業家等が鉄道の計画を興し、経費も安価であったことから、明治二十九年人車鉄道を建設しました。

豆相《ずそう》人車鉄道と呼ばれ小田原〜熱海間二十六キロ、駕籠《かご》で約六時間かかっていたところを約四時間で走りました。一車両に客は平均六人、それを二〜三人の車夫が押していました。六両編成で、小田原〜熱海間を日に約六往復、急な上り坂では客も降りて一緒に押したといいます。明治四十一年八月に軽便鉄道になり、約二時間半の所要時間に短縮されました。大正十二年に起きた関東大震災によって軌道は寸断され、復旧を断念。翌十三年に鉄道事業の幕を閉じました。

人車鉄道と熱海駅跡の記念碑

箱根宿

広重「東海道五十三次之内　箱根」保永堂版　横浜国道事務所提供

箱根宿

（三枚橋〜畑宿〜箱根関所跡〜箱根宿）

①〜⑯約 12 km
およそ４時間
（３km を１時間として概算）

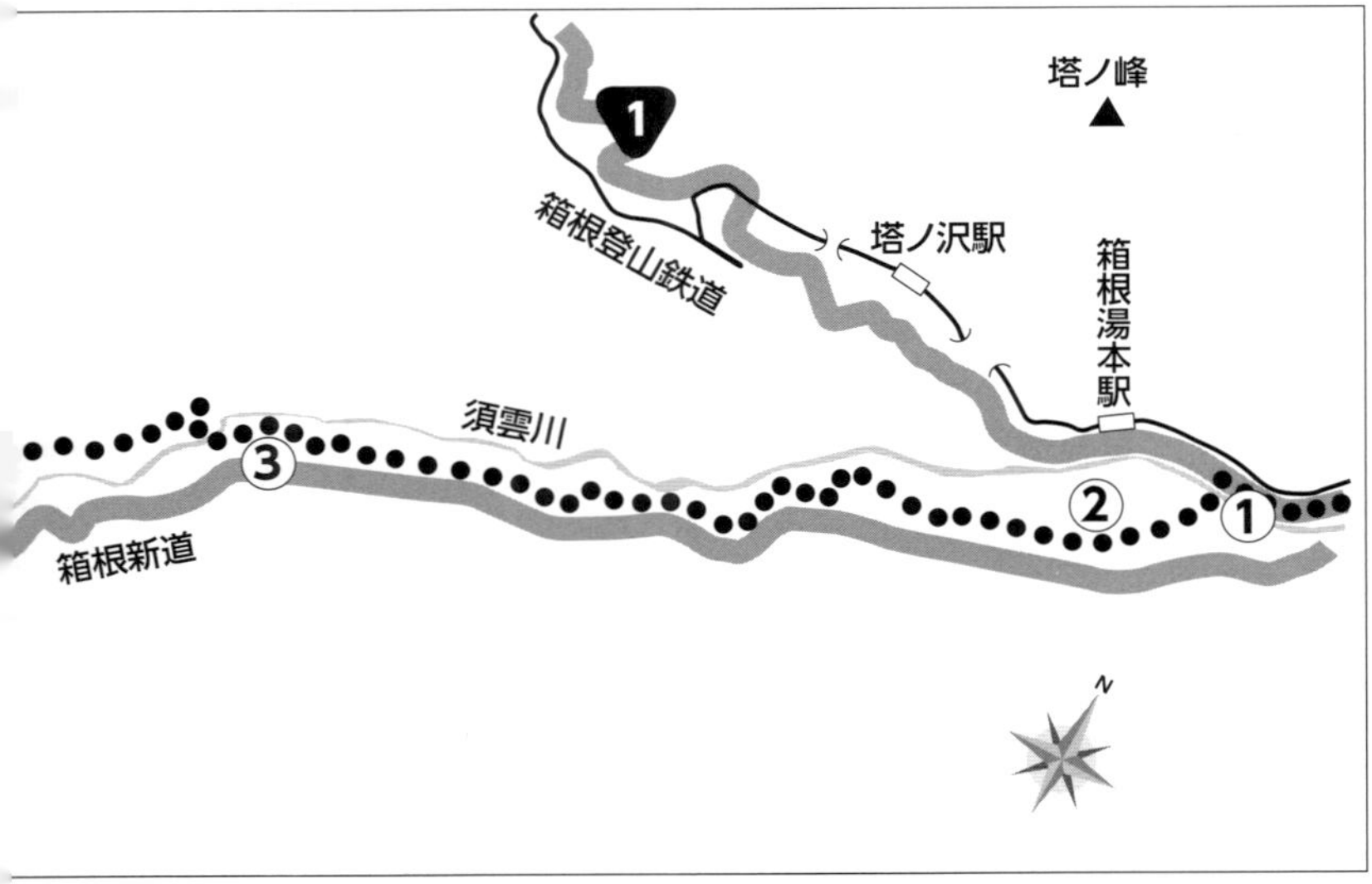

●●●●●●●　太丸は東海道

●●●●●●●●●●　小丸はガイドルート

ガイドルート

①箱根湯本三枚橋
②早雲寺
③鎖雲寺
④畑宿茗荷屋跡
⑤畑宿一里塚
⑥箱根石畳道
⑦追込坂と笈平
⑧甘酒茶屋
⑨於玉坂
⑩二子山見晴台
⑪ケンペル・バーニー碑
⑫身代り地蔵
⑬賽の河原
⑭旧街道杉並木
⑮箱根関所跡
⑯箱根宿

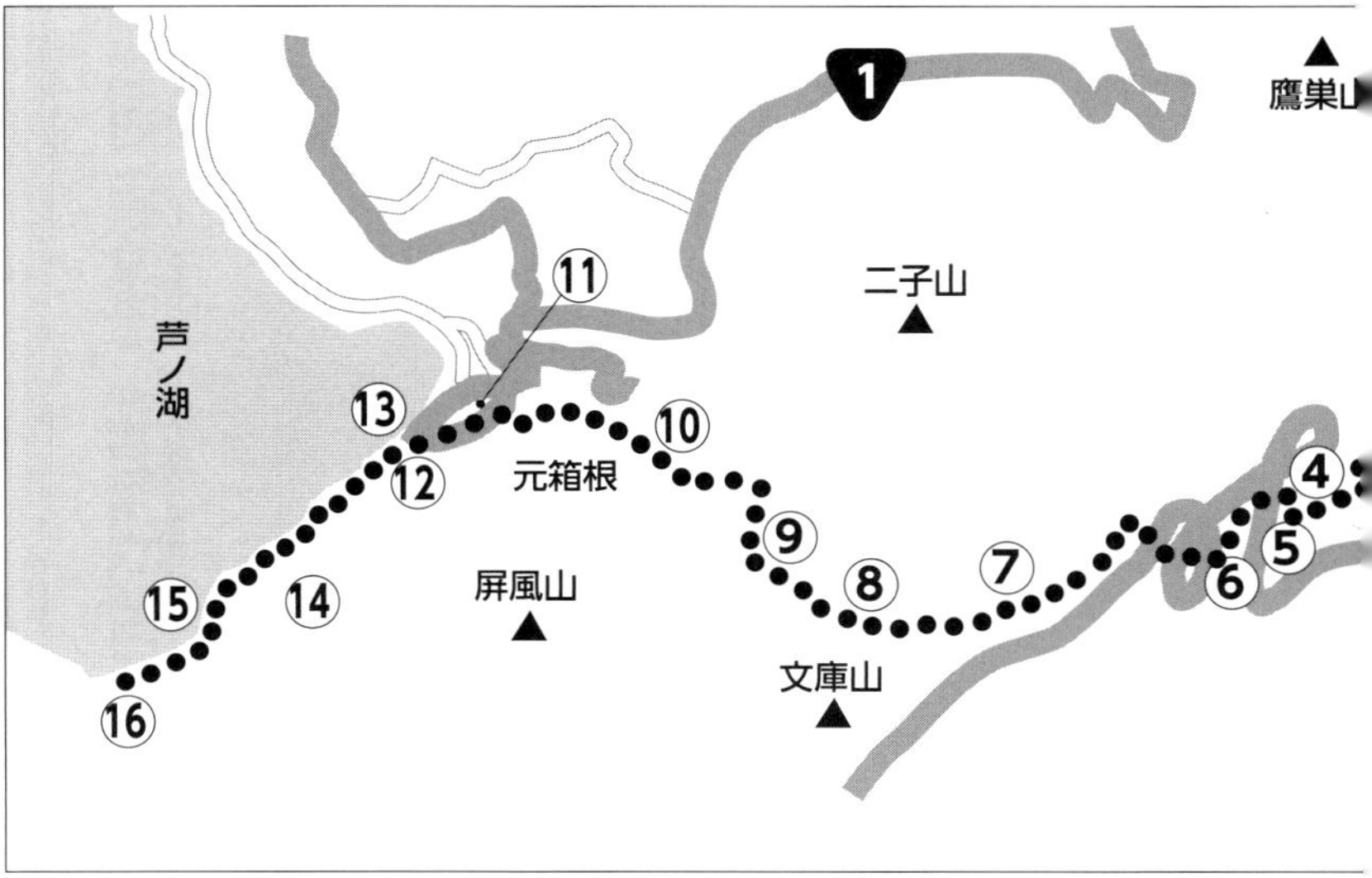

1 km

三枚橋から畑宿を経て箱根宿へ

箱根宿のあらまし

♣　箱根宿が、小田原宿と三島宿の間に置かれたのは元和四年（一六一八）で、家康の宿駅《しゆくえき》伝馬《てんま》制度ができてから、実に十七年も後のことでした。『新編相模国風土記稿』によれば、箱根山越えの便宜を図るため、宿場を設置したものと書かれています。

箱根宿は、はじめ箱根権現の門前町（現在の元箱根周辺）に計画されましたが、昔から権現に仕えてきたことを理由に応じなかったので、隣接の小田原宿と三島宿から、移住に必要な米や金銭の支給を行って、それぞれ五十軒の移住者を募り、芦ノ湖畔の人家のないところ（現在の箱根町箱根周辺）を切り拓いて、新たに宿を設置したといわれています。

標高七百米《メートル》を超える宿場に生活する人々は、気候条件が厳しく田畑が皆無の場所であったので、旅人が落とす僅かな収入によって生計を維持するしかなく生活は苦しく、宿場維持の立場上、幕府からさまざまな保護を受けていました。

♣箱根宿は江戸から十番目の宿場で、その距離は日本橋から二十四里三十五町（九八・一キロ）、小田原宿との間は四里八町（十六・六キロ）、次の三島宿との間は三里二十八町（十四・八キロ）でした。

その成立の過程から、一つの宿場でありながら小田原藩領（小田原町）と三島代官所管轄領（三島町）の二町に分かれて百軒でスタートした箱根宿も、江戸後期には先の二町に新町、新谷町、芦川町が加わって五町となり、宿内の距離は八町五間（〇・九キロ）、家数も一九七軒と倍増、人口は八四四人、問屋場《といやば》二、本陣六、脇本陣一、旅籠《はたご》三六の規模となっていました。

「東海道分間絵図」より箱根宿付近　国立国会図書館蔵

箱根宿の特徴とみどころ

◉箱根越えの道

小田原から箱根を越えて三島に至る道が東海道として開かれたのは、徳川家康が関が原の戦いに勝利を収めた後のことで、それまでの箱根越えは、古くは『古事記』や『日本書紀』などで神の棲む坂とされた「足柄の御坂」を越える道でした。

「大化の改新」（六四五年）から間もなく、大和朝廷は東日本の掌握に努めるために足柄峠を箱根越えの官道と定めました。奈良・平安時代の東海道がこれです。この足柄道も、一時は、富士山の噴火などで、乙女峠から碓氷峠越えが利用されたこともありましたが、鎌倉中期に入って箱根山を大きく迂回する足柄道の近道として、また、箱根権現、三嶋大明神などに対する鎌倉歴代将軍の参詣道として、小田原から湯本、湯坂山、鷹巣山、精進池を経て箱根峠を越え三島に至る「湯坂道」が併用されていました。

その後、江戸時代に入ると、家康によって開かれた五十三次や箱根旧街道として知られる道が東海道となり、それまでの道は次第にその重要性を失っていくことになりました。

◉箱根の坂と石畳道

湯本の三枚橋を過ぎると、いわゆる「箱根東坂」と呼ばれる本格的な上りに入ります。標高約七百メートルの箱根宿までの間には、一歩間違えれば千尋の谷底に落ちるといわれた西海子坂《さいかちさか》、あまりの急坂ゆえにどんぐりほどの大きな涙を流したといわれる樫木坂《かしのきさか》、猿といえどもたやすく上ることができなかったことからその名が付いたとされる猿滑坂、などおおよそ十三もの坂があって、途中、幾つかの休みどころはあったものの旅人から天下の険として恐れられていました。

この箱根路には、ほぼ全域にわたって石畳が敷かれていました。東海道の山道には、部分的に石畳が敷かれているところはありますが、箱根のように全般にわたって本格的な石畳が敷かれているところは他には見られません。

◉箱根の関所

江戸時代の関所は徳川幕府が西国大名の謀反を恐れて、江戸の防衛のために設置したもので、全国に五十三の関所がありました。そのうち二十五カ所は「重き関所」とされ、中でも、東海道の箱根、新居、中山道の碓井、木曽福島の四カ所は最も重要なものでした。特に、箱根山は江戸に一番近い要害地として、箱根の本関だけではなく、裏関所として仙石原、根府川、矢倉沢、谷ヶ村、川村にも関所があって、関所の傍らを密かに通り抜けることができないように木柵が設けられ、その総延長は千六百五十メートルにも及びました。

俗にいわれる「入鉄砲に出女」は特に厳しく取り締まられ、もともとは人質として江戸に住まわせていた大名の妻子が、国許に逃げ帰るのを防ぐことが目的であった女性の取り締りが、一般の女性の旅をも厳しく制限することになってしまうほどのものでした。箱根路のところどころに関所破りの罪で処刑された伊豆大瀬村のお玉の悲しい伝説も残されています。

◉杉並木を守った話

東海道といえば松並木ですが、低温、高湿度で雨の多い箱根では松がうまく育たないので、その代わりに杉が植えられていました。

この杉並木も明治に入ると受難の時代を迎え、湯本から芦ノ湖に至る新道の工事費の足しとして多くの杉が切り倒され、車の急激な普及とその排気ガスによっても大きな打撃を受けました。

そんな中で、命がけで杉並木を守った話も残っています。第二次大戦末期、海軍が箱根の杉に目をつけて大きな木造船を造ることを考えたそうです。軍は神奈川県知事を通し

魚屋北渓「諸国名所　相州箱根関」 神奈川県立歴史博物館蔵

て、箱根町ほか二カ村組合に杉の供出を命じました。当時、役場の担当者であった田中隆之は、県庁に呼び出されて供出を催促されましたが、その際、様子をみて関係する書類を持ち帰り、その書類を焼却、そのまま、従軍僧として戦地に赴いてしまいました。その後、県庁では大騒ぎとなりますが、そのうち敗戦となって事件はうやむやになってしまいました。

この命がけの行動がなければ、今の杉並木は見ることができなかったかも知れません。

◉江戸の湯治場「箱根七湯」

箱根は、江戸時代初期から「箱根七湯」と呼ばれ、病気療養を目的とした湯治客を集めていました。

湯治を目的にした人たちは、東海道と湯本の三枚橋で分かれ、いわゆる「七湯道」と呼ばれた道をたどり、それぞれ湯本、塔之澤、堂ヶ島、宮ノ下、底倉、木賀、芦之湯の温泉場に到着、三廻り二十一日間の湯治を行いました。

江戸後期になると、それまで旅人の宿泊を宿場だけに

広重「箱根七湯図会　芦のゆ」　国立国会図書館蔵

限って許可していた幕府の方針が緩められ、箱根の温泉場にいわゆる「一夜湯治」と呼ばれた旅人の短期湯治が認められるようになると、箱根は温泉観光地として浮世絵や旅行案内にも取り上げられ、新たな展開の時期を迎えることになりました。

◉象の箱根越え

八代将軍徳川吉宗は大層好奇心が強く、外国の珍しい鳥獣、特に象を欲しがったそうです。これを知った中国の商人がベトナムで二頭の象を仕入れ、享保十三年（一七二八）、長崎に運びました。メスは死んでしまいましたが、残ったオスは、翌年三月、長崎を出発し、京都、大井川を経て、五月十五日箱根山に上りました。

箱根宿ではこの象を迎えるために象小屋を建てたり、象を驚かせないように野犬狩りをしたり、街道の馬の通行を禁止したりして備えたそうです。

ところが長旅の疲れか、象は箱根峠を越えると元気がなくなり、起き上がろうとしなくなりました。付き添ってきた役人たちが色を失って、懸命に介抱した結果、四日目には元気になって山を下り、二十五日にようやく江戸に着くことができました。

五月二十七日、江戸城大広間において象を目にした吉宗は、大層、ご機嫌だったそうです。

主な史跡など

①箱根湯本三枚橋

かつての三枚橋は、長さ二十二間（四十メートル）、幅二間（三・六メートル）の土橋でした。

小田原方面から来ると、この橋の袂で道は二手に分かれ、左手に曲がると行く手には最大の難所箱根越えと厳しい関所の待つ東海道、真直ぐに行けば「箱根七湯」の温泉場へと通じていました。

三枚橋という名の由来については、中洲が二つあって橋が三つ架かっていたから、三枚の橋を横に並べて架けてあったから、付近に法華三昧堂があったからなどいろいろな説があります。

幕末の三枚橋（ベアト撮影）　横浜開港資料館蔵

②早雲寺

「金湯山早雲寺」は小田原北条氏二代氏綱が、父早雲の遺言により大永元年（一五二一）に建立した臨済宗の寺院です。開山は、氏綱が京都大徳寺から招いた以天宗清です。

創建時の早雲寺は、関東における臨済宗大徳寺派の中本山として、一時は鎌倉の円覚寺や建長寺、あるいは本山の大徳寺をもしのぎ、湯本の地全体を境内地として七堂伽藍を備え、本坊のほか十幾つもの塔頭《たっちゅう》があり、五百人を超える僧がいて活気に溢れていたといいます。早雲は、生前、温泉の湧出する風光明媚な湯本の地を好みました。ちなみに、早雲という名はこの地が早川と須雲川の合流点であることから発想されたともいわれています。

後に、秀吉の小田原攻めの際は、石垣山の一夜城ができるまでの約八十日間、ここに秀吉の本陣が置かれていました。

③鎖雲寺

早雲寺の末寺で、もとは早雲寺内の塔頭でした。寛永年間（一六二四－四四）に須雲川村に移されましたが、その後の洪水で流失し、この場所に移されたということです。このお寺には、浄瑠璃の『箱根霊験記』で有名な勝五郎と妻初花の墓があります。

足の悪い勝五郎を車に乗せて、東海道の要衝箱根の街道で敵を待ち受け、自らは返り討ちになるものの、夫勝五郎は初花が滝に祈った霊験を得て、みごと仇討を果たすという夫婦愛の物語は、その後、浄瑠璃、歌舞伎、浮世絵にも取り上げられ、この箱根にもあちこちに二人の伝説地が出来上がったそうです。

④畑宿茗荷屋跡

畑宿はその名前からすると、宿場のように思えますが、一休みする立場《たてば》と呼ばれるところでした。それでも小田原から箱根の中ほどに位置し、この先は立場もないので、多くの旅人がここで足を休め、大変賑わったといいます。

この村の名主は茗荷屋《みょうがや》畑右衛門といい茶屋を営み、その庭は山間から流れ落ちる水を利用して滝を作り、池にはたくさんの鯉を遊ばせた立派なものでした。そのため大名や公家などの休息所にもあてられ、ハリスなど幕末の外交使節もこの庭を見て感嘆したといいます。

芳虎「めうが屋」
箱根町立郷土資料館蔵

⑤畑宿一里塚

日本橋から二十三里（九〇・三キロ）、二十三番目の一里塚です。現在のものは、平成十年（一九九八）、箱根町の保存整備事業で復元したものです。山の斜面にあった塚は周囲を切土と盛土、石貼りで平坦面を作り、礫を積み上げ表層には土を盛って頂上に樅《もみ》と欅《けやき》を植樹したものであることが、発掘調査から分かりました。

⑥箱根石畳道

箱根路のほぼ全域にわたって石畳が敷かれたのは、東海道の開設から約八十年後、箱根関所設置から六十年後の延宝八年（一六八〇）のことです。

それまでは雨の時のぬかるみや道のでこぼこを防ぐため、ハコネ竹が敷き詰められた道だったといいますが、これは毎年敷き替えねばならず、その都度駆り出される地元農民の負担も大変でした。そこで、延宝八年（一六八〇）、巨費を投じて石畳道の普請が行われました。石畳の道は表面の保護だけではなく、雨水の排水路なども充分に考慮されて設計されていたそうです。

幕府は石畳を敷きながらも、江戸の要害である箱根山が歩きやすいものになっては困ると懸念したようですが、実際には、人や馬が滑って転んで死ぬことが多かったといいますから、その心配は無用だったようです。

⑦追込坂と笈平

急な猿滑坂を上り終えると、甘酒茶屋までは緩い上りが続きますが、標高六百八十《メートル》のこの辺りを追込坂と呼んでいます。

その中のやや開けた場所は笈平《おいのたいら》と呼ばれています。親鸞上人が関東教化を終え京に帰る途中、四人の弟子と箱根路を上り、この辺りで笈を下ろして一休みされたとき、上人が弟子の性信房と蓮位房に向かい、「師弟打ちつれて上洛した後は、だれが東国の門徒を導くのか心配であるから、御房がこれから立ち戻って教化してもらいたい。」と頼み、悲しい別れをした場所といいます。

⑧甘酒茶屋

かつては箱根八里東坂には、十三軒の甘酒茶屋があったといいますが、現在営業しているのは昔の風情を残して新装なった一軒だけとなっています。名物の「甘酒」や「おでん」などが、疲れを癒してくれる格好の場所です。

この甘酒茶屋には、赤穂浪士の神崎与五郎が馬を断ったために馬方丑五郎に難癖をつけられ、大事の前ということでじっと我慢をして「詫び証文」を書かせられたという逸話が残っています。

⑨於玉坂

海抜七百七十メートルのこの坂を於玉坂といいます。お玉という少女が箱根の関所を破ったとして処刑された場所が、この坂の辺りだったためにその名が付けられたといわれています。

お玉は伊豆大瀬村の生まれで、元禄十五年（一七〇二）正月、江戸新田嶋の従兄弟《いとこ》半左衛門の家に奉公に出ました。その年の二月、何かの原因で矢も盾もたまらず帰ろうとしたのか、通行手形も持たずにこの地に来て、夜に紛れて関所の裏山を越えようとしましたが、捕らえられて三カ月余りで処刑されてしまいます。お玉処刑の悲しい話は広く世間に伝わり、江戸市中にも広まって幕府の冷酷非情さを非難する大きな声にまでなったそうです。

近くにはお玉の首を洗ったというお玉が池もあります。

⑩二子山

天ヶ石坂を上り切ってやや行ったところに二子山を展望する見晴らし台があります。

二子山は小田原方面から見ると、ちょうどお椀を二つ並べて伏せたように見えるところから二子山と呼ばれていますが、この見晴らし台から見ると四つの瘤を持った山に見えるので、「表二子に裏四子」とも呼ばれています。それぞれ二つずつの頂はごつごつした岩肌が露出していますが、この山は江戸時代から二子石という安山岩を産出する石切り場でした。

箱根の石畳に使われた石は、その大部分がこの二子山から採取したものといわれています。

⑪ケンペル・バーニー碑

この碑は、大正十一年（一九二二）、イギリス人貿易

「相中留恩記略」箱根二子山　藤沢市文書館蔵

商で芦ノ湖畔に別荘を持っていたバーニーが、箱根を愛し箱根の美しさを世界に紹介したドイツ人医師ケンペルの言葉を引用して、箱根の自然の大切さと土地の人々の友情へのお礼として建てたものです。ケンペルは元禄三年（一六九〇）、長崎のオランダ商館の医師として来日した博学多才の人でした。彼は二年間の滞在中に二度、商館長の江戸参府に随行して長崎～江戸間を往復、箱根では芦ノ湖の魚類や多数の草木を観察、箱根の美しさを絶賛しています。

彼の死後、英国で最初に出版された『日本誌』は世界に日本の文化や自然などを広く紹介したことで知られています。

昭和五十年（一九七五）五月、英国のエリザベス女王が初めて日本を訪問され、宮中で晩餐会が催された際、天皇の歓迎挨拶の後に行われた女王の答礼でも日本と英国の歴史的かかわりを示すものとして、その文章が引用されています。

⑫身代り地蔵

このお地蔵さまは、身代り地蔵と呼ばれています。

宇治川の先陣争いで名高い梶原景季が、この地を通りかかったとき、父景時に恨みを持つ何者かに父と間違えられて斬りつけられました。幸いにも傍らにあった石地蔵が身代りになって危機を免れることができたので、景季の身代り地蔵と呼ばれるようになりました。

この石の地蔵には、右肩から胸にかけて大きな割れ目が走っています。

⑬賽の河原

この場所は地蔵信仰の霊地として、江戸時代、東海道を旅する人たちの信仰を集めたところです。

多くの石仏・石塔が湖畔に並んで立っていましたが、明治に入ってからの廃仏毀釈《はいぶつきしゃく》によって、かなりの石仏が失われたといいます。

かつて箱根の山は東国と西国を分ける境の山、いわば地の果て、境界とされていました。さらに、噴煙を上げ、時には、霧が立ち込める地はまさにこの世の果てを思わせる荒涼とした光景であったことから、そこには死者たちが集まる賽の河原があると信じられ、死者たちを救うといわれた地蔵菩薩を祀っていたものと思われます。

⑭旧街道杉並木

東海道といえば松並木ですが、低温・高湿度で雨の多い箱根では松がうまく育たないので、その代わりに杉が植えられていました。

現在でも、芦ノ湖を中心に四百本余りの杉が残っていて、かつての姿を偲ばせてくれています。昭和五十九年（一九八四）の調査によると、杉の樹齢は最大で三百七十七年のようですから、東海道ができた初めの頃に植えられたことになります。

東海道の並木はその美しい景観のほか、街道を歩く人たちの道しるべ、強い日差しや風雨から身を守る日除け、風除け、旅人の休み場所、道路の保全など多くの機能を果たしてきました。

⑮箱根関所跡

箱根の関所は、東海道に沿って東西にトチ葺きの江戸口御門、上方口御門で仕切られ、門の中の芦ノ湖寄りには手形などをあらためる大番所、山寄りには足軽番所がありました。門の外にはそれぞれ「千人溜り」と呼ばれる広場があって、旅人はここで調べの順番を待ちました。

関所の門の開閉は、朝夕とも人の顔の見分けがつく刻限の、明け六つ（午前六時頃）、暮れ六つ（午後六時頃）でした。

この時代、旅に出る場合は往来手形と関所手形が必要でした。往来手形はいわば身分証明書のようなもので、百姓、町人の場合は庄屋、名主、檀那寺から貰い、藩士の場合は藩留守居役が発行していました。

関所手形は関所を通行するためのもので、特に女子の場合は、主人から、町・村役人に申請し許可を得て、そこから町奉行・領主に届出、さらに幕府留守居役へ発行を依頼するという煩雑な手続きが必要でした。関所には女性を専門に調べる「人見女」がいた話も伝わっています。
この箱根関所も明治二年（一八六九）一月に歴史的役割を終え廃止されました。

⑯箱根宿

箱根関所の上方口御門を出たところに箱根宿がありました。

現在の箱根登山鉄道バス発着所湖畔側の大木辺りを境として、西が三島代官所管轄の三島町、東が小田原藩領の小田原町に分かれていました。一つの宿場でありながら二人の領主を持つ「相給《あいきゅう》」と呼ばれる、東海道五十三次の中でも特殊な宿場でもありました。

箱根宿（ベアト撮影）　横浜開港資料館蔵

箱根宿こぼれ話1　笈平・親鸞上人

猿滑坂を上り終え、やや開けたところが「笈平《おいのたいら》」と呼ばれているところです。

親鸞上人が、国府津の真楽寺での七年の教化の後、四人の弟子と京に帰る途中、このあたりで笈を下ろして一休みしました。上人は、性信房、蓮位房に向かい、「師弟打ちつれて上洛した後は、だれが東国の信徒を導くのか心配であるので、立ち戻り教化してもらいたい」と頼み、関東の信者のため、二人を残し別れた場所です。関東の門弟をわが子のように思う上人に、二人はこの大任をお受けし、涙ながらに引き返しました。この時、上人は愛用の笈を与えたことから、この地は「笈平」と呼ばれるようになりました。

笈平

「やむ子をば　あずけてかえる旅の空　こころはここに　のこしこそすれ」

旅の空は関東、やむ子らは関東に暮らす民衆です。

やがて一行が、芦の湖畔、箱根権現にたどり着かれた時には夜も更けていましたが、立派な身なりをした老人が一行を待っていました。この老人は箱根権現の別当で「急に眠くなりうとうとしたら箱根権現が夢枕に立ち、今から貴い人がこの地を通るのでおもてなしするようにと告げた」といいます。社人たちは、暖かくもてなし、親鸞上人は三日三夜参籠、自ら木像（親鸞上人像）を刻み献上されました。この木像は、現在も箱根神社に所蔵されています。

箱根宿こぼれ話２　関所破りで「お玉」が処刑された於玉坂

元禄十五年（一七〇二）二月十日、伊豆大瀬村の百姓太郎兵衛の娘お玉が、江戸の奉公先（従兄弟半左衛門）から（ホームシックで）帰郷する際、道中手形を持っていませんでした。それで厳重な関所の警備を避けて脇の山を越えようとしました。箱根の関所は芦ノ湖から山の上まで柵が巡らせてあり、その柵を乗り越えようとして、絡まってしまったところを村人に見つかり、関所破りの罪で捕まってしまいました。二月に捕まったお玉は、閏四月に処刑されるまで、約三カ月の間、獄屋に入れられていました。

関所破りは、江戸時代の刑罰の中では最も重い罪の磔でした。お玉の場合、ひとつ刑が軽くなり、獄門（さらし首）とされました。於玉坂は、そんな逸話の残るお玉にちなんで命名された坂です。

近くにお玉の首を洗った「お玉が池」もあります。「お玉ヶ池」は以前、「薺《なずな》が池」と呼ばれていましたが、処刑されたお玉の首を洗ったので、「お玉が池」と呼ばれるようになったといいます。また、お杉とお玉という上方の芸人の姉妹が関所破りをして追われ、お玉が池に飛び込み死んでしまったので「お玉ヶ池」と呼ぶようになったという説もあります。

箱根関所破り記録			
1	承応２年（1953）	松下清兵衛の中間	磔
2	元禄15年（1702）	お玉	獄門
3	宝暦４年（1754）	弥七	磔
4	明和３年（1766）	玉置忠蔵	塩漬
5	文化11年（1814）	中間・三吾、堪四朗	薮入り

他に未遂 18 件薮入り扱い

箱根西坂

広重「東海道五十三次之内　箱根」隷書版　川崎砂子の里資料館蔵

箱根西坂

（箱根宿～箱根峠～山中城跡～三島宿）

箱根宿から①～⑯
箱　根→箱根峠　　1.6 km（40 分）
箱根峠→三嶋大社 13.4 km（３時間 20 分）
　計　　　　　　　15　km（およそ４時間）
（箱根峠から三嶋大社は４km を１時間として概算）

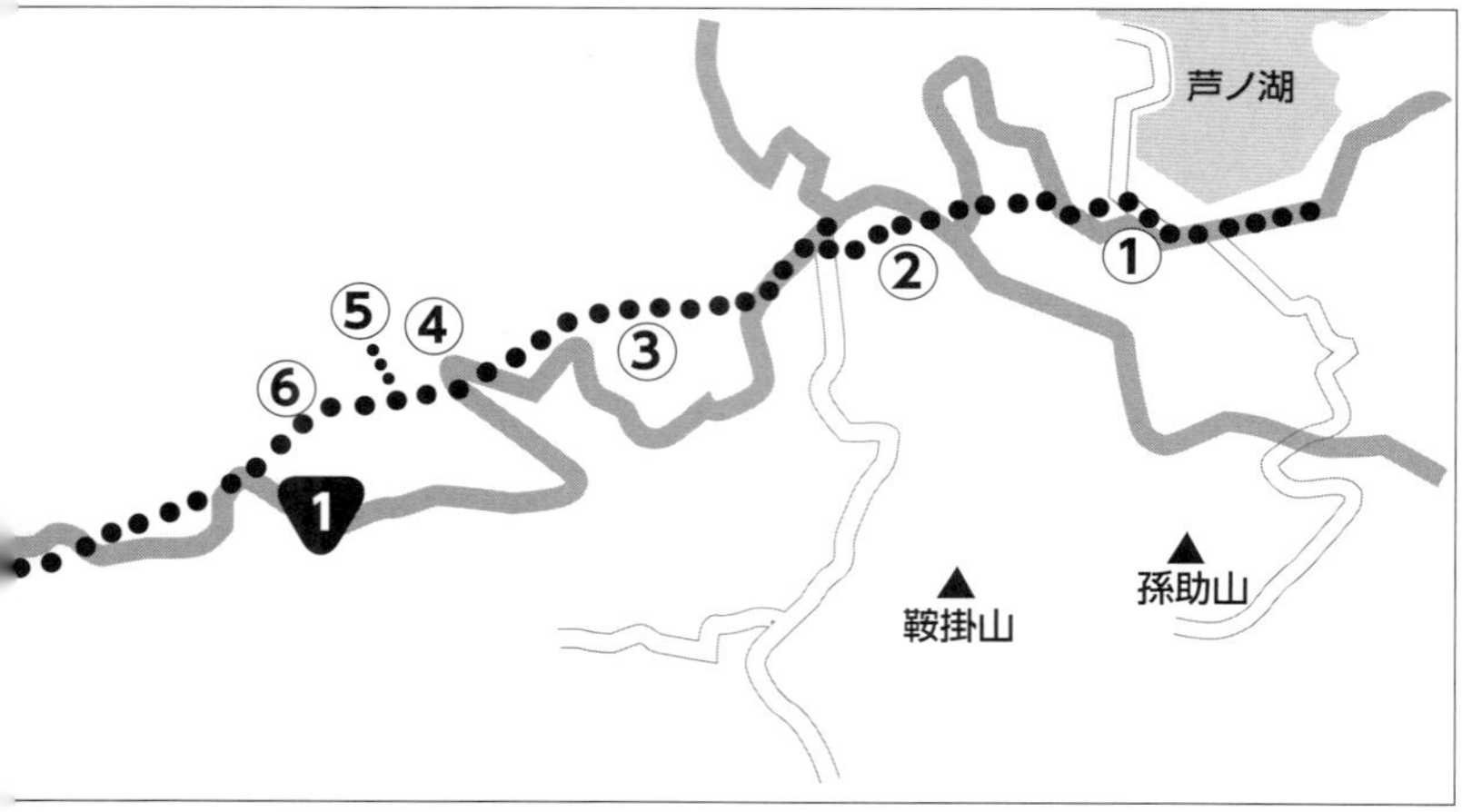

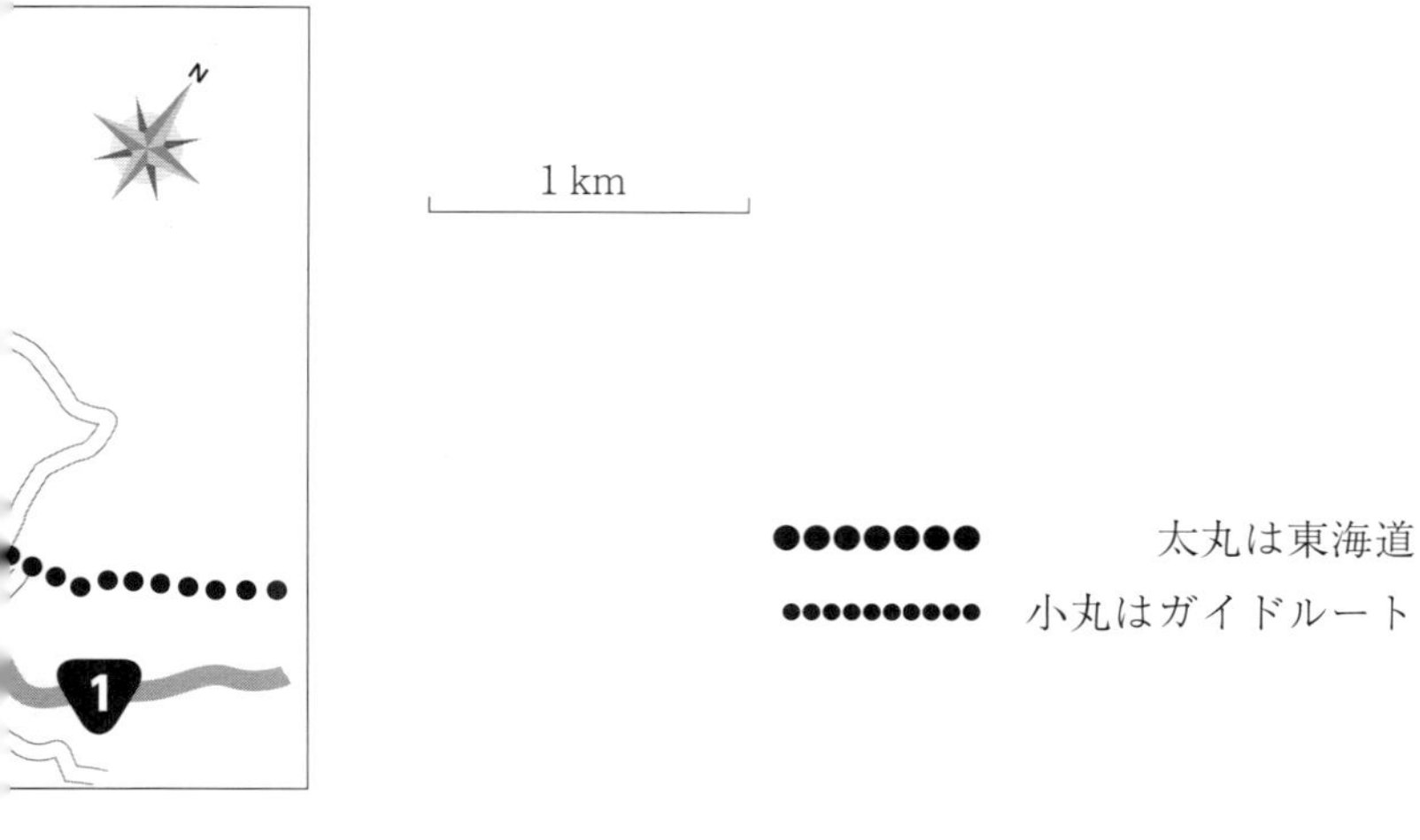

ガイドルート

①駒形神社	⑨宗閑寺
②箱根峠	⑩岱崎出丸
③甲石跡	⑪富士見平（芭蕉句碑）
④接待茶屋跡	⑫笹原一里塚
⑤施行平	⑬錦田一里塚
⑥念仏石	⑭備前繁の墓
⑦雲助徳利の墓	⑮新町橋
⑧山中城跡	⑯三嶋大社

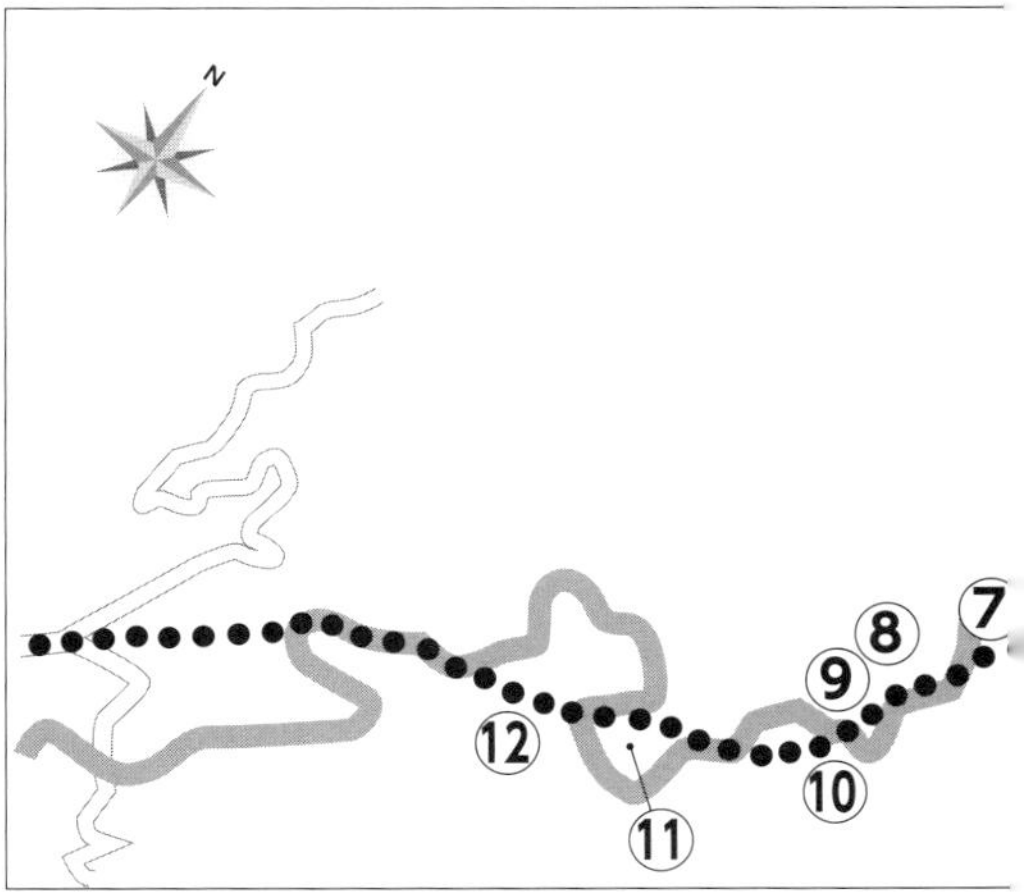

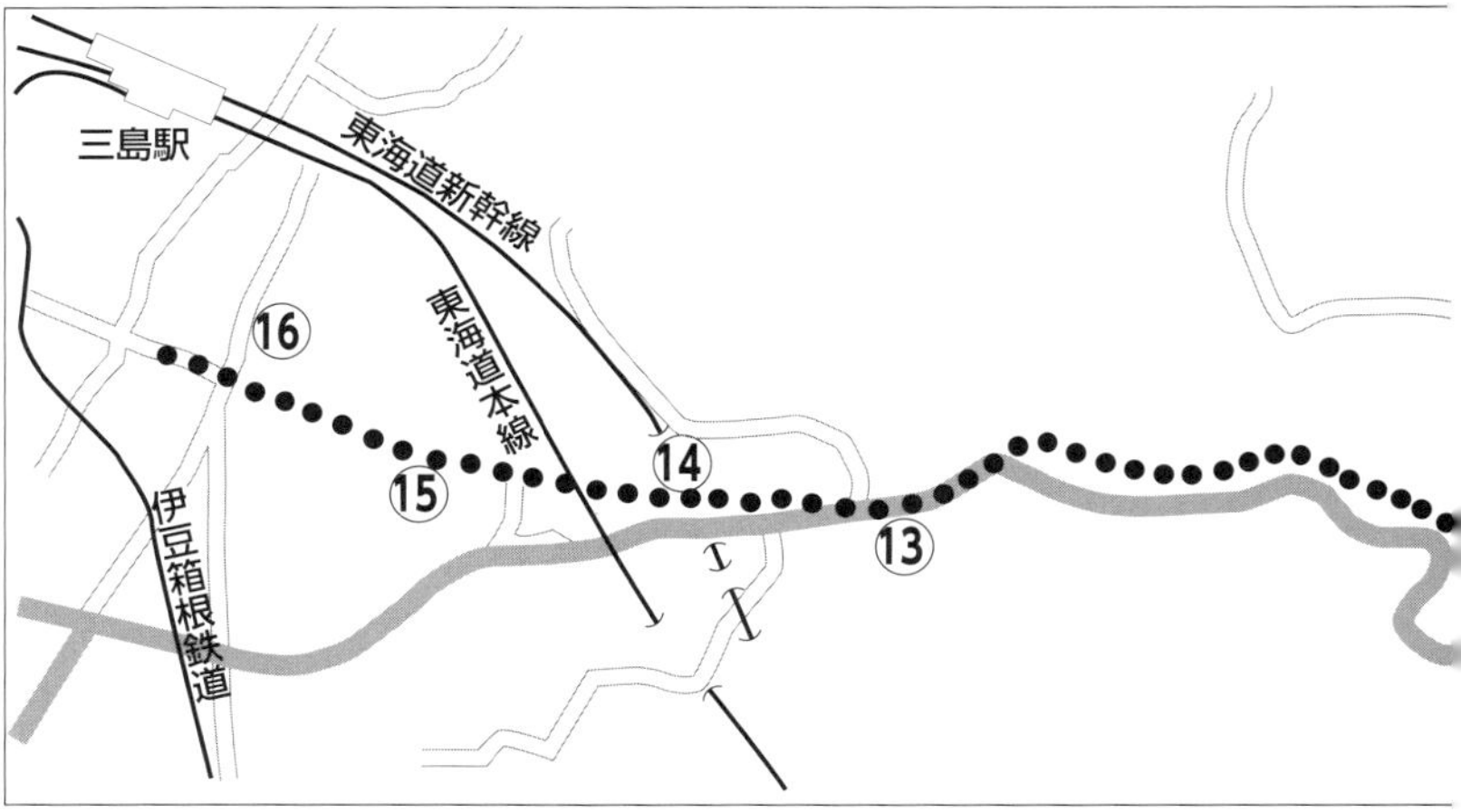

箱根峠から西坂を経て三島宿へ

箱根西坂のあらまし

♣天下の険と呼ばれた箱根越えは、江戸を出立した旅人にとって、小田原宿から箱根宿を経て箱根峠に至る険しい上りが続く「東坂」と、「西坂」と呼ばれた箱根峠から山中を経て三島宿へと下る、合わせて八里（三十一・四キロ）の山越えでした。

西坂は東坂に比べると傾斜は緩やかに思われますが、長く続く坂はまた違った意味で疲れを覚えるところでもあり、その一方で、深山幽谷の趣のある東坂と違って、所々で雄大な富士山や美しい駿河湾を見渡せる風光明媚なところでもありました。

♣標高約八百五十メートルの箱根峠から三島までの西坂には、街道に沿って「五ヶ新田」と呼ばれている五つの集落が散在しています。山中、笹原、三ツ谷、市山、塚原の各集落から成る「五ヶ新田」が成立したのは、元和四年（一六一八）に箱根宿が新設された頃ですが、その際、三島宿周辺の次男、三男を集めてつくったといわれ、畑作中心の農業の一方で、旅人を相手にした往還稼ぎなどで生計を立てていました。江戸時代の西坂は、尾根道でしたので眺望は良かったといいますが、一方で、水の確保に苦しみ、水汲みの重労働や近場に水源を求め、そこから竹の樋で水を引くなどの苦労が絶えなかったそうです。

箱根西坂の特徴とみどころ

◉西坂と石畳道

箱根峠からの西坂の下りは険しい東坂に比べると、比較的緩やかとはいいながら、かつて小田原攻めの秀吉が、石の上に甲（兜《かぶと》）を置いて一休みしたという甲石坂《かぶといしざか》、あまりの急坂ゆえに汗と体の熱で、背負った米がおこわになったというこわめし坂（下長坂）、臼が転がるほど急だという臼転坂など十を超える大坂小坂があって、特に雨降りのときなど大変旅人を悩ませたといいます。『東海道名所記』でもこの様子を「雨ふりには、馬も人もす

広重「東海道五十三次之内　箱根」（行書版）
川崎砂子の里資料館蔵

べりてしりもちをつく」と書いています。

幕府は、はじめの頃、毎年、地元奥伊豆の村々に命じて、街道にハコネ竹を敷き通行の便を図っていましたが、その後、延宝八年（一六八〇）、巨費を投じて石畳道を整備しました。西坂と東坂の石畳を比較してみると、東坂が敷石の下に小石を敷きつめた構造、石組みがなされているのに対して、西坂の場合はローム質土の上に石が置かれるなど、それぞれの坂の特徴にあった整備がなされていました。

◉箱根西坂の間の宿「山中宿」

箱根西坂の五ヶ新田の中で最も高いところにあった山中新田（標高五百八十《メートル》）は、箱根宿と三島宿の間の宿として賑わいました。江戸時代も終わりに近づいた寛政年間（一七八九—一八〇〇）の記録でも戸数四十七戸、人口約三百人と記録されている程度の小さな集落でしたが、厳しい箱根路の途中にあったことから、旅人に湯茶や団子など食べ物を提供する休み所が立ち並び、一部には宿泊も可能な旅籠《はたご》もあったといいます。『東海道中膝栗毛』の弥次さん喜多さんも、呼び込みに誘われてここの立場《たてば》茶屋に立ち寄り、雲助《くもすけ》たちが火を囲んで大声で話し合っている光景を見ながら一休みしています。

◉戦国時代の山城「山中城跡」

山中城は、戦国時代末期に小田原北条氏が築いた城です。天正十八年（一五九〇）三月、天下統一を目論む豊臣秀吉の小田原攻めに際しては、小田原城の防衛拠点として圧倒的兵力を誇る豊臣軍に対し、守将松田康長以下少ない人数で地の利を生かし必死に抵抗しましたが、その甲斐もなく僅か半日で落城したと伝えられています。

城は、その後廃城となりましたが、現在は史跡公園として往時の姿がほぼ完全な形で復元されています。本丸を中心に二の丸、三の丸そして岱崎《たいさき》出丸など、箱根山の自然の地形を巧みに取り入れた城郭と堀や土塁など石を使わない土だけの山城は全国的にも珍しく、国の史跡に指定されています。

◉山越えの旅人を支えた雲助たち

江戸時代、宿場や街道で駕籠舁《かごかき》や荷物の運搬などを行った人足を、定まった住所がなくあちこちをさまよっているからとも、網を張って客を待つところから蜘蛛《くも》のようだともして、「雲助」と呼んでいました。中には人の弱みに付け込む悪い輩もいたので、その言葉は必ずしも良いイメージだけではなかったようですが、厳しい箱根の山越えにはなくてはならない存在でもありました。雲助たちは駕籠や荷を担いで急坂を上り下りするので、力自慢がそろい、酒好き、博打《ばくち》好きが多かったといいます。西坂の途中には、頭役として人々に慕われながら稼業に精を出す一方、終生、酒とともに過ごした久助と呼ばれる人の墓や大名に逆らって切られた雲助の親分備前繁の墓などが点在しています。

◉三島宿と三嶋大社

三島宿は、日本橋から二十八里二十七町（百十二・九キロ）、十一番目の宿場で、慶長六年（一六〇一）、東海道に宿駅伝馬制《しゅくえきてんま》が敷かれると最初に宿場に指定されました。古くから三嶋大社の門前町として栄え、甲州道、下田道などに分岐する交通の要衝でもあったことに加え、幕府の役所も置かれ、箱根山を控えてほとんどの旅人がここで宿泊したので、天保年間（一八三〇―四四）の記録では、東の新町橋から西の千貫樋までの宿内距離は十八町余（約二キロ）、人口四、〇四八人、本陣二、脇本陣三、旅籠《はたご》七十四と東海道の中でも賑わった宿場の一つでした。

三島宿といえば三嶋大社です。伊豆一の宮として古くから人々の信仰を集め、特に源頼朝は当社を深く崇敬し、源氏旗揚げの際に戦勝祈願を行ったと伝えられています。境内には神池や名木、名石など多くの史跡があります。

夏には富士山の雪融け水が湧出するなどの水の豊かさと、「三島女郎衆」と呼ばれる旅籠で働く飯盛女《めしもりおんな》たちは三島宿を代表する名物の一つでした。

広重「五十三次名所図会」三嶋明神一の鳥居　国立国会図書館蔵

主な史跡など

①駒形神社

荒湯駒形権現社とも号し、祭神は天御中主神《あめのみなかぬしのかみ》など三柱、箱根神社の末社で箱根宿の鎮守です。創建の時期は定かではありませんが、『新編相模国風土記稿』によると、古い昔、この地に箱根派修験比丘尼《しゅげんびくに》などが住まいし、湖を通して真正面にある駒ケ岳の駒形権現を勧請してきたものと書かれています。

境内には犬塚明神があって、次のような話が伝わっています。元和四年（一六一八）、箱根宿が創設されたとき、付近にはたくさんの狼がいて建設中の宿の人々を悩ませました。このため唐犬二匹を飼って狼を退治させ宿場を完成させましたが、唐犬も傷ついて死んでしまいました。そこで人々はこの唐犬をここに埋めて犬塚明神と崇め祀ったということです。

②箱根峠

駒形神社から石畳道を上がって行った先が、相模の国と伊豆の国境、箱根峠です。

現在は、国道や有料道路などが走り、かつての面影はありませんが、標高約八百五十㍍《メートル》の箱根越えの最高地点で、国道建設以前には相模・伊豆両国の国境を示す標示杭が立っていたといわれています。振り返れば、芦ノ湖、富士などが眺望できる景勝の地でもあります。峠の国道1号沿いの箱根エコパーキング付近には、女性文化人の揮毫による「新箱根八里記念碑」などが造られています。

③甲石跡

今は石碑のみで、実際の甲石《かぶと》は、この先、甲石坂を下ったところの接待茶屋跡近くにあります。その名の由来は、昔、小田原攻めの秀吉が甲（兜）を石の上に置いて一休みしたところから、甲を置いた石を甲石、その坂を甲石坂と名付けられたといいます。将軍頼朝がこの坂を上った際、あまりの急坂に降参して甲を脱いだとの説もあります。

「東海道名所図会」箱根山中陰石
国立国会図書館蔵

④接待茶屋跡

箱根峠と間の宿山中のちょうど中間点、標高七百五十メートルのところに接待茶屋がありました。東海道一の難所箱根越えは、人も馬も苦難を強いられるところでしたので、旅人が多くなってくると次第に難儀する人も増え、このため文政七年（一八二四）、江戸呉服町の加勢屋與兵衛が私財を投じて無料で粥《かゆ》や焚火《たきび》、飼葉《かいば》を提供する「人馬施行小屋」と呼ばれる接待所を開設しました。道に迷ったり、上り下りに疲れたりした往来の旅人たちは、ここでのもてなしに励まされ、元気を回復して旅立って行ったそうです。

このように旅人から感謝された接待茶屋も、三十年後の安政元年（一八五四）、資金の不足から運営が成り立たなくなり一旦は閉所されましたが、明治に入り善意の人たちによって再興され、時代を越えて昭和四十五年（一九七〇）まで続きました。

⑤施行平（明治天皇御小休止跡）

明治元年（一八六八）十月八日、明治天皇御東幸の折、この地でお休みになり、山越しに望む富士山と眼下の駿河湾の景観を賞覧されたといいます。当時、ここには「ビンカ」という甘酒茶屋がありました。ビンカとは土地の方言でイヌツゲのことを指し、茶屋の脇に大きなビンカの木があって目立っていたそうです。

⑥念仏石

施行平から石畳道の石原坂を下る途中の右手に、念仏石と呼ばれる大きな三角形の石が山肌から突き出し、その前には「南無阿弥陀仏　宗閑寺」と刻まれた碑があります。この碑は、この先、山中新田にある宗閑寺が旅の行き倒れを供養して建てたものとみられ、そのためこの碑を念仏石という人もいるようです。いずれにしろ厳しい箱根の上り下りで、多くの人が病や疲労で非業の最期を迎えたことを示すものの一つといえます。

⑦雲助徳利の墓

老杉の下にひっそりと立つ徳利と盃が刻み込まれている墓は、雲助であった久助の墓といわれています。久助は一説には武士の出ともいわれるなかなかの器量人であったようですが、生来の酒好きであったため、その酒の上での失態から主家を追われ、この地で雲助として一生を過ごしました。この地では、雲助仲間の頭役として雲助たちの面倒をみるだけではなく、百姓たちの相談にも乗り、土地の人が往来で旅の乱暴者に難癖を付けられているときなどは身をもって庇ったりしました。

酒を愛し、酒を楽しみ、酒の中で一生を終えたという久助のために、彼を慕う雲助や百姓たちが彼にふさわしい徳利と盃を刻み込んだこの墓を建てて感謝の気持ちを表したといいます。

杯と徳利を浮出した雲助の墓

⑧山中城跡

山中城は、戦国時代末期の永禄年間（一五五八―七〇）に小田原北条氏が築いた城です。その後、天正十七年（一五八九）、四代氏政が豊臣秀吉の小田原攻めに備え、小田原本城の防衛拠点の一つとして、急いで堀や岱崎出丸などの整備、増築を行いました。翌天正十八年（一五九〇）三月、守将松田康長と約四千の北条軍は、羽柴秀次を総大将とする豊臣軍四万の総攻撃を受け必死に防戦に努めましたが、圧倒的な兵力の前に、僅か半日で落城したと伝えられています。

中世の山城として、北条流築城技術の粋を見ることができる城跡は、天守台を持つ本丸を中心に二の丸、三の丸、北の丸、西の丸が地形に合わせて巧みに配置されています。城内では障子堀と呼ばれる防御と水利を兼ねた衝立障子を思わせる水堀や、本丸への侵入を防ぐため、いつでも切って落とせるよう本丸に近い半分を木橋として土橋と組み合わせた橋なども見ることができます。

昭和九年（一九三四）、国の史跡として指定された城跡公園では、毎年五月の第三日曜日には「山中城まつり」が行われ、北条、豊臣両軍の戦いをもとにした戦国絵巻合戦などで賑わっています。

山中城　障子堀

⑨宗閑寺

山中城跡三の丸にある宗閑寺は、山中城廃城後の元和六年（一六二〇）、一説には慶長十年（一六〇五）ともいわれますが、家康の愛妾於久の方によって建立されたといわれています。於久の方は、岱崎出丸で討死した小田原方の副将間宮豊前守《ぶぜんのかみ》康俊の娘で、敵ながらあっぱれな死にざまに共感を覚えた徳川家康が、その娘を駿府に招き側室にしたといいます。

境内には小田原方城将松田康長、副将間宮康俊とその弟信俊、信俊の子息源十郎の墓や秀吉方の先鋒として指揮した一柳直末の墓があります。

⑩岱崎出丸

岱崎出丸は小田原北条氏が豊臣方の小田原攻めに備えて急遽整備した城郭です。東海道に沿って全体として細長く配置されているのは、下方から攻め上がってくる大軍を上方から鳥の翼のように包み込んで攻め落とす意図があったとされています。馬を使った伝令の便宜を考慮した面もあったようです。小田原方は、短期間のうちに完成して、緒戦で敵を迎え撃つという作戦を考えていたようですが、完成する前に豊臣方の攻撃を受けることになり、小田原城大外郭の完成による作戦変更もあり、充分な兵員や武器の補給もなされませんでした。

岱崎出丸の守将は山中城の副将でもある間宮豊前守康俊で、兵力は百二十人、そのうち鉄砲方が八十人でした。天正十八年（一五九〇）三月十九日、羽柴秀次を総大将とした豊臣方四万が山中城を攻撃、岱崎出丸の戦いでは豊臣方の一柳直末は戦死、中村一氏の手の者もほとんど全滅となるほど、守将以下が一歩も引かず奮戦しましたが、ついに全員が討死しました。

⑪富士見平（芭蕉句碑）

箱根西坂は、所々で素晴らしい富士の景観を望むことができますが、その中でも富士見平は、とくに富士山が美しく見える場所の一つです。晴れた日など眼下に明るい駿河湾を一望することができます。

ここには芭蕉句碑

「霧しぐれ　富士をみぬ日ぞ　面白き」

が立っています。この句は、芭蕉が貞享元年（一六八四）、野ざらし紀行の旅の途中に詠んだ句で、箱根を越える日がちょうど雨降りで、薄く濃く霧が流れているあいにくの日だったため、富士を見ることはできなかったが、富士の名所で富士が見られないのもまた趣があることではないかと、その面影を心に描きつつ箱根路を辿ったという意味のようです。

この辺り一帯はしばしば霧が発生して、富士の視界が遮られることがあるそうです。

⑫笹原一里塚

西坂には江戸方から順に、接待茶屋跡付近にあった山中新田一里塚と、笹原一里塚、それからこの先の錦田一里塚の三つの一里塚があります。

こんもり木の繁った笹原の一里塚は、江戸から二十七番目、今は片側のみが残り塚の高さは約二《メートル》、松が植えられていて昔の名残りを留めています。

一里塚のある笹原新田は、通称「こわめし坂」と呼ばれる急坂沿いにあって、江戸時代、立場茶屋や木賃宿、人足稼ぎで賑わっていました。集落の中央には、山中城を攻略した武将一柳直末を祀る一柳庵《いちりゅうあん》がありました。

「笹原」とは、東海道に石畳を敷く江戸初期以前、急坂に篠竹を敷いたことに由来すると伝えられています。

⑬錦田一里塚

一番三島宿に近い錦田の一里塚は、江戸から二十八番目の一里塚、街道の両側に比較的元のままで残っていて、左側には榎、右側には松が植えられていました。大正十一年(一九二二)、国指定の史跡となっています。

頼朝が箱根権現に参詣の折、この原で鶯の初音を賞美したことからその名が付いたとされる「初音が原」

錦田一里塚

から三島宿に向けての約一キロには、約四百五十本の松並木が残っていて、一里塚とともに江戸時代の様子を偲ばせてくれます。

平成十六年（二〇〇四）、この松並木は一里塚とともにあらためて国の史跡に指定されました。

⑭備前繁の墓

初音が原の先、愛宕坂の手前に、雲助備前繁の墓と伝えられている墓があります。備前繁はその名のとおり、備前の国の出身で名は繁吉、雲助の親方で名だたる暴れん坊だったそうです。慶応三年（一八六七）、江戸へ向かう大和郡山藩の大名の長持ちや諸道具を仕切る荷《に》宰領《さいりょう》に無礼を働いて切られたといいます。

当時、大名行列が三島宿を通るときは、縄張りを持つ雲助の親方に若干の銭を包むしきたりになっていましたが、その日、荷宰領は都合があって問屋場の人足部屋に顔を出すのが遅れました。これに腹を立てた繁は怒鳴り立て、荷宰領は謝りますが、行列が出発しても話がつかず、しびれを切らした荷宰領は行列を追って駆け出してしまいました。追いかけた繁は三嶋明神の先で荷宰領に追いつくと、さんざん悪態をついて、その挙句、尻をまくって「切れるものなら切ってみろ」と暴言を吐き、これに怒った荷宰領に本当に尻を切られてしまいました。繁は、それでも箱根を目指して去っていく行列を追いかけましたが、さすが豪気な彼も多量の出血のため、この先の今井坂辺りで息絶えました。

行年三十八歳、「常雲精進信士霊」と刻まれた墓は、その頃の街道で活躍するいかにも威勢の良い雲助の姿が偲ばれます。

⑮新町橋

三島宿の東の入口、橋の西側に木戸と石塁だけの江戸方見付があった場所です。下を流れる川は大場川といいますが、江戸時代は、加茂川又は神川と呼ばれていました。新町橋も新町川橋と呼ばれ、長さは十九間（三十四・六メートル）・幅三間（五・五メートル）の欄干を持つ板橋であったといいます。

⑯三嶋大社

三嶋大社は伊豆国の一の宮で、祭神は大山祇命《おおやまつみのみこと》と事代主命《ことしろぬしのみこと》の二柱です。創建の時は明らかではありませんが、古くからこの地にあって三嶋大明神と称し、富士火山帯の根元の神、伊豆の国魂の神、国土開発の神として信仰されてきました。『日本書紀』などによれば、歴代

広重「東海道五十三次之内　三島」（行書版）
川崎砂子の里資料館蔵

の天皇をはじめとする朝廷の信仰も篤く、中世以降は武士の信仰を集め、特に源頼朝は深く当社を崇拝し、源氏旗揚げの際はこの三嶋大明神に戦勝を祈願したといわれています。

江戸時代は、東海道に面し下田街道との分岐点に位置していたことから街道を行く多くの旅人たちも参詣に立ち寄り、その名はさらに広く世間に広まったといいます。

約一万五千坪（五ヘクタール）の境内には、樹齢千二百年、九月から十月にかけて薄黄色の小花を全枝に付け、その芳香が二里四方にまで達すると伝えられる天然記念物の金木犀《きんもくせい》や、樹齢千余年を経たとされる「三島七木」の一つ楠の大木があります。かつて社前の東海道の中央にあって、行き交う人の流れを整理する役目を果たしていた石を、その後、交通が頻繁になったので取り除こうとしたところ災いをもたらしたとされる「たたり石」や、頼朝が参詣の折、休憩したと伝えられる「腰掛石」のほか、俳聖松

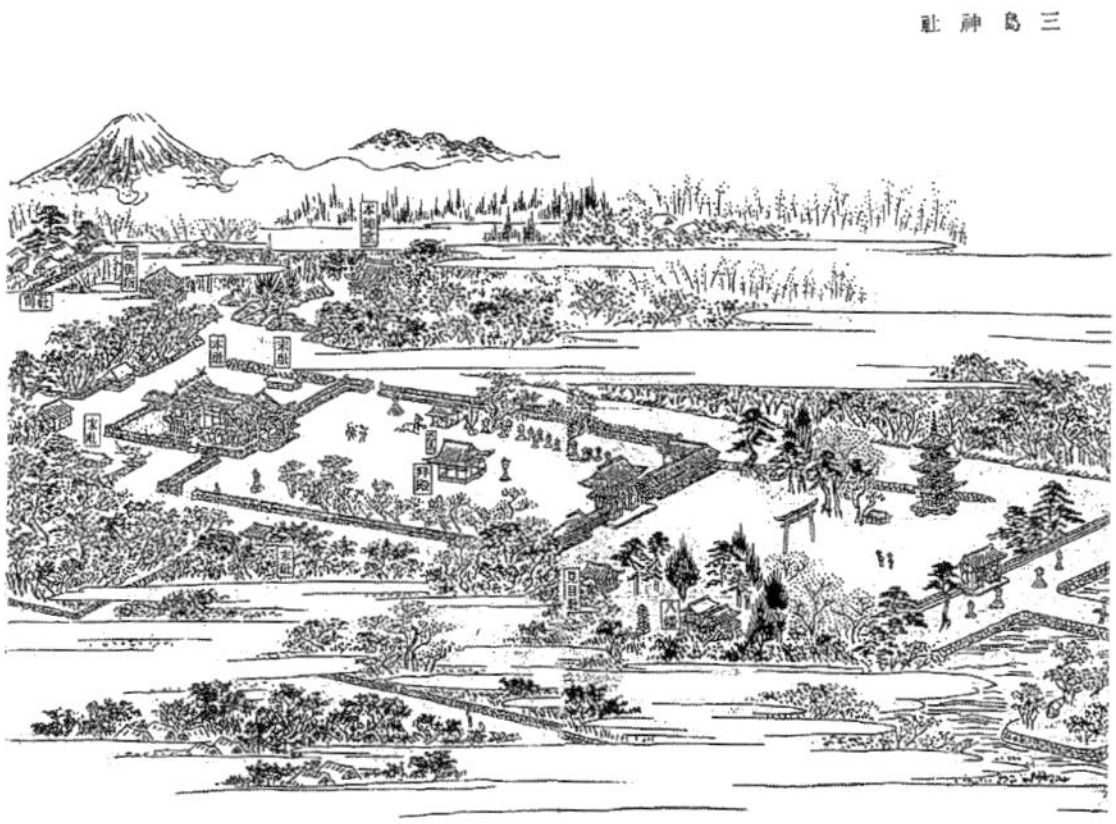

「東海道名所図会」三嶋神社　国立国会図書館蔵

尾芭蕉の句碑や詩人若山牧水の歌碑など多くの史跡があります。

毎年八月十六日の夏祭りは、全国から集まる露店と三島囃子《はやし》が有名で大勢の参詣客で賑わいます。

箱根西坂こぼれ話1　脚気地蔵

大坂京橋の呉服屋堺屋十郎兵衛の息子喜六は、道楽に明け暮れ、家を飛び出していました。十郎兵衛は年も取ったので先も長くないと思い、身代を息子に譲ろうと息子探しの旅に出ました。

大津の宿で喜六に似た駕籠《かご》かきを三島で見掛けたと聞き、三島までやって来ました。三島の問屋場で尋ねると箱根の雲助ではないかといわれ、十郎兵衛は箱根に向かいました。ところが箱根峠に差し掛かったところで、持病の脚気が出て道端に倒れてしまいました。

そこに通りかかった駕籠かきとなった喜六は、介抱をしようと近づきました。病状は重く、手を尽くしましたがなかなか良くなりません。そのうち旅人が、大金（七両二分）を持っていることに気づきました。魔がさしたのか、その旅の老人を殺害して財布を奪ってしまいました。

脚気地蔵

懐から財布を抜きとると、どこかで見たことのある財布でした。

我に返った喜六は、自分の父親を刺し殺してしまったことに気が付きます。

喜六は道中差で自害を図りますが、なかなか死にきれずそのまま狂ったように山中新田まで辿り着き、宗閑寺で相果てました。村人たちはこの廻り合わせを気の毒がり、供養のために地蔵を建てたそうです。

箱根西坂こぼれ話2　芝切地蔵

昔、巡礼の旅人が、山中新田の宗閑寺に一夜の宿を頼みますが、その夜腹痛におそわれ亡くなりました。亡くなる間際に旅人が言うのには、「私は常陸国（茨城県）の生まれで、全国を旅して廻り、これから帰るところでしたが故郷の土が踏めなくなり大変残念です。厚かましいお願いですが、私を地蔵尊として祀ってもらい、芝塚を積んで常陸国が見えるようにして下さい。そうすれば、村の人たちの健康はもちろんのこと、世の人々の難病を救うことを約束します」と。

芝切地蔵

住職は旅人との約束通り、芝切地蔵尊として葬り、毎年七月十四日を縁日として供養しました。

祭には、お札、はらかけ、芝切地蔵の小麦饅頭が売られ、この小麦饅頭を食べると腹の痛みが治るといわれます。祭りの時に求める腹掛けは、お腹の病によいと評判でした。

戦後直ぐまでは、伊豆一円や富士、沼津など遠方からも信者が集まり、参拝者の列が三島まで続きました。また、祭りの日の小麦饅頭の売り上げで一年分の村の経費が賄えたそうです。

僧侶がたたく小さな鐘は、その昔、箱根八里を駆け抜けた飛脚たちが奉納したもので、定期的に江戸と大坂を往来していた飛脚たちが地蔵尊へ篤い信仰をもっていたことがうかがわれます。

【付録】

日本橋

広重「東海道五十三次之内　日本橋」保永堂版　国立国会図書館蔵

日本橋

（日本橋〜銀座〜芝〜高輪〜品川宿）

①〜⑮を経て品川駅まで約 10 km
およそ２時間 30 分
（４km を１時間として概算）

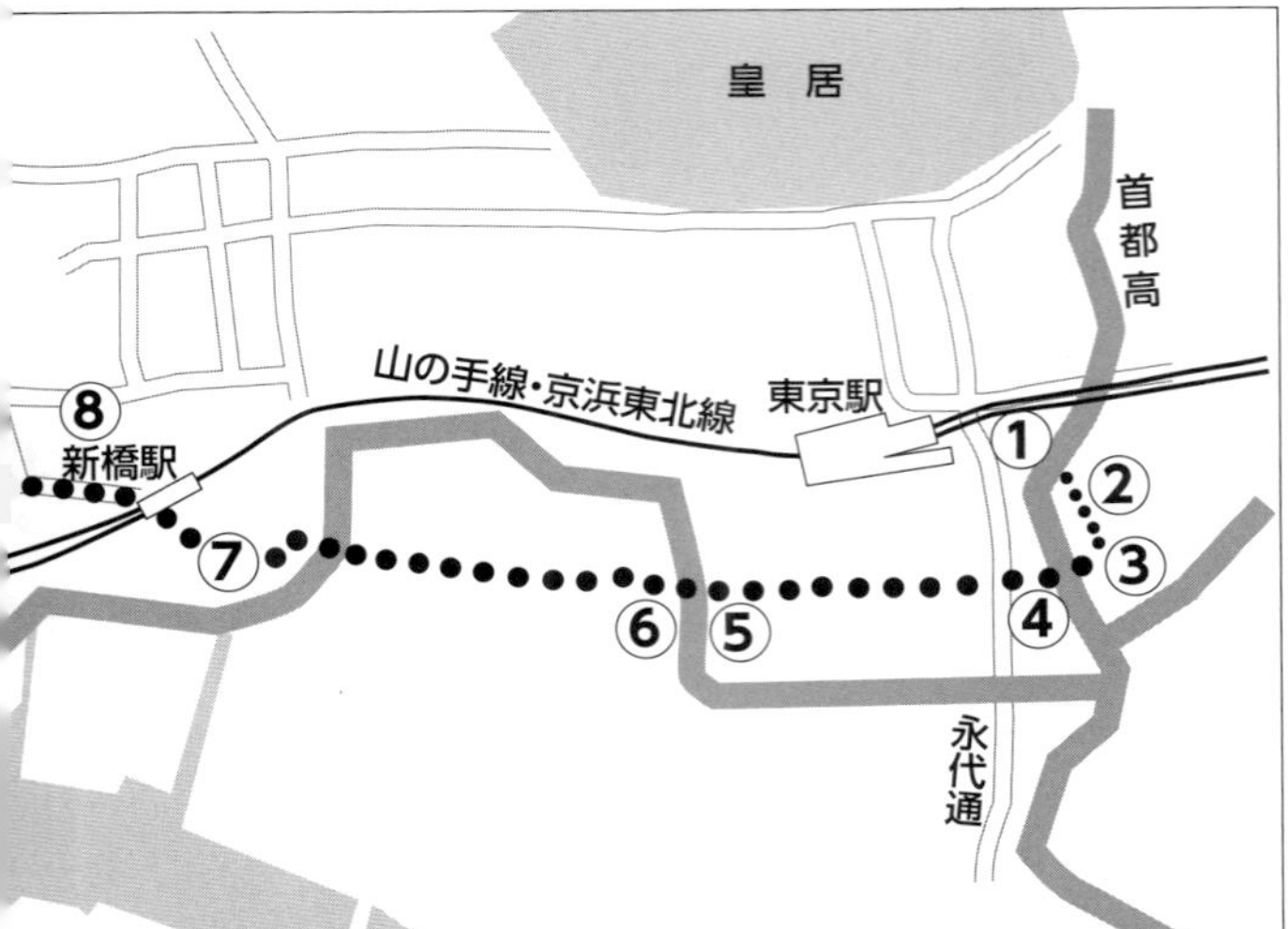

●●●●●●●● 太丸は東海道

●●●●●●●●●● 小丸はガイドルート

ガイドルート

①常盤橋御門跡
②日本銀行本店と金座跡
③日本橋三越本店(越後屋)
④日本橋
⑤京橋
⑥銀座跡
⑦新橋停車場跡
⑧浅野内匠頭切腹の地
⑨芝大神宮
⑩増上寺
⑪西郷・勝会見の地
⑫水野監物邸跡
⑬高輪大木戸跡
⑭泉岳寺
⑮東禅寺

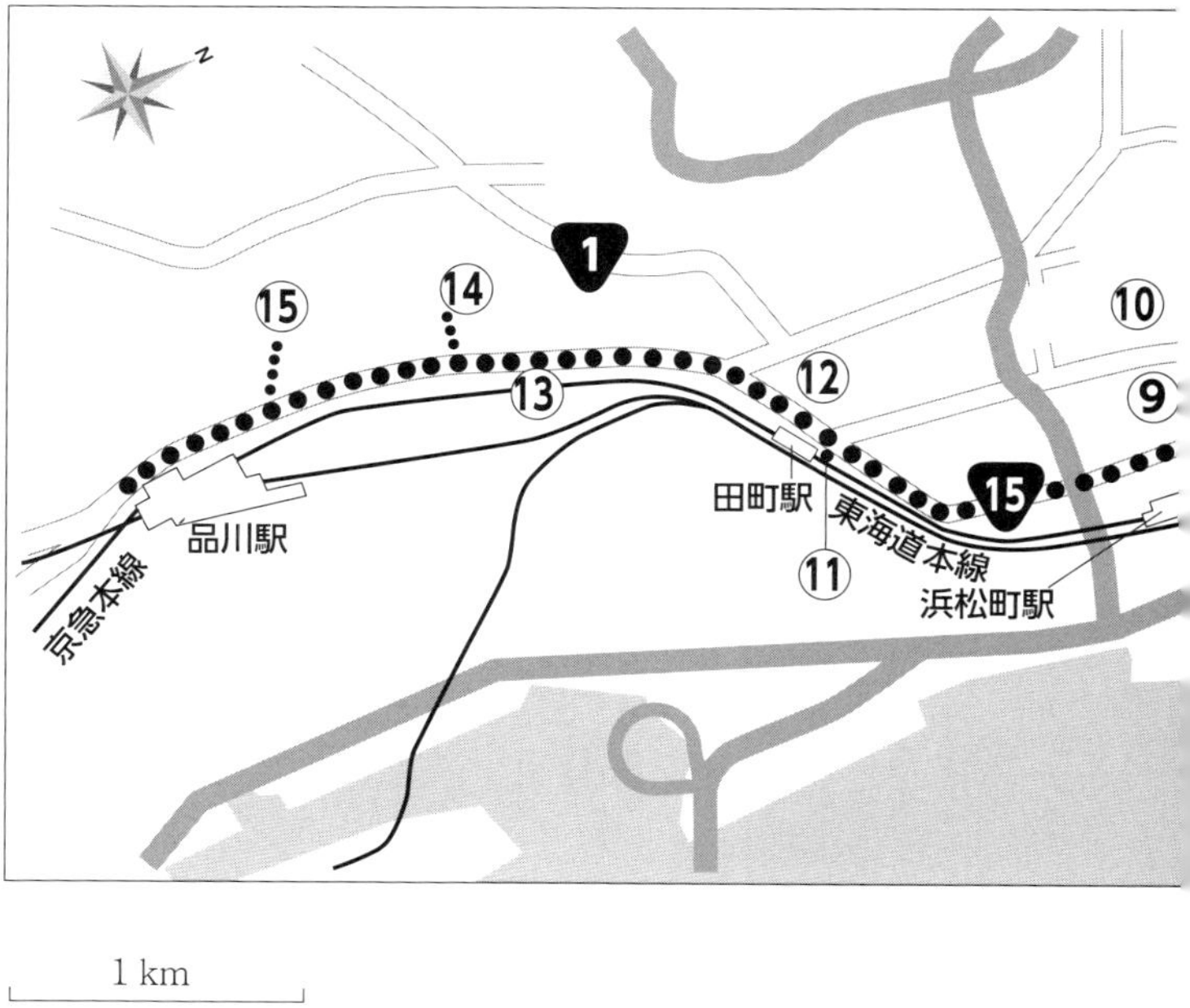

江戸日本橋から品川へ

江戸と道の起点「日本橋」

♣　室町中期、太田道灌が城を築いた江戸は、入江の中央にあって物流の要衝として東国屈指の都市であったといいます。ただ、この頃の江戸は、その地方の主要な都市の一つに過ぎませんでした。

慶長八年（一六〇三）、徳川家康が江戸に幕府を開くと、家康は江戸をそれにふさわしい都市とするため、従来の都市機能をもとに新しい城下町の建設をすすめました。江戸城を中心に

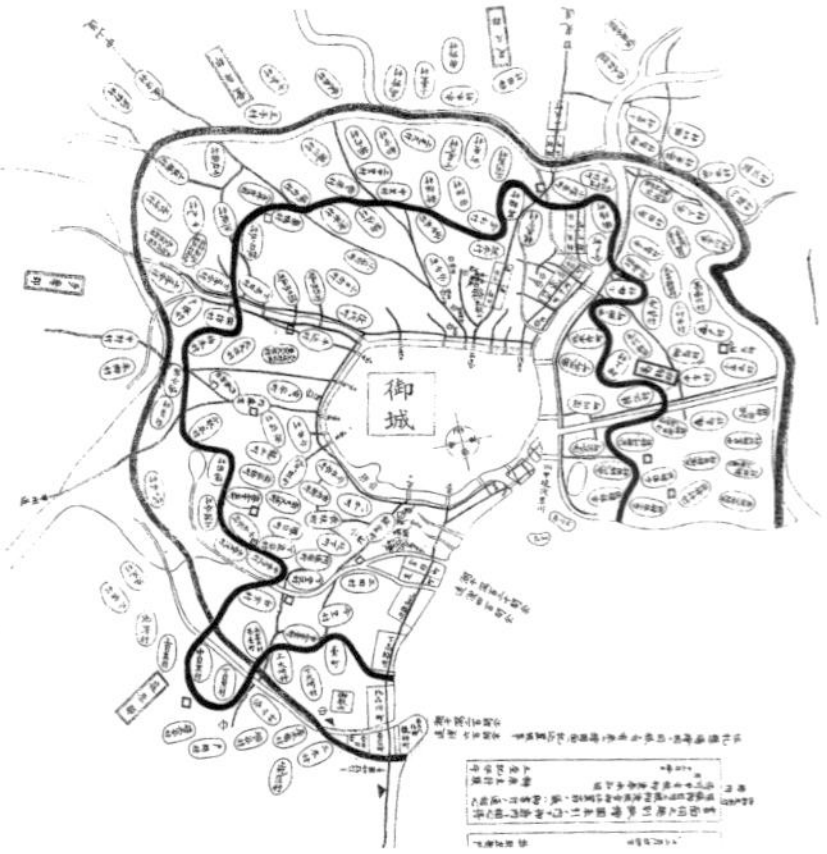

旧江戸朱引内図（部分）
東京都公文書館蔵

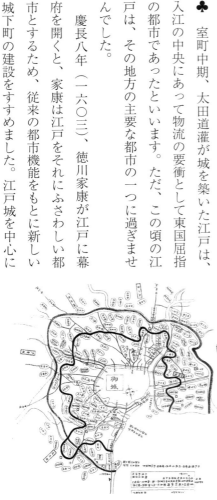

一門、譜代の大名、直参旗本などでその主要な場所を固め、その外側には徳川に従った大名の屋敷を配置しました。町人地は日本橋を中心に江戸全体のわずか二割程度に過ぎず、寺社地はさらに外れた街道筋に配されました。この都市づくりは、明暦の大火などもあって、約五十年後、四代将軍家綱の頃にようやく完成し、次第に江戸が日本の政治・経済の中心地となっていきました。ちなみに、享保年間（一七一六―三六）の江戸の人口は、武士、町人、僧侶など全体で百万人を超え、当時のロンドン七十万人、パリ五十万人に比べてもはるかにこれを上回るものだったようです。

♣都市機能の整備とともに、家康は全国を支配するため江戸を中心とした五街道と呼ばれる諸街道の整備に着手した。江戸日本橋を里程の起点として、慶長六年（一六〇一）、各街道に宿駅伝馬《しゅくえきてんま》の制を敷き一里塚や並木を配し、とりわけ重要であった東海道は、京都までの全長百二十六里六町一間（四百九十六キロ）に、後に五十三次と呼ばれる宿駅を配置し、最初の継ぎ立て駅を品川にしました。

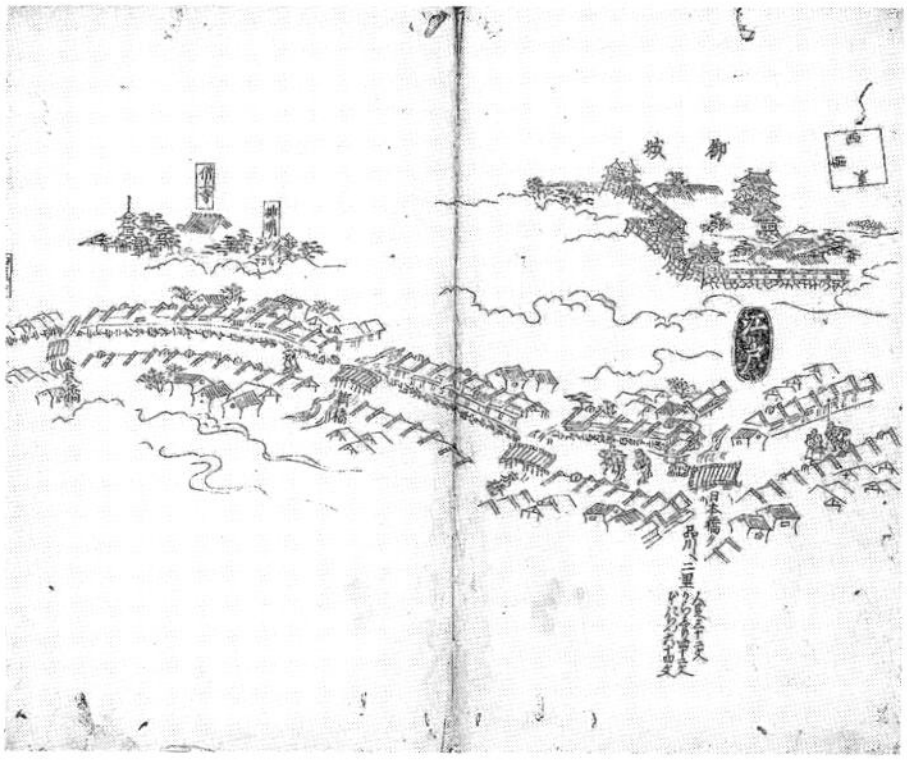

「東海道分間絵図」より日本橋付近　国立国会図書館蔵

当初は政治的、軍事的目的で整備された東海道も、江戸中期頃になると、政治の安定や経済の発展などによって次第に庶民の間に利用されるようになり、多くの人が寺社詣でや物見遊山などに行き交うことになりました。

日本橋から品川までのみどころ

◉旅のはじまり日本橋

江戸の中心地、ひいては日本の中心地にあった日本橋は、慶長八年（一六〇三）に架けられ、元和四年（一六一八）に最初の架け替えが行われました。長さ三十七間余（約六十八メートル）、幅四間余（約八メートル）の板橋であったといい、橋上には多くの人達が行き交い、橋の周辺は魚河岸をはじめ大店、小店、問屋などが軒を連ねる江戸最大の繁華街でした。当時の旅立ちは「お江戸日本橋七つ立ち…」の歌にもあるとおり、午前四時頃でした。現在のように交通手段に恵まれ、簡単で

広重「日本橋図会」江戸名所日本橋
国立国会図書館蔵

安全な旅ができる時代と違い、旅の期間も長く、病気などの心配はもちろん危険も多かったので、旅立ちには水杯を交わすなど別れを惜しみ、時には、最初の宿場品川宿まで見送ることも多かったといいます。

なお、東海道に宿駅伝馬の制が敷かれたのは慶長六年（一六〇一）、日本橋が五街道の出発点となるまでの東海道の出発点は、本芝(現港区芝五丁目札の辻交差点付近)にありました。

◉江戸の発展を支えた金座、銀座

今でも地名として残る「銀座」は、慶長十七年（一六一二）に駿府から江戸に移された銀貨鋳造所のあった場所です。日本橋本石町の日本銀行本店の場所には「金座」があって、小判や一分金などの金貨を鋳造していました。徳川幕府は統一政権として貨幣の鋳造の独占をはかり、金・銀・銭の三貨による貨幣の統一を進めました。これがほぼ実現するのは元禄期（一六八八―一七〇三）ですが、これによって両替商の発達や江戸為替の流通による上方との資金流動がはかられ、江戸の経済活動の発展に大きな役割を果たしました。

◉泉岳寺など赤穂浪士ゆかりの地

元禄十四年（一七〇一）、浅野内匠頭《たくみのかみ》が江戸城内松の廊下において吉良上野介《きらこうずけのすけ》に対して刃傷に及ぶ事件がありました。

勅使下向中の不届きということで、内匠頭は愛宕下の奥州一ノ関藩主田村右京大夫邸にお預けの上、その夜のうちに切腹。一方の上野介はおとがめなしとして帰宅を許されました。この公平を欠いたともいえる五代将軍綱吉の裁定に、主君を失った赤穂浪士が数々の苦難を乗り越え、遂に元禄十五年（一七〇二）十二月十四日、吉良邸に討入って見事主君の仇を果たし、泉岳寺に引き揚げました。この出来事は江戸市中の人々の共感を集め、浄瑠璃をはじめ歌舞伎や講談で長く語り継がれることになりました。品川までの道筋に、田村右京大夫屋敷跡をはじめ、討入り後、浪士のお預け先の一つ岡崎藩主水野監物《けんもつ》邸跡や、主君の墓とともに四十七士の墓が祀られる泉岳寺があります。

◉庶民の娯楽地芝神明社界隈

「芝で生まれて神田で育ち　いまじゃ火消のあの纏《まとい》持ち」と端唄に歌われた江戸っ子の本場の一つ「芝」は、汐留川に架かる芝口橋（新橋）を渡った先から東海道に沿って金杉橋、漁師町本芝、芝田町に続く一帯を指します。中でも、芝神明界隈は東海道に面し芝神明社の門前に位置していたため、両替商、書物問屋、団扇《うちわ》問屋など様々な業種の商人が居住し、加えて参詣の庶民や東海道

広重画帖　英泉「東都名所尽」芝神明宮祭礼生姜市之景
国立国会図書館蔵

を往来する旅人のための小料理屋、そば屋、うなぎ屋、菓子処、江戸土産を扱う土産物屋などが軒を連ね、城南の一大盛り場となっていました。

文化二年（一八〇五）、神明社の境内で行われた勧進相撲の際の力士と「め組」の火消しとの喧嘩は、講談や歌舞伎にも取り上げられています。近くの芝増上寺は徳川家菩提寺で、寺領一万石、境内二十数万坪、百二十以上の堂宇、僧侶三千人を擁する大寺院でした。

◉幕末の騒乱と芝、高輪界隈の史跡

江戸における幕末の騒乱は大きく二つの面でとらえることができます。

その一つは外国人殺傷事件です。麻布、芝、高輪は江戸の南にあって海に近く、多人数の外国人の居住にも適した寺院が多かったので、アメリカ、フランス、イギリス公使館など多くの外国施設が置かれていました。このため開国に反対する攘夷派などによる外国人に対する殺傷事件がたびたび起こりました。中でも水戸浪士等によるイギリス公使館東禅寺襲撃事件は外交問題にも発展し、いたく幕府を悩ませることになりました。

他の一つは大政奉還後の江戸市中の騒動です。もろくも崩れ去った幕藩体制に対する江戸市中の不安と、討幕の効果的遂行を狙う薩摩藩三田屋敷の動きが一層の混乱を招き、遂には幕府による薩摩藩邸焼き討ち事件にまで至りました。この混乱がその後の鳥羽伏見の戦いの一因ともなり戊辰《ぼしん》戦争に発展します。新政府軍が江戸城総攻撃を予定する直前、田町にあった薩摩藩蔵屋敷において新政府軍参謀西郷隆盛と幕府陸軍総裁勝海舟との会談が行われて江戸城開城が決まり、彰義隊など一部抵抗はあったものの江戸は戦火を免れ、明治の時を迎えることになりました。

主な史跡など

①常盤橋御門跡

常盤橋御門は、江戸城正門である大手門に通ずる重要な外郭門で、特に浅草を経て奥州道に通ずる出入口でしたから、そこからの敵の侵入を防ぐため、大きな切り石を積み上げた「コ」の字型の桝形門となっていました。そのため、「大手口」、「追手口」あるいは「浅草口」などと呼ばれていました。門の建物は明治初年に取り壊され、今は石垣のみが残って、一帯は常盤公園となっています。門に架けられていた板橋（旧常盤橋）は、明治十年（一八七七）、門跡の石も使用した都内で唯一現存する洋式の石造りアーチ橋に架け替えられました。

②日本銀行本店と金座跡

日本銀行本店の本館は、明治二十九年（一八九六）竣工のネオ・バロック様式の石造建造物です。東京駅などを設計した東京帝国大学教授で建築家の辰野金吾が欧米の銀行建築を視察して、最終的にベルギーの国立銀行をモデルに設計したといわれています。この場所はかつて江戸時代に金座のあったところです。江戸時代の貨幣制度は金・銀・銭の三貨制が採られ、小判や一分金など金貨の鋳造は金座と呼ばれた鋳造所で、銀貨の鋳造は銀座、銭貨の鋳造は銭座でそれぞれ行われていました。

③越後屋

現在の日本橋三越本店と三井本館の間を通って日本銀行に向かう通りを、駿河町と呼んでいました。『江戸名所図会』には間口の広い店先に暖簾や看板が掛けられて賑わう越後屋の様子が描き出されています。

越後屋の先祖はもと近江の国の六角氏に仕えた武士で、その後、時代を経て延宝元年（一六七三）、三井家の家祖となる三井高利が江戸に越後屋呉服店を開いたことに始まるといいます。越後屋は当時の商売「屋敷売り、掛け売り」からすると、「店売り、現金掛け値なし」の画期的新商法で人気を集め、さらには、「布の切り売り、仕立てサービス」などによって、江戸庶

「江戸名所図会」駿河町三井呉服店
国立国会図書館蔵

民の大きな需要を掘り起こしたといいます。この越後屋が現在の三越につながっていきます。

④日本橋

上に高速道路が走る現在の日本橋は、明治四十四年（一九一一）四月に完成したものです。橋の長さは二十七間（四十九・一メートル）・幅十五間（二十七・三メートル）、橋のデザイン・設計は妻木《つまき》頼黄《よりなか》です。バロック風の秀麗な石橋で、橋の中央に道路元標を立て（昭和四十二年埋込型に変更）、橋頭の左右には獅子と麒麟《きりん》の銅像を配し、さらに方柱の模様には旧街道の並木の松と一里塚に植樹した榎が刻んであります。なお橋柱の「日本橋」の文字は、十五代将軍徳川慶喜の筆によるものです。

江戸時代、「お江戸日本橋七つ立ち　初のぼり　行列そろえてあれわいさのさ　こちゃ高輪夜明けて　提灯消す　こちゃえこちゃえ」と歌われた日本橋は、江戸随一の名所として名高く、五街道の起点、市中交通の要衝として賑わいました。

橋のたもとには高札場《こうさつば》が置かれていました。日本橋下流の川沿いには魚河岸があり、遠江、伊豆、相模、下総、上総などから、おびただしい漁船が出入りして魚介類を荷揚げし、江戸の人々の食卓に供しました。その賑わいぶりは他に類なしともいわれ、大正十二年（一九二三）、関東大震災で焼失したのを機に築地に移転されるまで続きました。

⑤京橋、江戸歌舞伎発祥の地

「京橋」の名は、日本橋を出発して東海道を京方に向かうとき、最初に渡る橋という意味で名付けられたといいます。昭和三十四年（一九五九）、京橋川の埋め立てに伴い橋は撤去され、現在では、明治初期の親柱が中央区の有形文化財として残されています。

商業の中心として大店が立ち並び富と力を誇っていた日本橋界隈と比べ、京橋界隈は、桶町、南鍛冶町、南鞘町、南塗師町というかつての町名にも表されるとおり、小商人や職人が多く住む町でした。この辺りは「江戸歌舞伎発祥の地」です。東都で最古の伝統と最高の地位を担った中村座が、中橋の地に初めて常打ちの芝居小屋を旗揚げ、太鼓櫓を許されたのは寛永元年（一六二四）二月のことでした。

⑥銀座跡

「東京銀座」、おしゃれな店やデパートが立ち並ぶこの地域は、日本一地価の高い、日本を代表する商業の盛り場です。幕府はここに銀座役所をおいて堺の銀商であった大黒常是《だいこくじょうぜ》に銀貨を鋳造させ、このほか、銀の買入、銀の保管などの仕事も併せて行いました。

京橋寄りには銀貨と銭を交換する両替商も店を構え、一帯は日本橋に次ぐ賑わいをみせていました。銀座役所は現在の銀座通り二丁目東側付近にあったといわれています。

銀座を代表する四丁目交差点のある晴海通りの、一本南にある「みゆき通り」は、江戸時代、歴代将軍が江戸城から浜御殿（現浜離宮恩賜公園）に御成りになる際の道筋であったとされています。

⑦新橋停車場跡

超高層ビルが林立する汐留貨物駅跡地も、かつては葦の生い茂る海辺でした。江戸時代初期に埋め立てられ、溜池から海に通じる水路が江戸城外堀となりましたが、この付近にあった土橋に堰を設けて潮の干満を防いだところから汐留という地名が生まれたようです。

東海道が汐留川と交差するところに架かっていた橋が新橋です。橋は昭和三十九年（一九六四）まで架かっていましたが、現在は取り壊されて残っていません。

維新後の明治三年（一八七〇）、この汐留の一角に我が国最初の鉄道建設の測量杭が打ち込まれ、二年後の明治五年（一八七二）九月十二日、ついに「汽笛一声新橋を……」でおなじみの新橋～横浜（現桜木町）間が開通しました。営業開始当初の旅客列車は片道五十三分、一

「写真名所一覧」新橋　国立国会図書館蔵

日九往復でした。鉄道が開通すると、この地は新橋停車場として東京の玄関口となり、日本の近代化を象徴する場所となりました。現在では、日本最初の鉄道ターミナル新橋停車場の駅舎の外観が当時と同じ場所に再現されています。

⑧浅野内匠頭切腹の地

「浅野内匠頭終焉乃地」の碑が建てられているこの辺りは、奥州一ノ関藩田村右京大夫の上屋敷があったところです。実際の屋敷はこれより五十メートルほど東側にあったとされています。元禄十四年（一七〇一）三月十四日、勅使の饗応役を命ぜられていた播州赤穂藩主浅野内匠頭が、江戸城内松の廊下において高家筆頭の吉良上野介に対して刃傷に及びました。内匠頭はこの愛宕下の田村邸にお預けの上、「風さそふ　花よりもなほ　我はまた　春の名残をいかにとやせん」と無念の気持ちを辞世の歌に込めてその夜のうちに切腹、遺骸は片岡源五右衛門ら六名の家臣が引き取って、夜道を菩提寺の泉岳寺へと向かい埋葬しました。

喧嘩両成敗の習いに反する五代将軍綱吉の一方的なこの処置が、後の赤穂浪士の吉良邸討ち入りに繋がっていくことになったといわれています。

⑨芝大神宮

創建は平安時代の寛弘二年（一〇〇五）、主祭神は天照皇大御神《あまてらすすめおおみかみ》、豊受大神の二柱で、関東のお伊勢さまとして崇敬を集めてきました。もとは飯倉山にあったといいますが、慶長年間（一五九六―一六一五）に今の場所に移され、徳川家との縁も深く、社殿の造営、修復はほとんどが幕府の直営で施行されたといいます。現在の名称「芝大神宮」の以前は地名をとって飯倉神明、芝神明などと呼ばれていました。

文化二年（一八〇五）に行われた勧進相撲の際、「水引」、「四ツ車大八」らの相撲取りと町火消し「め組」の鳶の者との間で喧嘩騒ぎがあり、鳶の者たちは町内の半鐘を鳴らして人を集めたといいます。この出入りは喧嘩好きの江戸っ子の格好の話題となり、さらに一層の相撲人気を高めるとともに、講談や芝居では「め組の喧嘩」として、特に歌舞伎では「神明恵和合取組《かみのめぐみわごうのとりくみ》」として上演されています。

九月十一日から二十一日までの長期間にわたって行われる祭礼は、その名のとおり「だらだら祭り」として有名です。

⑩増上寺

「三縁山広度院増上寺」と称する浄土宗の大本山で、本尊は阿弥陀如来です。当初は、江戸貝塚（千代田区紀尾井町）にあって、創建は明徳四年（一三九三）と伝えられています

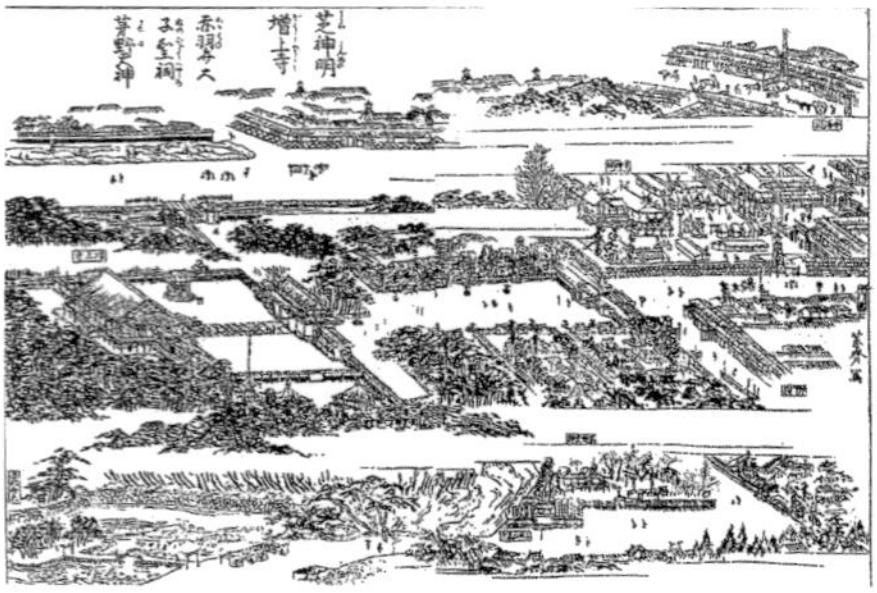

「東海道名所図会」芝神明増上寺　国立国会図書館蔵

が、家康が天正十八年（一五九〇）、関東に封じられて江戸に入府したとき、当時の住職源誉存応上人《げんよぞんのう》と親しく交わって、やがて増上寺を徳川家の菩提所としました。

その後、家康が征夷大将軍に任ぜられて江戸幕府を開くと、現在の地に移転して大造営を行い、最盛期には二十五万坪余（八十二・五ヘクタール）の敷地の中に本堂、山門、経蔵など百二十以上の堂宇、百を超える学寮が立ち並び学僧は三千人にも達したといいます。

江戸の人々は、四季折々に参詣し、勝ち運をもたらす黒本尊に手を合せ、三解脱門《さんげだつもん》の楼上から江戸の町々や品川沖、さらには遠くに見える房総半島の眺めを楽しんだそうです。

境内には、秀忠など将軍家を葬った墓所をはじめ、国の重要文化財に指定されている三解脱門・経蔵などが残っています。

⑪西郷・勝会見の地

元薩摩藩蔵屋敷のあったこの場所で、慶応四年（一八六八）三月十四日、新政府軍参謀西郷隆盛と幕府陸軍総裁勝海舟の会見が行われました。この日は前日十三日、高輪の薩摩藩下屋敷での会談に引き続くものでした。

鳥羽伏見の戦いの後、有栖川宮を東征大総督とした新政府軍は錦旗を立てて東海道など三道を下り、途中幕軍の抵抗を排除しつつ十二日には品川、板橋に達していました。新政府軍が十五日を江戸城総攻撃の日と定めた切迫した状況の中で、徳川慶喜の処分、江戸城の開け渡し、兵器の引き渡しなど七カ条の交渉が行われ、江戸市民に災いを与えず、外国に乗ぜられないようにとの両者の思いが一致して、総攻撃は延期、西郷は京に上って天皇から慶喜助命の勅裁を受けました。

このようにして江戸の町は戦火を免れ、四月二十一日、有栖川宮は諸軍を率いて江戸城に入城、家康以来二百六十五年の徳川幕府の歴史に幕が下りることになりました。

⑫水野監物邸跡

譜代大名で名門の家柄、三河岡崎藩五万石水野家の芝三田中屋敷のあったところです。主君の仇吉良上野介を打ち取り、泉岳寺の墓前に報告した赤穂浪士の面々は四大名家にお預けとなり処分を待ちました。大石内蔵助をはじめとする十七名は細川家芝下屋敷、大石主税など十名は松平家（隠岐守）芝中屋敷、岡島八十右衛門など十名は毛利家（甲斐守）上屋敷、そしてこの水野家中屋敷には神崎与五郎など九名が預けられ丁重に扱われましたが、翌年二月四日、九名はこの屋敷で切腹しました。

⑬高輪大木戸跡

高輪大木戸は、東海道の両側に石垣を築き、江戸の南の出入口として夜は通行止めを行うなど、治安の維持を担っていました。ここに大木戸が設置されたのは享保九年（一七二四）で新橋の芝口門の傍らにあったものが移されたものです。

大木戸の側にあった高札場は、それ以前の天和三年（一六八三）に作られています。その際、江戸初期、江戸の出入口であった札の辻の高札場は取り払われました。

大木戸を出れば品川まで東側は海沿いとなり、東海道を上り下りする人達の送迎でこの辺りは賑わったといいます。今も石垣の一部が残って国の史跡に指定されています。

⑭泉岳寺

万松山泉岳寺は曹洞宗の寺院で、本尊は釈迦如来です。寺伝では、開山は三代将軍家光の禅学の師である今川義元の孫宗関禅師と伝えられています。寛永十八年（一六四一）の大火の折、それまで桜田にあって類焼した寺を当地に復興、この時、家光の命を受けて復興に当ったのが浅野家ほかの五大名でした。浅野家との繋がりもこの時が始まりといわれています。

「それまでは　ただの寺なり　泉岳寺」の川柳のとおり、赤穂浪士討入事件の後、一躍、江戸の名所の一つとなりました。寺内の浅野家墓所には浅野内匠頭長矩・夫

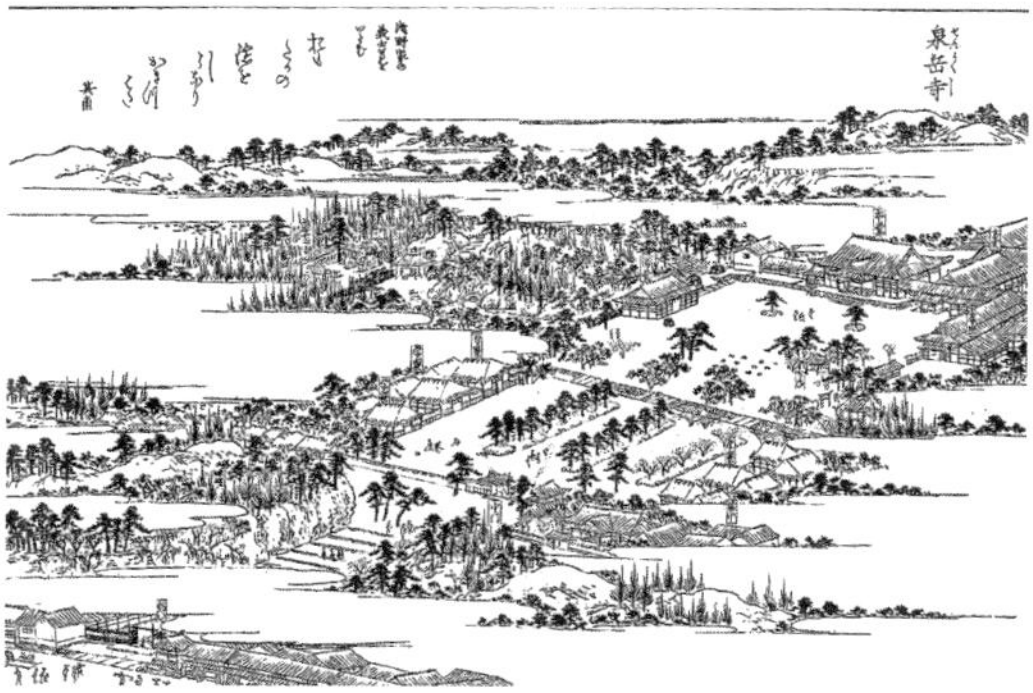

「江戸名所図会」泉岳寺　国立国会図書館蔵

人瑶泉院の墓とともに大石内蔵助など四十七士の墓が祀られています。墓地にはこのほか、神奈川と縁のある高島嘉右衛門の墓があります。

⑮東禅寺

東禅寺は仏日山を号する臨済宗妙心寺派の寺院で、本尊は釈迦牟尼仏《しゃかむにぶつ》です。開山は、家康、秀忠の軍学師範で関ヶ原の戦いにも従軍した嶺南和尚です。寛永十三年（一六三六）、溜池から現在地に移転、当初は境内三万坪（九・九ヘクタール）、塔頭五院を擁していたといいます。檀家には日向飫肥《おび》藩主など十二の大名家があります。

安政五年（一八五八）七月に締結された日英修好通商条約により、我が国最初のイギリス公使館となりました。

文久元年（一八六一）五月二十八日夜半、攘夷派の水戸浪士等十四人による東禅寺襲撃事件が起こりました。その日はオールコック公使が香港よりの帰路、大坂、奈良、桑名を経て東海道を下り江戸に帰着した翌日で、公使は無事でしたが書記官などが負傷しました。

翌年五月には警護の任にあった松本藩藩士が、外国人への反感に加えて自藩が警備の負担に苦しんでいることもあって公使館員を襲撃、二名を殺害して自刃しました。

当時公使館として使用されていた奥書院と玄関が旧時のまま残されています。

日本橋こぼれ話1　三浦按針

日本橋の近くに三浦按針（ウィリアム・アダムス）の屋敷がありました。彼が乗船していたリーフデ号が日本（豊後臼杵の黒島）へ漂着したのは、慶長五年（一六〇〇）でした。乗組員は、臼杵城主太田一吉の出した小舟で日本の土を踏みました。太田は長崎奉行寺沢広高に通報、乗組員は拘束され、積み荷の大砲や火縄銃、弾薬等の武器は没収されました。

寺沢は、大坂（豊臣秀頼）に指示を仰ぎ、五大老首座の徳川家康が、重体の船長に代わり、アダムスとヤン・ヨーステンらを大坂に護送させ、併せて船も回航させました。

家康は彼らを引見、リーフデ号を海賊船と思っていた家康は、路程や航海の目的などを臆せず説明するアダムスとヤン・ヨーステンをすっかり気に入って誤解を解きました。その後、家康はリーフデ号を領地の浦賀へ回航するように命じますが、途中、嵐に遭い浦賀到着時には大破に近い状態でした。回航させたのは、積み荷の二十門近い大砲を会津の上杉景勝との戦いで使用するためでした。乗組員も江戸に入れ、戦いに参加させました。

三浦按針
横須賀市自然・人文博物館蔵

その後、家康が按針の名と逸見の領地を与えたのは、砲術の腕前だけでなく、世界情勢や科学の進歩についての知識などが、新たな国造りに役立ったからでした。按針は、家康の外交顧問としての地位を確実なものとしていきました。

日本橋こぼれ話2　熈代勝覧

熈代勝覧《きだいしょうらん》は、文化二年（一八〇五）の日本橋の活気を描いた長さ十二メートルにも及ぶ絵巻で、ドイツ民家の屋根裏から発見され、ベルリン国立アジア美術館が所蔵していますが、その複製が東京メトロ三越前駅地下コンコースに設置されています。画題の「熈代勝覧」は「熈《かが》ける御代の勝《すぐ》れたる景観」の意で、当時の江戸の繁栄を後世に残す目的で制作されました。

熈代勝覧（一部）名橋「日本橋」保存会許可

現在の中央通りに当たる通りは当時通町と呼ばれ、問屋が立ち並ぶ江戸一の商店街でした。八十八軒の問屋が登場しますが、暖簾は屋号が判別できるほど精緻に描かれています。

居酒屋の床机《しょうぎ》に腰掛けて昼間から一杯やる町人や有名店舗も多数登場します。江戸随一の大店呉服商越後屋（三越）は掛け売りが主流だった江戸の商売に「現金掛け値なし」を持ち込んで大ブレークしました。大手書肆《しょし》（本屋）須原屋も見えます。

絵には総計千六百七十一人が描かれています。買い物客、振売《ふりうり》、辻占《つじうらない》、読《よみ》売《うり》など路上の商人、勧進僧などの僧侶、寺子屋に通う親子などの他、野犬二十匹、馬十三頭、牛車四輌、猿飼の猿一匹、鷹匠の鷹二羽も描かれています。

なお、絵師は、北尾政演の名で絵師としても活躍した山東京伝ではないかと見る説が一般的です。

【付録】

品川宿

広重「東海道五十三次之内　品川」保永堂版　国立国会図書館蔵

品川宿

（品川宿～大森～蒲田～六郷川）

①～⑭を経て六郷川まで約 12 km
およそ3時間
（4 km を1時間として概算）

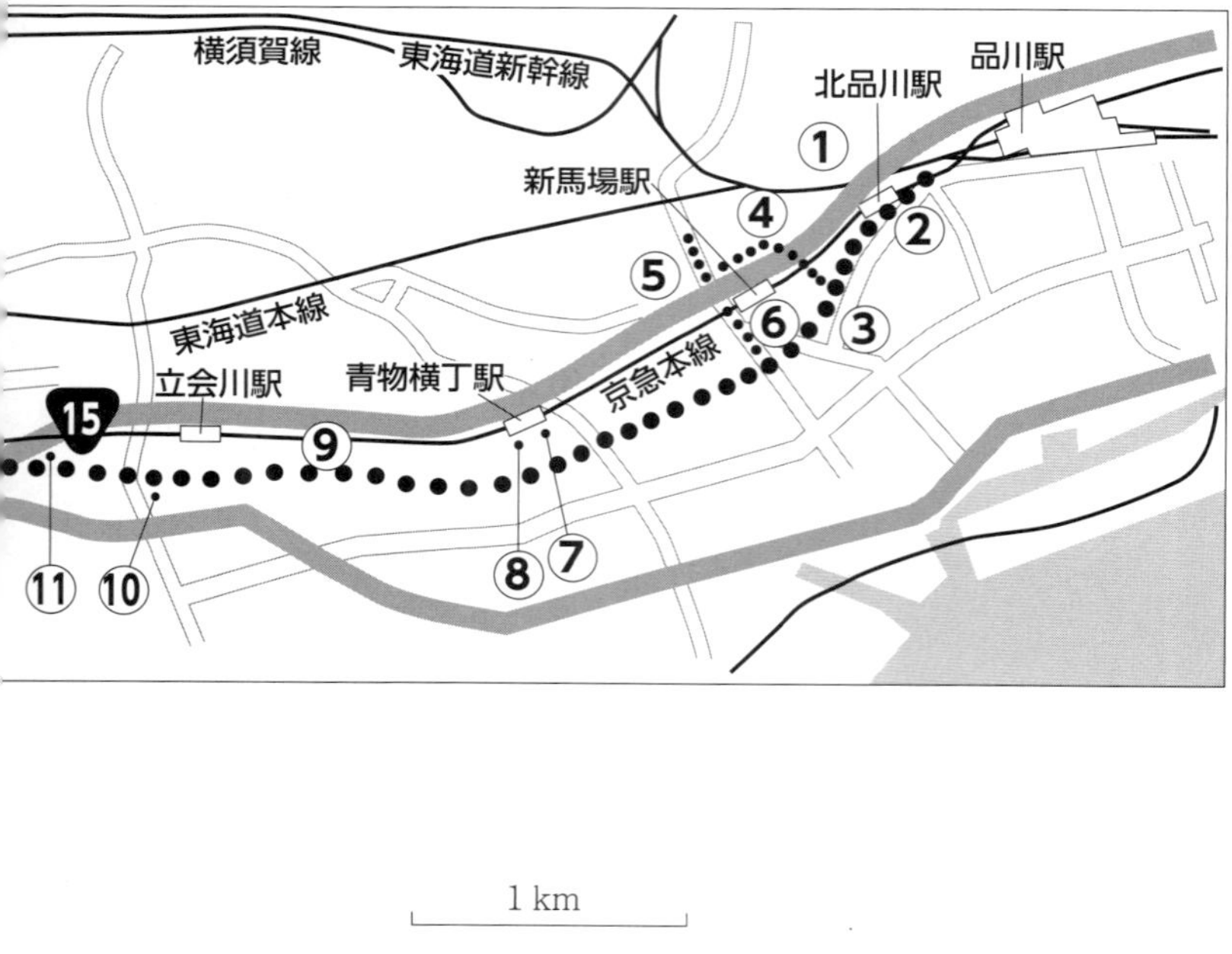

1 km

●●●●●●●● 太丸は東海道
●●●●●●●●●●● 小丸はガイドルート

ガイドルート

①御殿山
②問答河岸と土蔵相模
③本陣跡
④品川神社
⑤東海寺
⑥荏原神社
⑦品川寺
⑧海雲寺
⑨鮫洲八幡神社
⑩浜川橋
⑪鈴ヶ森刑場跡
⑫磐井神社
⑬梅屋敷跡
⑭六郷神社

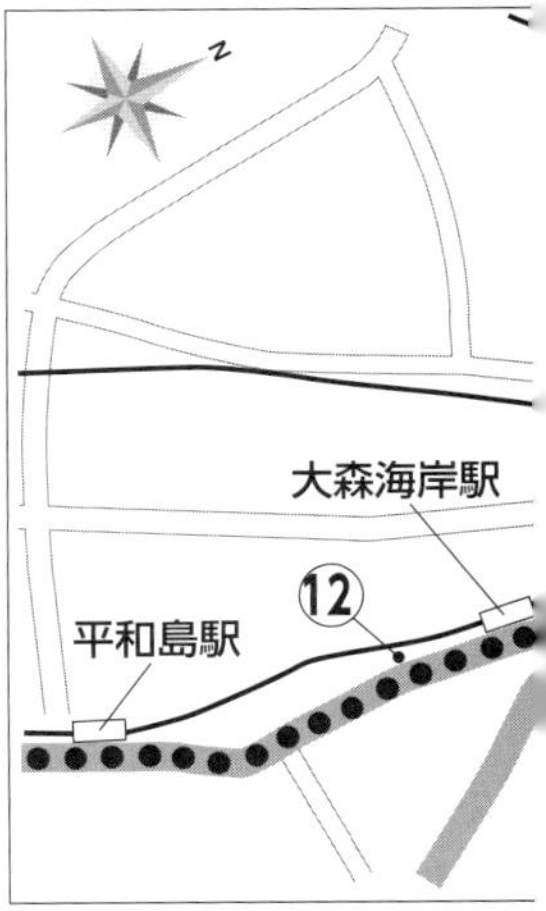

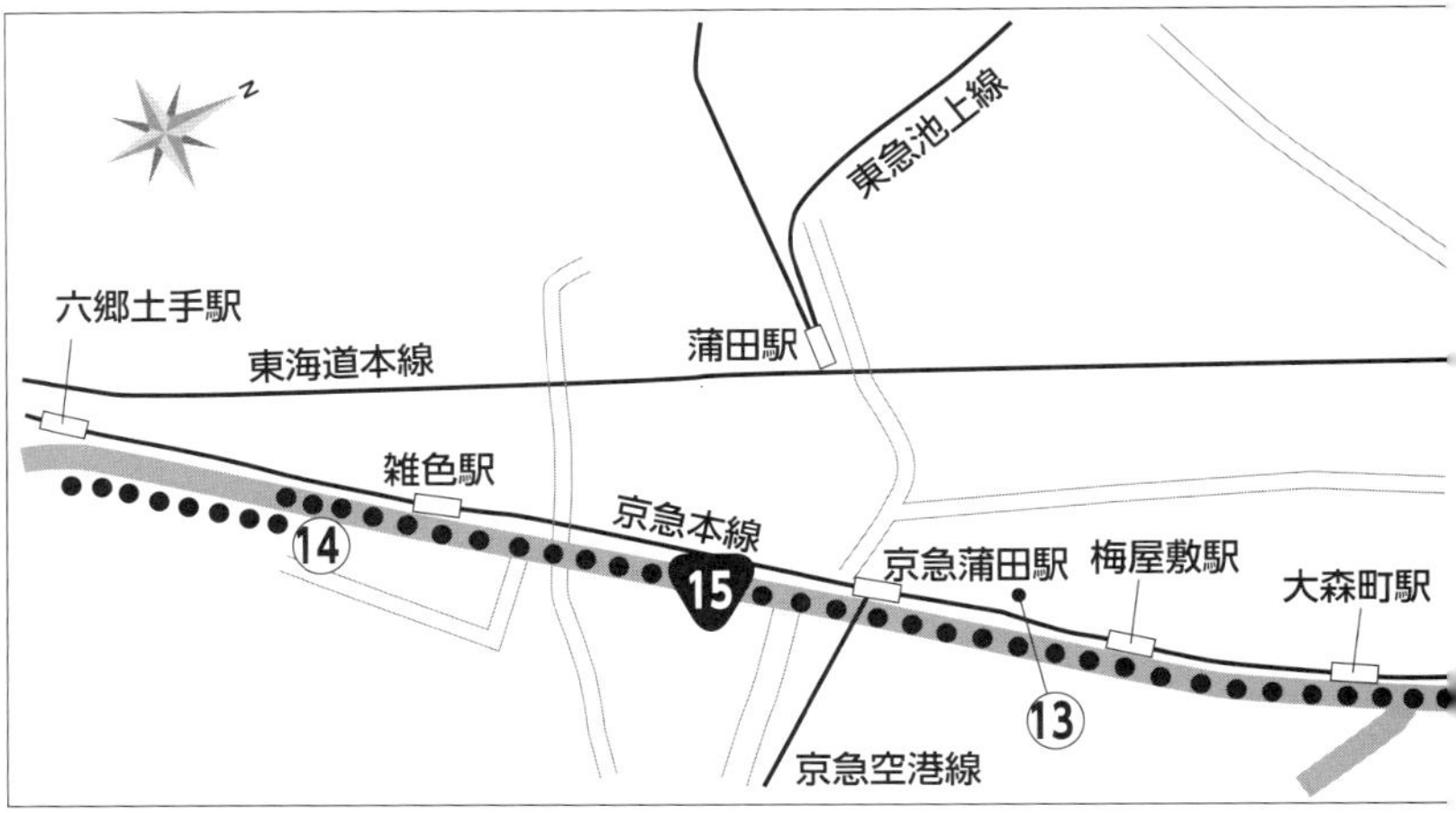

品川宿から川崎へ

品川宿のあらまし

♣ 品川は、中世以来、有数の湊であった神奈川や六浦（横浜市金沢区）などとともに陸海交通の要衝として、物資の集散地として栄えてきました。

このようなことに加えて、江戸に最も近いこともあって、徳川家康が東海道に宿駅伝馬《しゅくえきてんま》制度を制定した慶長六年（一六〇一）、品川宿は伝馬朱印状を下付されて最初に成立した宿場の一つとなりました。

♣ 品川宿は日本橋から二里（七・九キロ）、江戸を

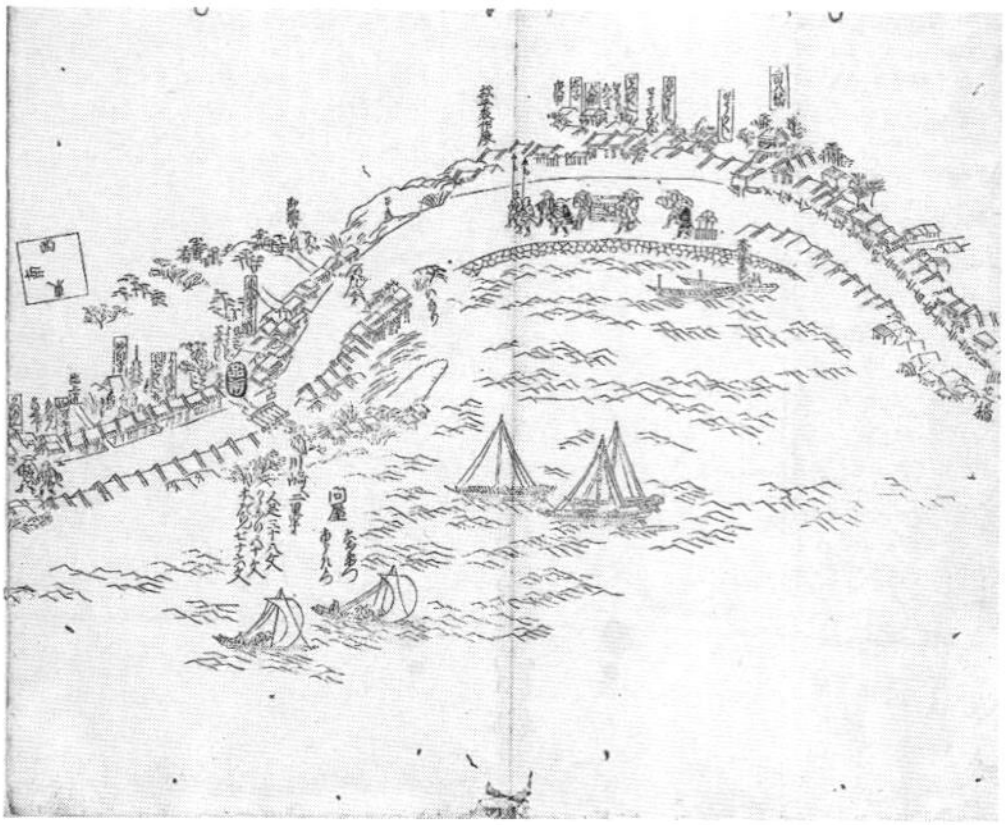

「東海道分間絵図」より品川宿付近
国立国会図書館蔵

出立した旅人が左手に海を見ながら最初に通る宿場でした。次の宿場川崎までは二里十八町（九・八㌔）、途中には船で渡る六郷川（多摩川）が流れていました。

宿内の町並みは、南北に十九町四十間（二・一㌔）、歩行《かち》新宿、北品川、南品川の三宿で構成され、宿の規模は、江戸後期の資料によれば人口六、八九〇人・家数千五百六十一、本陣一、脇本陣二、問屋場《といやば》一、旅籠《はたご》九十三で、東海道の宿場の内でも大きい宿場の一つでした。

品川宿の特徴とみどころ

●品川宿を出入する旅人

〝お江戸日本橋七つ立ち〟と歌われた東海道の旅は、早朝、暗い内に日本橋を出立、高輪の大木戸を過ぎる頃には、東の空も明るくなってやがて品川宿に到着しました。多くの旅人はここで海を目の前にして朝食を取って、これからの旅の安全を願ったことと思われます。

一方、長い旅を終えて品川宿に到着した旅人は、江戸を前にして諸々の旅の思い出とともに品川宿で一夜を過ごし、その疲れを癒しながら、明日の江戸入りに備えたものと思われます。近代化された東京の中にあって、現在も北品川から南品川にかけての町並みにはどことなくかつての面影が残っていると思うのは気のせいでしょうか。

◉行楽、遊興の地としての賑わい

品川宿では海の景色をはじめとして、春は御殿山の桜、初夏の潮干狩り、秋は海晏寺や東海寺の紅葉など四季折々の素晴らしい景色を楽しむことができ、新鮮な海の幸もあって、宿場町としてだけではなく江戸の人々の行楽地としても大いに賑わいました。

遊興の地としての品川は吉原と並び称されるほどで、「北国」の吉原に対して「南国」品川と呼ばれました。品川宿の賑わいを支えていたのは、旅籠に働く多くの飯盛女《めしもりおんな》（宿場遊女）たちで、品川三宿では幕府から五百人を限って認められていましたが、実際には多いときで千人を超えたこともあったといわれています。

◉品川の海の幸

かつて江戸の海では魚介類がたくさんとれました。中でも「江戸前」の魚は、新鮮で美味しく寿司だねにも多く使われました。

品川浦（南品川宿）、御林浦（大井村）も、御菜肴八カ浦《おさいさかなはちかうら》の一つとして毎月、新鮮な魚を幕府の御台所に届ける役割を担っていました。

品川沖では鮃《ひらめ》、鰈《かれい》、沙魚《はぜ》、白魚、あいなめ、烏賊《いか》、きす、石もち、小鯛、鰆《さわら》、赤貝、蛤蜊《はまぐり》などがとれ、とれた魚の一部は御菜肴として献上、一部は自家の食料、あとの大部分は芝金杉・本芝の問屋や仲買人の手を経て売りさばかれました。南品川の通りには、とれた魚を売るための朝市が立っていたといいます。

江戸の特産品として浅草海苔が有名ですが、その主産地は品川でした。品川の浅瀬に目黒川、立会川の吐き出す真水が入って適度に交じり合ったところが海苔の生育に適し、南品川から大森にかけて全戸数の約三分の一が海苔稼ぎをしていたといいます。

◉お寺の多い町

品川宿は寺院の多いところでもあり、江戸末期には塔頭《たっちゅう》を含めれば五十カ所程度もあったといわれています。その宗派も多岐にわたり、江戸市中やその周辺には数少ない時宗や黄檗宗《おうばくしゅう》の寺まで揃っていました。

当時、この地域に人口が密集していたことのほか、中世あるいはそれ以前からこの地が栄えていたことや、家康が政権安定のために寺院の保護政策などを重要な柱として取り上げたことが考えられます。

広重「広重魚尽」いさき・かさご・薑《はじかみ》
国立国会図書館蔵

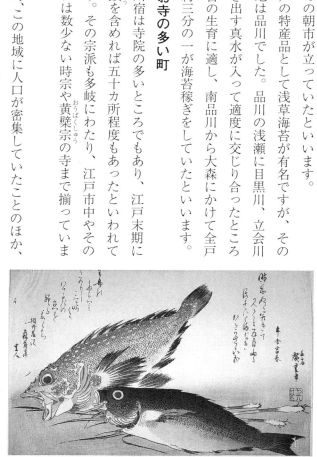

◉幕末の品川

嘉永六年（一八五三）の黒船来航を契機として、慶応四年（一八六八）の江戸城明け渡しに至る幕末の品川は、十五年にわたって開国、尊皇攘夷、討幕の渦中にあって混乱を極めました。

その主なものの一つが品川台場の建設です。品川洲崎弁天から深川洲崎弁天（江東区）にかけて十一基の台場が計画され、このうち品川寄りでは六基が完成、このため御殿山を崩してその土を使用したといわれます。

安政五年（一八五八）、日米修好通商条約が締結された後、幕府は外国人の安全を図るため御殿山に外国公使館を建設することを計画しますが、文久二年（一八六二）、完成間近なイギリス公使館が長州の高杉晋作や伊藤博文などによって焼き討ちされ、この計画は中止となってしまいました。

このほか、慶応三年（一八六七）には、三田の薩摩藩邸が徳川方によって焼き討ちされ、逃げる浪士たちが途中の南品川宿に放火して宿が焼き払われてしまう事件も起きています。

現在の町並みを歩く中でも、高杉晋作、伊藤博文や水戸浪士などが打ち合わせをした有名な妓楼「土蔵相模」、新撰組が利用したといわれる旅籠「釜屋」などの跡もみられます。

主な史跡など

①御殿山

御殿山は、現在でもその名が残る北品川宿西北一帯の丘陵です。

江戸時代の初めの頃、将軍が鷹狩の際の休憩所に使い、西国大名の江戸参府を迎えるために使ったといわれる品川御殿があったことからその名が付きました。面積は一万千五百坪（三・八ヘクタール）、御殿のあった場所は現在の北品川三丁目五番地付近といわれています。

元禄十五年（一七〇二）、御殿が火事で焼失した後、御殿山は桜の名所となって江戸の人たちで賑わいました。櫨《はぜ》の木も育って秋には紅葉し、東海寺や南品川海晏寺の楓とともに江戸の人々を誘いました。

幕末、品川台場の築造にあたり、山の姿が変わるほど大量の土が削り取られました。

初代広重「江戸名所」御殿山花盛　国立国会図書館蔵

②問答河岸と土蔵相模

東海寺に詣でた後、舟で浜御殿（現浜離宮）に帰る三代将軍家光と、それを見送りにきた沢庵和尚が品川の河岸で次のような問答をしたことから、その場所を「問答河岸」と呼ぶようになりました。

家光「海に近こうして、東（遠）海寺とは　これ如何に」

沢庵「なお大君《たいくん》にして　将（小）軍と称し奉るが如し」

問答河岸の標柱から南へ六十メートルほど行ったところに、「土蔵相模」と呼ばれた旅籠屋のあった場所があります。品川宿で一、二といわれる有名な妓楼「相模屋」で、外壁がなまこ壁であったのでそのように呼ばれました。

文久二年（一八六二）、御殿山イギリス公使館襲撃事件などにかかわった水戸浪士と長州藩の高杉晋作、伊藤博文などが、襲撃の前夜打ち合わせした場所といわれています。

③本陣跡

品川宿の本陣は、宿ができたはじめの頃を除いて北品川にあった一軒のみで、街道から九間（十六・四メートル）ほど奥まったところに本陣の門があり、そこに建坪百三十五坪（四百四十五・五平方メートル）の建物が立っていました。江戸後期には経営が苦しく、そのうえ火災の被害などを受けたので、品川宿三宿が共同で運営し、明治元年（一八六八）、明治天皇の御東幸のときは行在所となりました。現在は、聖蹟公園になっています。

④品川神社

北品川宿、歩行新宿の鎮守です。東海寺が創建されると鬼門除け稲荷となり、社地内の普請は幕府により行われました。江戸時代には品川稲荷、品川明神などとも称し、牛頭《ごず》天王を勧請していたので北の天王様とも称されました。

社伝によると、文治三年（一一八七）、源頼朝が安房の洲崎神社から天比理乃咩命《あめのひりのめのみこと》を勧請、その後、太田道灌らによって宇賀之売命《うかのめのみこと》（稲荷）、素盞鳴尊《すさのおのみこと》（牛頭天王）が勧請されました。

六月に行われる祭礼は北の天王祭と呼ばれ、屋根に家康寄進の神面を付けた御神輿《おみこし》が品川拍子に合わせて町内を巡行します。都無形文化財の太太神楽も行われます。

境内には、明治二年（一八六九）、品川宿の富士講々中によって築かれた「品川富士」と呼ばれる富士塚があります。

なお、神社の裏手に、もと東海寺塔頭の墓地の一部が残っていますが、そこには維新後の新政府で参議を務め、その後、日本で最初の政党を結成して自由民権運動の口火を切った板垣退助の墓があります。墓の傍らには刺客に襲われたときの彼の有名な言葉「板垣死すとも自由は死せず」を刻んだ碑が建てられています。

⑤東海寺

東海寺は三代将軍徳川家光が、沢庵和尚のために建立、寺領五百石を添えて与えたもので、御殿山の南の山麓、目黒川の左岸にあって、当時の広さは四万七千坪（十五・五ヘクタール）、仏殿、客殿、山門のほか塔頭十七を数えたといいます。現在では、その壮大さは失われ、かつての塔頭の一つ玄性院が東海寺の名跡を引継いでいます。

沢庵和尚は江戸前期の臨済宗の禅僧で大徳寺の住持を務め、詩歌、俳諧、茶道に通じて、後に徳川家光に重用されました。沢庵漬けは沢庵和尚が始めたといわれています。

玄性院は寛永十六年（一六三九）、東海寺の境内にできた最初の塔頭です。開山は沢庵、開基は東海寺の造営奉行も務めた下総（千葉）佐倉藩主で老中、堀田正盛です。

現在の仏殿は昭和五年（一九三〇）の建立で小規模ですが、本格的な禅宗建築です。本尊の釈迦如来は二尺余（八十五・八センチ）の坐像で、脇侍の普賢・文殊両菩薩とともに十四世紀に活躍した院吉の作と伝えられていま

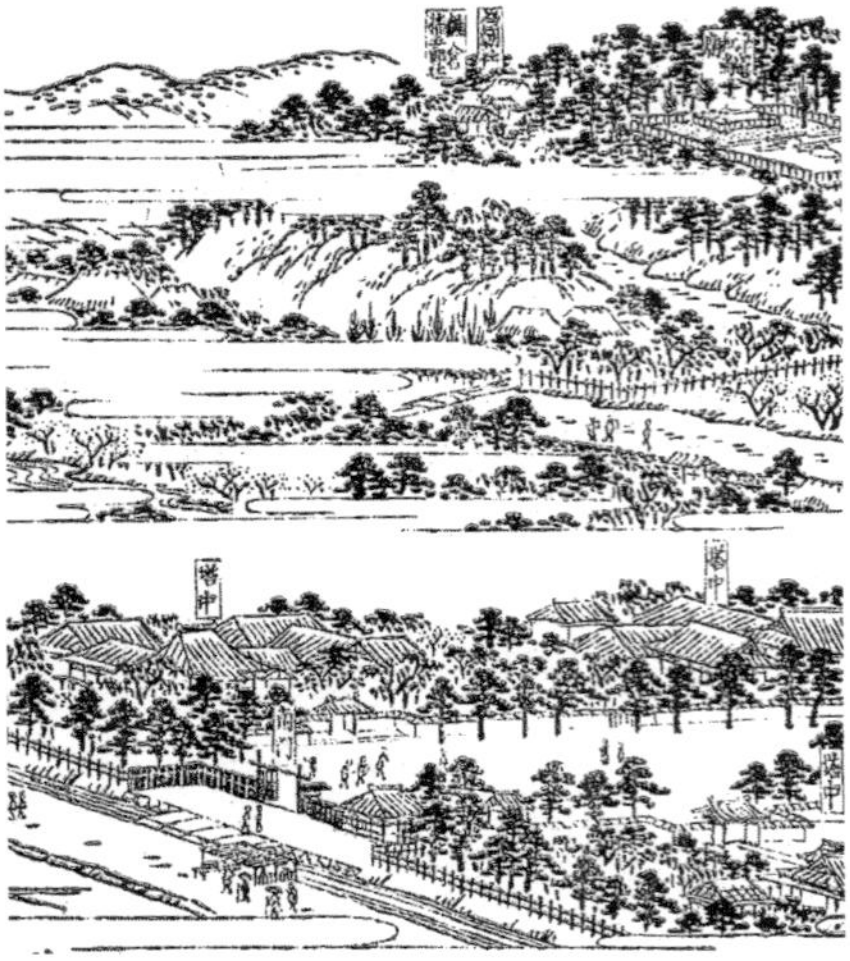

「江戸名所図会」東海寺　国立国会図書館蔵

す。

境内にある梵鐘は江戸時代の東海寺のもので、寄進者は五代将軍綱吉の母桂昌院です。

なお、この西五百<ruby>メートル</ruby>ほどのところに東海寺所属の墓地がありますが、そこには、小堀遠州の設計とも、沢庵の遺言によって造られたともいわれる直径一<ruby>メートル</ruby>、高さ五十<ruby>センチ</ruby>のやや扁平な自然石を台座の上に乗せた沢庵和尚の墓があります。

⑥荏原神社

江戸時代は貴布禰明神と称して雨乞い（祈雨）に神徳があるとされ、品川の龍神様として信仰を集めました。江戸幕府からは、品川明神と合わせて五石の社領を与えられ、南品川宿の鎮守として、南の天王様とも呼ばれました。

もとは南品川にあって、祭神は高龗神《たかおかみかみ》、天照大神、素盞嗚尊（牛頭天王）です。

康平五年（一〇六二）、前九年の役の折、源頼義、義家父子が武蔵国の総社六所宮（現在の府中大国魂神社）と当社を参詣しましたが、そのとき社頭の海で身を清めたといいます。

六月に行われる天王祭は、南の天王祭ともカッパ祭とも呼ばれ、この祭典を彩るのが御神輿の海上渡御と品川拍子です。かっては胸まで浸かる海中を、神面を付けた御神輿が担がれて渡り歩いていましたが、今は、船に乗せてお台場公園周辺で渡御の儀式を行っています。

いまも残る天王洲の名称は、御神輿に付ける神面が拾い上げられた場所であり、江戸時代、海中渡御の御神輿がこの洲に上がることによって名付けられました。

⑦品川寺

通称「品川の観音さま」と呼ばれる真言宗醍醐寺派の寺院で、正式には「海照山普門院品《ほん》川寺《せんじ》」と称します。

寺伝によれば、平安初期、空海が開いたとされ、本尊は水月観音と聖観音です。戦国時代の永禄九年（一五六六）、武田信玄の小田原攻めの際に堂宇を焼失しましたが、江戸時代に入って、四代将軍家綱の帰依するところとなり、拝領地を受けて堂宇を再興、太田道灌の子孫など大名の支援も受けて栄えたということです。

門外に、高さ九尺（二・七《メートル》）、銅造の露座の地蔵菩薩像がありますが、この像は江戸の六地蔵と呼ばれ、宝永五年（一七〇八）、深川の地蔵坊の正元が浄財を集めて江戸の入口六カ所に造立したものの一つです。

境内にある梵鐘は、明暦三年（一六五七）に造られたもので、周囲に家康、秀忠、家光の三代将軍の諡号《しごう》と六観

「江戸名所図会」品川寺　国立国会図書館蔵

音の像が浮き彫りにされている国指定の重要美術品です。「洋行帰りの鐘」としても有名です。慶応三年（一八六七）、パリ万国博覧会に出品されましたが、日本に帰る途中行方不明になってしまいました。後に、ジュネーブの博物館にあることがわかり、昭和五年（一九三〇）に返還されました。

⑧海雲寺

「龍吟山海雲寺」と称する曹洞宗の寺院で、本尊は十一面観世音菩薩です。

この寺は「品川の荒神様」と呼ばれ、荒神堂に祀る千躰荒神で有名です。千躰荒神は神仏混淆の神様で悪魔降伏の神とされ、民間信仰と結びついて竈《かまど》の神、防火の神とされています。荒神堂の外陣には、絵額、纏図額、千社額、句額など多くの大絵馬が奉納されていて、文字額の中には、浪曲師広沢虎造夫妻の奉納したものもみられます。

毎年、三月と十一月の荒神祭には大勢の人々が参詣し、境内から旧道にかけて屋台や露天が並んで賑わいます。

⑨鮫洲八幡神社

江戸時代、御林明神とか鮫洲明神と呼ばれ、御林村（現東大井一・四丁目）の鎮守でした。創建の時期はつまびらかではありませんが、祭神は譽田別尊《ほんだわけのみこと》など四柱です。

神社のあるこの辺り一帯を、御林村、または、鮫洲といい、御菜肴八カ浦の一つで、多くの漁師が住んでいました。江戸前期、この地には幕府の持っていた雑木林があり、そこを開発して村がつくられたのでその名が付けられました。鮫洲の名は、鎌倉時代にこの地の沖に漂う大きな鮫の死体を引き寄せて腹を裂くと中から木造の観音像が出てきたので、これを祀ったことに由来するといわれています。

この辺り南品川から大森にかけては海苔の養殖が盛んに行われていました。もともとは魚生簀の波除けの柵に生成した海苔を見つけてその養殖法を確立したものです。江戸の名物の一つ浅草海苔は、浅草で売られていたのでそのように呼ばれましたが、実際にはこの品川周辺で製造されたものでした。中でも高級品は品川に限定され、将軍家に上納する海苔は天王洲、鮫洲、水車洲で作られたものが浜川町（立会川両岸）の業者から浅草の海苔問屋を通して献上されたといいます。

『東海道名所図会』の中にも、品川の磯辺で簀に海苔を干すなど大勢の人が海苔づくりに精を出す風景が見られます。

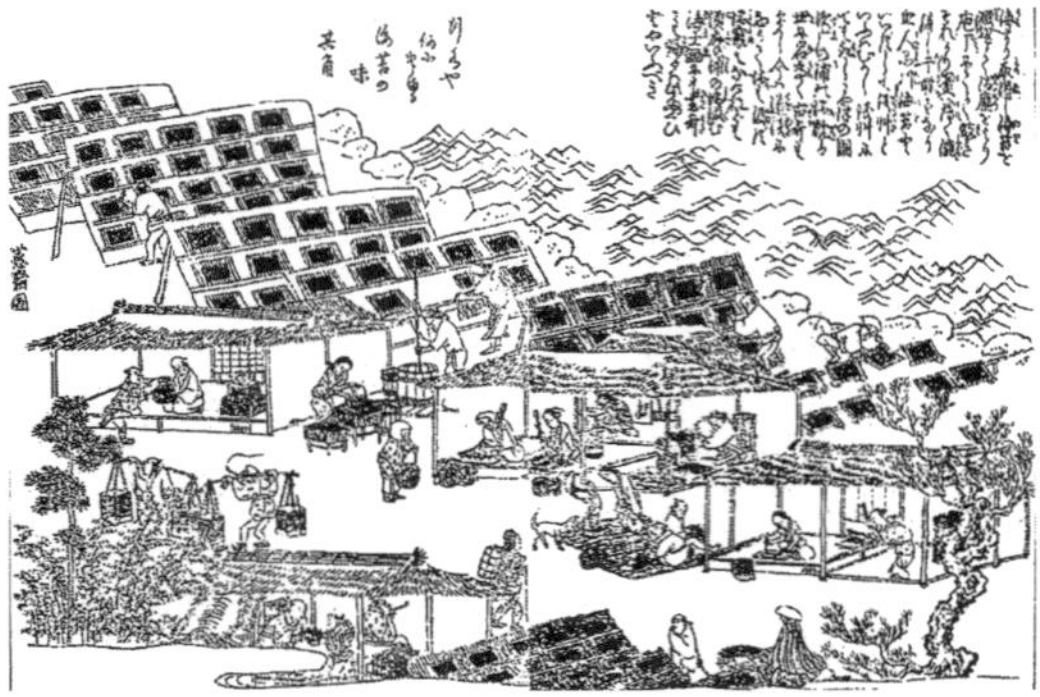

「東海道名所図会」海苔づくり　国立国会図書館蔵

⑩浜川橋

旧東海道が立会川を渡るところに架かる橋が浜川橋で、俗称涙橋と呼ばれています。鈴ヶ森で処刑される罪人の多くは、江戸府内から裸馬に乗せられて御仕置き場まで護送されてきましたが、そのとき親族の多くはこの橋のところまで見送り、涙ながらに別れを告げたので、涙橋と呼ばれるようになったものです。

⑪鈴ヶ森刑場跡

小塚原（現荒川区）と並ぶ江戸の処刑場で、慶安四年（一六五一）に開設され、明治四年（一八七一）に廃止されました。東海道に面し、前面の海岸には老松一本がある間口四十間（七十二・八メートル）・奥行九間（十六・四メートル）の細長い敷地でした。

ここで処刑された人の数は、数万とも二十万ともいわれますが、その中でも歌舞伎や講談などに登場するのは丸橋忠弥、平井権八、八百屋お七、天一坊、白木屋お駒など有名人も多数います。

現在の敷地内には処刑に使用されたといわれる台石や首洗井戸のほか、歌舞伎の舞台に登場する高さ三・二メートルの御題目を刻んだ供養塔などが立っています。供養塔は元文六年（一七四一）の建立といわれていますが、塔の裏面にはこの塔を建てた「法春比丘尼《びくに》」と「谷口氏」の名前とともに元禄十一年（一六九八）の年号が刻まれています。

刑場ができたのと相前後して隣接地に堂宇が建てられるなど、ひそかに受刑者の供養が行われてきました。昭和十七年（一九四二）から、品川蓮長寺四十二世日完上人を開山とした鈴森山大経寺が今日まで受刑者の供養を行っています。

⑫磐井神社

延喜式内の古社で、別に鈴ヶ森八幡とも呼ばれました。祭神は応神天皇、大己貴命《おほなむちのみこと》、仲哀天皇、神功皇后、姫大神の五柱です。

天正十八年（一五九〇）、徳川家康が江戸下向の際に参詣し、元禄二年（一六八九）には五代将軍綱吉が参詣して、ここを幕府の祈願所としました。古くは、この社の沖合い五～七町先の海浜まで境内地であったといわれ、沖に鳥居も建てられていたといいます。

境外にある井戸も、もともとは境内にあり、再三の国道拡幅で今のところに取り残されたものですが、この井戸の水は「祈るものの願いが邪心であれば水が変じて塩味となり、正直であれば清水となる」といい伝えられ、病人に飲ませればたちまち病が癒えたのでこれを薬水と呼んだともいわれているものです。

この神社には二つの霊石が残っています。その一つは「鈴石」と呼ばれて、転がせば鈴のような音がし、それが「鈴ヶ森」の地名の由来ともなったものです。もう一つは石の上部に墨絵の鳥のような模様があるので「烏石」と呼ばれているものです。

⑬梅屋敷跡

かつてこの付近は、気候や土質が梅の木に適していたのか、農家は副業として田畑の間や家の前後に梅の木を植え、収穫した梅の実で梅干を作って売っていました。江戸の人々の嗜好品であった梅干や梅びしお（梅肉に砂糖を混ぜてすって作った食品）の原料のほとんどはこの付近から供給されたといいます。

この梅屋敷は、文政（一八一八〜三〇）の初めごろ、東海道筋で「和中散」という道中常備薬を商っていた山本忠左衛門の倅・久三郎が、自家の庭続きに近在から梅樹を集めて庭園を造り、同時に街道に休み茶屋を設けて酒肴を出す傍ら「和中散」を商ったところです。後に、広重の『名所江戸百景』に描かれ、蒲田の梅屋敷として有名になりました。

面積は三千坪（九千九百平方メートル）で街道の両側にまたがり、東海道を旅する人や川崎大師参りの人はいうまでもなく、わざわざ江戸から見物に来る人や将軍や参勤交代の大名たちまでもが立ち寄るようになったということです。維新の頃には三條実美、岩倉具視、木

「名所江戸百景」蒲田の梅園
国立国会図書館蔵

戸孝允、大久保利通、伊藤博文などが、風流に託して、ここで国の大事を相談することも度々あったと伝えられています。

現在では、京浜国道の拡張のために東側を、京浜急行開通のために西側を、それぞれ削り取られて小さくなり、区の小公園として利用されています。

⑭六郷神社

江戸時代は八幡神社と呼ばれていましたが、明治に入って六郷神社と称するようになりました。祭神は譽陀和気命《ほんだわけのみこと》（応神天皇）です。

社伝によれば、天喜五年（一〇五七）、源頼義、義家父子が奥州遠征の途中、この地の大杉の梢高く源氏の白旗を掲げて軍勢を募り、石清水八幡に武運長久を祈ったところ、士気大いに奮い、前九年の役に勝利を収めたので、凱旋後、その分霊を勧請したのが創建といわれ、六郷一円の総鎮守となっています。

この時、武器を納めたといわれる塚を八幡塚と呼び、この辺りのその後の地名、八幡村の由来になったといいます。

天正十九年（一五九一）、徳川家康は神領として十八石を寄進する朱印状を与え、六郷大橋の竣工にあたっては、当社の御神輿をもって渡初式を行ったといわれます。

なお、初期の東海道の道筋は神社にそって左折、神社正面から六郷川に向かいました。

品川宿こぼれ話1　女性による明治維新

明治四年（一八七一）初の女子留学生が横浜から太平洋を渡りました。岩倉使節団に随行という形で渡米した五人の少女です。津田梅子（八歳）、永井繁子（九歳）、山川捨松（十二歳）、吉益亮子（十五歳）、上田悌子（十五歳）［年齢は数え］。捨松の母親の艶は、「捨てたつもりでアメリカに遣り、無事の帰国を待つ（松）」という思いを込め、名前を咲子から捨松へと改名させました。

品川御殿山に益田孝（三井物産社長）の広大な邸宅がありました。ここで明治一六年（一八八三）一月海軍士官瓜生外吉と益田の妹永井繁子の披露宴が行われました。留学仲間の津田梅子や山川捨松、新郎側として西郷従道や大山巌も出席しました。この席で陸軍大将大山巌は捨松を見初めたといいます。捨松は会津藩家老の妹、大山は会津を攻めた薩摩。当然反対されました。この縁談を大山の従弟で当時農商務卿であり益田邸の隣に住む西郷従道が傍から進めました。捨松は、大山と結婚し、「鹿鳴館の花」と異名を取り、日本人女性を西洋文化に近づけました。

繁子は、二つの学校の教授を兼任し、ピアノと英語を教えながら子供を七人生みました。

津田梅子は、女性の教育と地位向上のために津田塾大学の前身である「女子英学塾」を創立しました。

初めての洋服姿（シカゴにて）
津田塾大学津田梅子資料室蔵

品川宿こぼれ話2　土蔵相模と山本権兵衛

山本権兵衛は、薩摩藩士から海軍軍人となり、海軍大臣として日露戦争に勝利しました。権兵衛は、大国ロシアの南下政策の中、「ロシア海軍に必ず勝つ」という一点を目標に、海軍の大改革を行いました。大抜擢したのは日本海海戦における司令長官東郷平八郎、参謀秋山真之そして戦死して軍神となった広瀬武夫中佐でした。

権兵衛と夫人の登喜との出会いは、権兵衛の海軍兵学校時代でした。明治十一年の暮れ、海軍少尉山本権兵衛は、同輩とともに品川遊郭（土蔵相模）に登楼、数えで十九歳の登喜をみました。彼女は売られて来てまもない遊女でしたが、その容姿と天性の利発さ純潔さに強く惹かれました。「この娘をこんなところに置けぬ」と。だが貧乏少尉に身請けの金などはありません。工面するにも何も一晩でも捨て置けぬ気持ちでした。彼は急遽作戦を立てます。当時の遊郭は、容易に遊女が逃げ出せない仕組みでした。品川は一方が海となっているほかは、三方見張られていました。それを権兵衛は、海から救い出しました。弟の盛実を登楼させて、登喜を庭に連れ出してもらい、築地の海軍兵学校から持ち出したカッターに、仲間の将校や水兵を乗せて漕ぎ寄せて、遊郭から足抜けさせ、その後、妻としました。身受け料四十円は、月賦で払ったそうです。権兵衛の登喜への愛と敬意は、終生変わることはなかったといわれています。

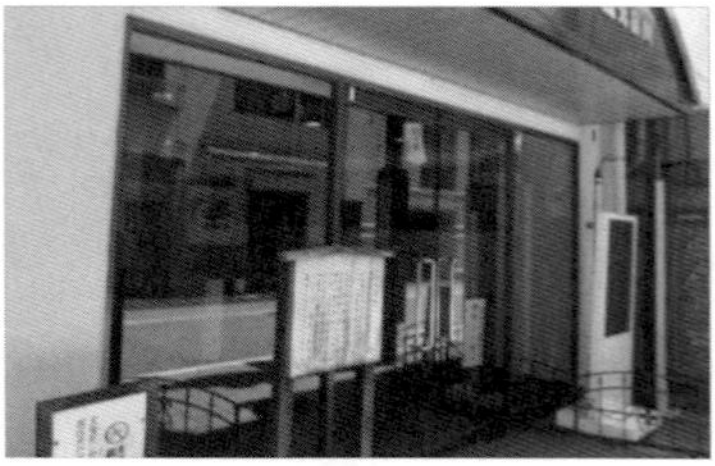

土蔵相模跡付近

あとがき

毎月第二土曜日、日本橋から箱根までの東海道を各宿場に分けてガイドしている当会にとって、このような形で日頃の成果を一冊に集大成することは年来の宿願でもありました。発足七年目にして、漸くこの願いが実現できたという思いで一杯です。

本書は、ある旅行会社から依頼された宿場ウォーキングガイド「神奈川の宿場を歩く」の解説を記述した、元会長山口進氏の資料を基にこれを再編集したものです。

とはいえ、いざ出版に向けて取り組んでみると、実に骨の折れる作業でした。対象となる史跡は、宿場や街道の施設、寺社とその信仰、街道に伝わる伝統に彩られた伝説や伝承など、さらに時代も古くは奈良、平安から、鎌倉、室町の中世、近世の江戸ときわめて広範にわたっています。加えて史跡ひとつを取っても資料によっては書かれている内容や表記が異なる場合がままありました。

もとより私達は歴史等の専門家ではありませんので、史跡等の真偽には深入りせず、読者が気楽に本書を片手に、東海道の歴史や文化の魅力に触れていただければとの思いで纏めました。このため、諸説ある場合はその説を併記したり、あるいは伝聞形式にしてあります。

神奈川県内の史跡等は実に豊富かつ多様で、時間や紙面の制約もあって、残念ながらここで取り上げたものはその一部にすぎません。

記述にあたっては、各宿場にはそれぞれ成立やその発展、置かれた状況などに特徴がありますので、はじめに宿場の概要や特徴をあげ、宿場の特色や全体像を掴んでいただき、個々の史跡に言及するという方法をとりました。これは本書ならではのものと考えています。

ぜひ本書を手に宿場を訪ねて東海道の魅力に触れていただければ、新しい楽しみを発見してもらえるものと思います。本書が、東海道の歴史や文化そして伝統とその魅力を少しでも伝えることにお役に立てば幸甚に存じます。

最後になりますが、本書の出版にあたり、神奈川新聞社出版部長の佐久間基好氏、同出版部の守谷明洋氏、下野綾氏に終始誠意あるご指導、ご協力を頂きました。また、不慣れな私どもにご指導・ご協力を頂いた横浜市歴史博物館の学芸員斉藤司氏、出版・編集に際し多大なご尽力を賜った原一宏氏、取材にご協力頂いた多くの方々、この本を手にして頂いた方々に、この場をお借りして改めてお礼申し上げます。

平成二十年九月吉日

神奈川東海道ウォークガイドの会　前会長　村岡　公裕

＊ＮＰＯ法人神奈川東海道ウォークガイドの会
ホームページ　http：//www.k-tokaido-wg.com

協力　国土交通省横浜国道事務所
神奈川東海道ルネッサンス推進協議会
ホームページ　http：//www.ktr.mlit.go.jp/yokohama/tokaido/

編集委員
岩渕　威規雄
藤森　則昭
舟津　紘一
村上　昌造
山口　進

主要参考図書

『神奈川の東海道』上・下　神奈川新聞社　一九九九
『東海道宿村大概帳』近世交通史料集　吉川弘文館　一九七〇
『新編武蔵風土記稿』大日本地誌大系　雄山閣　一九七〇
『新編相模国風土記稿』大日本地誌大系　雄山閣　一九七〇
『東海道分間延絵図』東京美術　一九七八
『東海道名所図会』羽衣出版　一九九九
『江戸名所図会』評論社　一九九六
『東海道名所記』平凡社　浅井了意　一九七九
『相中留恩記略』有隣堂　一九六七
『かながわの文化財めぐり』神奈川県文化財協会　一九八八
『かながわの川』上・下　神奈川新聞社　一九八九
『江戸時代神奈川の100人』有隣堂　二〇〇七
『郷土歴史人物事典』第一法規出版　一九八〇
『藩史大事典』雄山閣　一九八八
『太平記』1・2　新編日本古典文学全集　小学館　一九九四
『義経記』新編日本古典文学全集　小学館　二〇〇〇
『東海道中膝栗毛』新編日本古典文学全集　小学館　一九九五
『古事記』（中）講談社　一九八〇
『ペリー日本遠征日記』雄松堂　一九八五
ハリス『ハリス日本滞在記』上・下　岩波書店　一九五三
オールコック『大君の都』上・中　岩波書店　一九六二
『川崎市史』川崎市　一九九四
『鶴見区史』鶴見区史刊行委員会　一九八二
『川崎宿街道のあしあと』（株）コクサイクリエイティブセンター　二〇〇二
『東海道川崎宿めぐり』かわさき大師観光ガイドの会
『大師道めぐり』かわさき大師観光ガイドの会
『川崎の歴史探訪』砂子の里資料館
『多彩な惣之助展』川崎市市民ミュージアム　一九九〇
『生麦事件』生麦事件参考館
岩崎京子『街道茶屋百年話元治元年のサーカス』石風社　二〇〇五

『横浜市史』　横浜市　一九七八
『神奈川区誌』　神奈川区誌編さん刊行実行委員会　一九七七
『神奈川宿歴史の道』　横浜市神奈川区役所　一九九〇
『東海道と神奈川宿』　横浜市歴史博物館　一九九六
武相叢書『金川砂子』　名著出版　一九七三
『横浜西区史』　横浜西区史刊行委員会　一九九五
『ものがたり西区の今昔』　西区観光協会　一九七三
『開港場横浜ものがたり』　横浜開港資料館・横浜市歴史博物館　一九九九
『保土ヶ谷区史』　保土ヶ谷区制70周年記念事業委員会　一九九七
『保土ヶ谷区郷土史』　保土ヶ谷区郷土史刊行委員部　一九三八
『保土ヶ谷ものがたり』　保土ヶ谷区制50周年記念事業委員会　一九七七
『東海道と保土ヶ谷宿』　横浜市歴史博物館　二〇〇一
吉村　明『生麦事件』　新潮社　一九九八
『戸塚区史』　戸塚区史刊行委員会　一九九一
『戸塚区郷土誌』　戸塚区観光協会　一九六八
『とつか歴史ろまん』　戸塚区役所　一九九八
『東海道と戸塚宿』　横浜市歴史博物館　二〇〇四
『藤沢市史』　藤沢市史編さん委員会　一九七四
『図説ふじさわの歴史』　藤沢市（藤沢市文書館）　一九九一
『東海道と藤沢宿』　藤沢市教育委員会　二〇〇一
『藤沢の文化財』　藤沢市教育委員会　一九九七
『描かれた小栗伝説と藤沢』　藤沢市教育委員会　二〇〇五
中山正志　魂を飛ばす仙人小野篁『本朝列仙伝』贅注　京都女子大　二〇〇三
『大庭御厨の景観』　藤沢市教育委員会　一九九八
平野雅道『藤沢宿史跡ガイドブック』　可満くらや資料館
『茅ヶ崎市史』　茅ヶ崎市役所　一九八一
『ぶらり散歩郷土再発見』　茅ヶ崎市教育委員会　一九九七
『平塚市史』　平塚市博物館　平塚市　一九九〇
『平塚市郷土誌事典』　平塚市役所　一九七六
『近世平塚への招待』　平塚市博物館　二〇〇五
『新平塚風土記稿』　平塚市教育委員会　一九七〇
『大磯町史』　大磯町　一九九六

『大磯町文化史』 大磯町教育委員会 一九五六
黒川鍾信『高等遊民天明愛吉』 筑摩書房 二〇〇四
『大磯俳句読本』 大磯町 一九九五
『大磯の蘭疇』 大磯町郷土資料館 二〇〇七
『大磯の別荘と史跡』 大磯ガイドボランティア協会
本庄豊『混血孤児―エリザベス・サンダース・ホームへの道（シリーズ戦争孤児）』 汐文社 二〇一四
『二宮町史』 二宮町 一九九四
『二宮町郷土史』 二宮町教育委員会 一九六八
『小田原市史』 小田原市 一九九九
立木望隆『小田原史跡めぐり小田原文庫（2）』 名著出版 一九八四
『箱根八里・小田原宿の景観』 小田原市郷土文化館 二〇〇一
『街道と用水が息づくまち』 板橋まちなみファクトリー 二〇〇三
『松永耳庵老欅荘の日々』 小田原市郷土文化館 一九九七
『箱根駅誌（皇国地誌）』 一八八六
『はこね』 箱根町教育委員会 一九五八
岩崎宗純『中世の箱根山』 かなしん出版 一九九八
岩崎宗純『箱根七湯歴史とその文化』 有隣堂 一九七七
岩崎宗純『箱根路歴史探索』 夢工房 二〇〇二
『三島市誌』 三島市 一九八五
『箱根八里』 三島市教育委員会 二〇〇一
田代道彌『あるく・見る箱根八里（かなしんブックス35箱根叢書49）』 神奈川新聞社 一九九一
『三島宿』 三島市郷土資料館 二〇〇五
『三島の昔話』 三島市教育委員会 一九八一
『新編千代田区史』 東京都千代田区役所 一九九八
『中央区史』 東京都中央区役所 一九五八
『新修港区史』 東京都港区役所 一九七九
『大江戸八百八町』 東京都江戸東京博物館 二〇〇三
『中央区の文化財（一）』 東京都中央区教育委員会 一九九五
『港区文化財のしおり』 東京都港区教育委員会 二〇〇二
『江戸東京物語』 都心篇（二〇〇一）・下町篇（二〇〇二） 新潮社

『大江戸開府四百年事情』　講談社　二〇〇三
『東京都の歴史散歩』上・中　山川出版社　二〇〇五
『一目でわかる江戸時代』　小学館　二〇〇四
『大江戸暮らし』　ＰＨＰ研究所　二〇〇三
金井円
『三浦按針・初期日欧交流の架け橋』　横須賀市　二〇〇一
小沢弘・小林忠
『活気あふれる江戸の町熈代勝覧の日本橋』　小学館　二〇〇六
『品川区史』　東京都品川区役所　一九七三
『大田区史』　東京都大田区役所　一九九二
『品川の歴史』　品川区教育委員会　一九七九
『しながわの史跡めぐり』　品川区教育委員会　一九八八
『品川宿を駆け抜けた幕末維新』　品川区教育委員会　一九九九
村上貞一『偉人権兵衛』　実業之日本社　一九三五

改訂版　神奈川の宿場を歩く

2008年9月30日　初版発行
2009年3月1日　第2刷発行
2016年8月30日　改訂第1版発行

編　著　NPO法人 神奈川東海道ウォークガイドの会
発　行　神奈川新聞社
〒231-8445　横浜市中区太田町2-23
電話　045（227）0850（出版メディア部）

Printed in Japan　ISBN978-4-87645-558-4　C0021